绍兴市哲学社会科学特别重大课题《绍兴历史文化系列研究》
（编号15TBZD-01）子课题（编号SXW1507）

绍兴历史文化精品丛书

上下阳明：绍兴思想信仰史

吴从祥 著

中国社会科学出版社

图书在版编目（CIP）数据

上下阳明：绍兴思想信仰史/吴从祥著.—北京：中国社会科学出版社，2019.12

（绍兴历史文化精品丛书）

ISBN 978-7-5203-4677-1

Ⅰ.①上… Ⅱ.①吴… Ⅲ.①信仰—民间文化—研究—绍兴②思想家—介绍—绍兴—古代 Ⅳ.①B933②B21

中国版本图书馆 CIP 数据核字（2019）第 136356 号

出 版 人　赵剑英
责任编辑　郭晓鸿
特约编辑　张金涛
责任校对　李　莉
责任印制　戴　宽

出　　版　中国社会科学出版社
社　　址　北京鼓楼西大街甲 158 号
邮　　编　100720
网　　址　http://www.csspw.cn
发 行 部　010-84083685
门 市 部　010-84029450
经　　销　新华书店及其他书店

印　　刷　北京明恒达印务有限公司
装　　订　廊坊市广阳区广增装订厂
版　　次　2019 年 12 月第 1 版
印　　次　2019 年 12 月第 1 次印刷

开　　本　710×1000　1/16
印　　张　22
插　　页　2
字　　数　315 千字
定　　价　99.00 元

《绍兴历史文化精品丛书》编辑委员会

“绍兴历史文化精品丛书”序言

绍兴历史文化是拥有2500多年完整城市史的绍兴的骄傲，更是整个中华民族和全人类的精神财富。

20年前，著名学者钟敬文曾深情写道，绍兴，是幅员广阔的祖国的一个行政区域，“它牵系着许多知识分子的心”（《绍兴百俗图赞》序，1997）。季羡林更包举而言，“绍兴大名垂宇宙，物华天宝，人杰地灵”，“建国首先必须重视文化、教育、科学、技术。在这方面，绍兴古今人物都有一些贡献。此外，更必须有炽热的爱国主义热情，绍兴这方面也创造了中华民族的骄傲”（《绍兴百镇图赞》序，1997）。在更早出版的《浙江十大文化名人》（浙江人民出版社1987年版）中，合撰该著的我省著名学者蒋祖怡、沈善洪、王凤贤还将出自传统绍兴地区的王充、陆游、王阳明、黄宗羲、蔡元培、鲁迅六人列入浙江十大文化名人之中，绍兴文化名人竟占了浙江全省的一半以上。2000年竣工的北京中华世纪坛，根据长期以来的社会共识，用青铜铸造了40尊中华文化名人像，其中王羲之、蔡元培、鲁迅、马寅初4尊都来自绍兴地区。2016年5月17日习近平总书记在哲学社会科学工作座谈会上发表的讲话谈到中华民族几千年发展史上的25位“思想大家”中有4位（王充、王守仁、黄宗羲、鲁迅）、百年来开创性地运用马克思主义的9位“名家大师”中有2位（范文澜、马寅初）来自传统绍兴地区。这些都足以说明，绍兴历史文化是浙江文化的根脉所在，是中华优秀传统文化的重要组成部分之一。

对绍兴历史文化的研究，已经走过两千多年历程，积累下丰厚的学术资源。

毕生研究绍兴历史文化、本身也是当代越地杰出文化名人的陈桥驿先生，曾梳理绍兴历史文化的研究史并指出，对绍兴历史文化比较自觉的研究始于东汉初，“唯一一种由先秦越地越人写作的是《越绝书》，此书经过东汉初人的整理补充而流传下来，价值甚高。此外，东汉初人研究越文化的著作还有《吴越春秋》和《论衡》，也都有重要价值。东汉以后，由于种种原因，越文化的研究者和成果很少。20 世纪二三十年代，若干学者以新的思维和方法研究越文化，其中顾颉刚的研究成果具有创见。最近 20 年来，越文化研究出现高潮，许多研究成果相继问世”（《越文化研究的回顾和展望》，2004）。这主要是基于本土学者的比较简略的考察。将视野放开一点可以看到，西汉早期，伟大的史学家和思想家司马迁从史学角度建构汉代大一统国家意识文化时，就对绍兴历史文化进行了比较深入的研究。其《史记·太史公自序》《越王勾践世家》《货殖列传》及《夏本纪》，就对绍兴人民的精神图腾大禹及绍兴历史文化的灿烂开篇——越国时期的重大军政、经济和文化建树进行了多方面、多角度的考述。他旗帜鲜明地赞美：“禹之功大矣，渐九川，定九州，至于今诸夏艾安。及苗裔勾践，苦身焦思，终灭强吴，北观兵中国，以尊周室，号称霸王，勾践可不谓贤哉！盖有禹之遗烈焉！”司马迁十分精准地挖掘出绍兴历史文化传统中的两大要件——事功精神和爱国传统，至今仍有启迪价值。两汉以后，六朝时期越国故地的士族文化精英出于在南下北方士人面前张扬本土文化的需要，通过撰写大量地志著作，成为绍兴历史文化研究新的主力。唐、宋、元、明、清各代，绍兴历史文化其实也都有相当一批热心的研究者。正是基于这些丰厚的积累，进入 20 世纪，人们才看到一系列“亮眼”的动作，如 1910 年 12 月 20 日，鲁迅致信好友许寿裳，以“开拓越学，俾其曼衍，至于无疆”共勉；并身体力行，花费相当大的心血整理《会稽郡故书》等绍兴历史文化文献。1912 年 1 月 3 日，他在《越铎日报发刊词》中提出，

"于越故称无敌于天下，海岳精液，善生俊异，后先络绎，展其殊才；其民复存大禹卓苦勤劳之风，同勾践坚确慷慨之志，力作治生，绰然足以自理"，该发刊词援引绍兴历史文化精神以为创造中华民族新纪元的精神支撑之一，不啻20世纪第一篇绍兴历史文化研究的檄文。1936年8月30日，由蔡元培主持的吴越史地研究会成立大会在上海举行，绍兴历史文化研究随之进入一个更自觉的群体性时代。改革开放以来绍兴历史文化研究飞速发展，硕果累累，应是吴越史地研究会所推动形成的趋势在经历种种历史波折之后恢复、壮大的成果之一。

中国特色社会主义进入新时代，组织展开绍兴历史文化的新的系统研究，是历史的选择。

习近平总书记在系列讲话中一再指出："我们说要坚定中国特色社会主义道路自信、理论自信、制度自信，说到底是要坚定文化自信。文化自信是更基本、更深沉、更持久的力量"；"要讲清楚中华优秀传统文化的历史渊源、发展脉络、基本走向，讲清楚中华文化的独特创造、价值理念、鲜明特色，增强文化自信和价值观自信"。显然，文化自信建设已然成为我们这个时代的主题。在这一大背景中，浙江省和绍兴市也加快了文化建设的步伐。不久前发布的《浙江省第十四次党代会报告》提出"文化浙江"奋斗目标，并将其置于"六个浙江"建设的中枢位置，要求"挖掘传承地方特色文化""进一步延续浙江文脉"；《绍兴市第八次党代会报告》同样把强化文化的传承创新列为战略重点，提出"建设具有国际影响力的历史文化名城""在彰显特色文化魅力上充分发挥历史文化资源优势，打造特色文化高地"。在中央和我省一系列里程碑式文件、决策酝酿出台的同时，我市社科界就如何把举世罕匹的深厚历史文化资源转变为现实的文化软实力和绍兴大城市建设的恒久推动力，进行了多方面的思考，采取了一系列比较重大的举措。其中之一就是绍兴市社科联与绍兴文理学院越文化研究院（浙江省越文化传承与创新研究中心）通力合作，面向国内外学术界组织编撰一套既能集中反映绍兴历史文化遗产，代表这一领域最新学术进展，又较好适应当前时代需要的"绍兴历史文化精品丛书”。

这项工作在中共绍兴市委宣传部的关心、指导下，在绍兴市社科联多位领导的精心谋划、组织下展开，得到浙江省社科院副院长陈野研究员、上海交通大学博士生导师朱丽霞教授、安徽大学吴从祥教授、聊城大学罗衍军教授、浙江师范大学吴民祥教授、浙江工商大学聂付生教授、绍兴市鉴湖研究会会长邱志荣研究员等多位专家学者的响应和大力支持。各位专家学者基于既往两千年学术史特别是近八十多年现代学科意义上的研究史，基于践行社会主义核心价值观和文化自信建设的需要，从不同方面对绍兴历史文化进行了比较系统深入的清理，及时完成了这套丛书。

这套丛书不仅是对深厚的绍兴历史文化的一次全新解读和总结，对传承、发展好这份中华民族和全人类的精神财富也有一定价值。

唐人元稹曾作诗赞美：“会稽天下本无俦，任取苏杭作辈流。”我们还期待，对绍兴历史文化的新的解读和总结，对传承、发展我国其他地域文化也有借鉴意义。在满足中国特色社会主义新时代人民群众的精神生活需要方面，地方文化是最近便、适切的精神食粮。

潘承玉

目　录

绪　论

绍兴是一座有着悠久历史和文化的古城。绍兴的远古文化可以追溯至新石器时代的嵊州小黄山文化、余姚河姆渡文化以及余杭的良渚文化等。此后，绍兴文化一直兴盛不衰，相继有虞舜文化、大禹文化、越国文化等。秦汉以后，地处一隅的绍兴文化处于发展低潮，这一趋势直至南宋才发生改变。南宋先建都绍兴，而后迁至杭州。杭州成为当时的政治中心、经济中心和文化中心。此时，绍兴文化得到了快速发展，并逐渐走向新的高潮。元明清时期是绍兴文化发展的又一鼎盛时期。这一时期，绍兴地区涌现了王冕、徐渭、张岱等文学大家，王阳明、王畿等哲学大家，黄宗羲、章学诚等史学大家。直至近代，绍兴依然名人辈出。

绍兴思想信仰是绍兴文化的重要组成部分，其随着绍兴历史、文化、经济的兴衰变迁而不断发展变化。依据其具体发展情况，绍兴思想信仰可以分为四个发展阶段：古越国时期，秦汉六朝时期，唐宋时期和元明清时期。

一

早在古老的原始社会，就有一些人群生活于绍兴地区，河姆渡人、良渚人便是其中重要代表。他们有着丰富的社会生活和神秘的丧葬仪式等，这些无不包含着丰富的思想和信仰。经过漫长时间的发展与积累，到了越国时期，绍兴思想信仰达到了第一个高潮。

于越原本是处于东南隅的一个夷蛮小国，在很长的一段时间里，越国不仅国力弱小，而且经济和文化都非常落后。到了春秋后期，经过越王勾践君臣数十年的努力，越国一跃成为当时的强国。勾践不仅灭了强大的吴国，而且多次北上争霸，迁都琅琊。越王勾践时期，不仅是越国经济、军事大发展时期，也是越国文化、思想大发展时期。

越王勾践便是当时著名的政治家和军事家，他具有丰富的政治思想和军事思想。在政治方面，勾践克勤克俭，施惠于民，重用贤才，从善如流；在外交方面，他结好四邻，孤立敌国；在军事方面，他积极备战，尽力痹敌、耗敌，并抓住时机，出奇制胜。谋臣范蠡不仅长于政治，亦长于军事。在哲学方面，范蠡主张道论，认为道、气生物，天道循环；在政治方面，他主张左道右术，尚执中和；在军事方面，他主张养晦待机，不误时机，适时出击。谋臣文种主张人顺天命、爱民富民，提出伐吴九术。谋臣计然是一位经济学家，主张以平粜法调节物价，储备物资以待不时之用。越王勾践和其谋臣范蠡、文种、计然等，都是当时一流的思想家，他们富有创造性的思想共同构成了辉煌的越国思想。越国思想，不仅在当时处于各国领先地位，也是绍兴思想发展的第一个高峰。

远古的河姆渡人、良渚人都极为迷信鬼神，重视葬、祭。良渚遗址出土大量的玉器，大多为祭祀礼器。越国时期，万物有灵思想流行，宗教信仰很发达。当时不仅盛行各种图腾说，如蛇图腾、鸟图腾等，巫鬼信仰也极其发达。越国时，巫的地位较高，当时以巫命名的地名不少。时人迷信鬼神，凡事皆先卜问鬼神，故卜术种类繁多，有龟占、日占、气占等。不仅如此，卜筮成为精英层知识结构的重要组成部分，如范蠡和文种等都擅长占卜，足以为证。越国信鬼好巫的传统影响极其久远，春秋以降，绍兴地区巫鬼信仰不衰，显然与越国的此传统有着不少联系。

二

勾践亡后百余年，越国渐衰，先是将都城迁回会稽，后终为楚所灭。亡国之后，越地先为楚郡，后为秦郡。由于政治和战乱等原因，越人逐渐分散于东南各地，越地文化随之趋于衰微。到了汉代，随着北方儒家文化的南传以及南方的发展与开化，越地文化发展有所好转。西汉时，越地少有名士，到了东汉时期，越地经学渐盛，儒师、忠臣、孝女辈出。到了魏晋南北朝时期，越地文化更盛，不仅本土涌现了一些文化世家大族，如会稽孔氏、虞氏、贺氏等，而且出现了一些名僧高道，如魏伯阳、慧皎等。

秦汉六朝时期是绍兴思想信仰发展的式微时期，但也涌现了一些名家、高德。两汉时期，越地学术较为落后，唯有王充是个例外。王充是东汉时期著名的哲学家、思想家，其《论衡》一书内容丰富，思想驳杂，为东汉子学的杰出代表。王充博学多才，精通儒道，又好刺儒，好翻新出奇，故《论衡》一书创见颇多。在本体论方面，王充坚持元气论，认为气生万物，认为天道是客观存在的，是自然无为的；在性命论方面，王充将人性善恶等归之于性，将祸福凶吉等归之于命，并非常迷信命定论，认为一切皆由命定。王充以“疾虚妄”而闻名，其坚持实证认识论，不仅对各类虚妄不实的现象作了大力批判，还对神话、经书、史籍等中的虚妄作了大力批判。在史学方面，袁康、吴平的《越绝书》堪为后世方志鼻祖，赵晔的《吴越春秋》集纪传体与编年体于一身，实为后世纪事本末体的“滥殇”。这一时期，越地经学较为兴盛。虞翻易学集两汉象数易学之大成，建立了易学史上最为庞大而复杂的象数易学体系，其纳甲说、卦气说、卦变说等，影响极其深远。贺氏是这一时期会稽本土文化世家的杰出代表。会稽贺氏世传礼学，拥有像贺循、贺玚、贺琛等礼学大师，贺循丧礼学、贺玚的《礼记》学以及贺琛谥法学，都影响深远，衣被后世。在宗教方面，魏伯阳的《周易参同契》被誉为“千古丹王”，其融易学、黄老、炼丹于一体，后世内丹学和外丹学皆多受其影响。谢灵运的《辨宗论》主张儒、释合一，倡导渐、顿合一。慧皎的《高僧传》内容丰富，是研究中古佛教史必不可少的重要文献。在体例方面，《高僧传》将序录、传、论合一，奠定了后世僧传写作模式。

这一时期的民间信仰逐渐摆脱原始宗教的影响，体现出浓郁的本土性。同时，越地鬼神信仰、巫觋信仰以及卜筮信仰依然非常流行，这在史籍及各类笔记小说中有不少记载。与此同时，这时民间禁忌极为发达，《论衡》中涉及民间禁忌的有《四讳》《调时》《讥日》《难岁》等。在日常生活中，人们禁忌很多，不仅有时、日、岁、节禁忌，还有神灵鬼怪、方位地域、人种物类等禁忌。民间禁忌的兴起，实是民间宗教兴起的先河。

三

六朝时期，越地的学术往往以家学的形式传承不息。到了隋唐时期，由于仕进制度的变迁，越地世家大族走向衰微，虞氏家族可谓典型代表。唐宋时期，越地学术处于低谷，著名学者寥若晨星。虞世南是隋唐时期著名的书法家、史学家，其所编撰的《北堂书钞》是今存较早且较为完整的类书之一。该书篇幅宏大，内容繁复，共160卷，分为851类。不仅如此，该书体系完备，以词为纲，附以相关资料，事文兼采，详注出处。《北堂书钞》可谓隋唐类书的典范。这一时期绍兴佛教思想兴盛发达，出现了不少佛学大师。吉藏大师居绍兴嘉祥寺十五年，著书立说，布道传法，创立了三论宗。澄观为华严宗第四祖，其早年广学诸家佛学，后专精华严学，著有华严学著作多种，为华严宗的发展作出了巨大的贡献。南阳慧忠大师为禅宗六祖慧能弟子，与行思、怀让、神会、玄觉并称慧能门下五大宗匠。洞山良价是南禅曹洞宗的开创者。这一时期民间信仰的最大特征是人格神的泛滥。城隍、五通神、紫姑、妈祖等信仰盛行于世，各类人神庙遍布绍兴各地。

四

元明清时期，绍兴文化迎来了久别的高潮，绍兴学术思想随之进入鼎盛时期。绍兴这一学术思想高潮的形成和发展与王阳明密切相关。

王阳明是继朱熹之后，儒学史上又一位里程碑式的人物。王阳明出生于余姚，但自幼迁于绍兴，并且一生不少时间是在绍兴度过的。早年，王阳明曾在绍兴阳明洞修炼；立功封爵后，王阳明在绍兴建有伯爵府；晚年，王阳明一直居于绍兴，从事讲学授徒等活动。王阳明融儒、释、道于一体，在继承朱、陆学说的基础之上，形成自己的学说体系。因得罪权贵，王阳明曾被贬贵州龙场驿驿丞。居龙场驿时，王阳明突然大悟，“圣人之道，吾性自足，向之求理于事物者误也”。良知本有，无须外求，只要致良知，便可成圣。晚年天泉证道，王阳明进一步深化了自己学说：“无善无恶是心之体，有善有恶是意之动，知善知恶是良知，为善去恶是格物。”明代中后期，王门弟子遍布天下，形成诸多流派，越中王学形成最早，影响也较大。早年，王阳明一直在越中讲学，于是徐爱、蔡宗衮、朱节等人投其门下，成为王阳明最早的一批弟子。后来钱德洪、王畿等人先后投入王门。徐爱是王阳明妹夫，可惜英年早逝，未得尽其才。钱德洪严守师传，重良知，重功夫，并为王阳明著作的搜集与整理做了大量工作。王畿是越中王门中创见最多、影响最大的弟子，可谓越中王学代表人物。王畿援禅学入心学，宣扬良知现成说，倡导心性感悟，倡导四无说。王畿一方面发展了王阳明学说，使王阳明学说得到更为广泛的传播；另一方面其过于强调心性觉悟，使良知说沦为空虚不实的佛性论，从而将阳明学引上发展的绝路。

有感王阳明良知说过于空虚而不实、知而不行，刘宗周倡导诚思、慎独，倡导修行功夫和外在事功，欲以此来挽救王学空疏之弊。刘宗周入仕较早，但居官时间较短，其大多时间居越讲学授徒，并创立证人社等学术社团。刘宗周师徒及其追随者形成了当时具有较大影响的学术流派——蕺山学派。刘宗周和其弟子祁彪佳以身守道，先后殉国，给当时华而不实的士风以有力的反击。

浙东史学派始于宋代。至明清时期，浙东史学大兴，名家大师如云。绍兴地区先后涌现了张岱、黄宗羲、章学诚等史学大师。张岱虽以文学闻名，但其对史学用力更多。明亡后，张岱避难于穷陋山林，花费数十年心血，先后编撰《石匮书》《石匮书后集》两本巨著，以记载明朝历史。明亡后，黄宗羲终身不仕，隐居乡间，致力于学术创作，先后撰写《明夷待访录》《明儒学案》《宋元学案》（未完成）以及《明文海》等皇皇巨著。在《明夷待访录》中，黄宗羲提出“天下为主”“君臣为天下”等先进的政治主张。《明儒学案》由序言、评传和语录三部分合成，较好地实现了人物传记与学术史合一，评论与资料汇编合一，学术与经世合一，开创了学案体史书体例。章学诚被誉为浙东史学的殿军。章学诚一生坎坷，却特立独行，深思善辩，先后详细论述“六经皆史”，提出“史德”之说，建立方志学体系，完善了校雠学理论，为史学理论、方志学、校雠学的发展作出了巨大的贡献。其以史为宗、以史统文等文学主张也极富有创新性。

元明清时期，绍兴民间信仰变得极为驳杂。一方面，传统鬼神信仰、巫术信仰依然流传，恶鬼信仰尤为发达，如女吊、男吊、花煞等；另一方面，人神信仰极为泛滥，人神庙遍布绍兴各地，不仅大量较久远的历史人物成为祭祀对象，而且很多近世忠臣、义士、节妇、烈女等都成为民间祭祀对象，皆立庙以祭拜。

简而言之，越国时期是绍兴思想信仰发展的第一个高潮；秦汉以降，以至唐宋，是绍兴思想信仰发展的低谷时期；元明清时期是绍兴思想信仰发展的又一高潮，这一高潮持续时间较长，直至近代，以至现代。

第一章　越国思想

于越是活跃于东南一带的一支古老的部族，直至夏帝少康封庶子无余于越，始有国。至春秋时期，越国逐渐强大，于越文化得到了空前的繁荣。这一时期越国出现了勾践、范蠡、文种、计然等重要思想家。他们的思想是春秋时期思想不可缺少的重要组成部分，为后世学术思想的发展提供了坚实的基础。

第一节　勾践思想

勾践（前520～前465），越王允常之子，于周敬王二十三年（前497）为越王。继位初，勾践大败来犯的吴国，并射杀吴王阖闾。不久，夫差为父复仇，大举伐越。越人大败，勾践率残兵退守会稽山。勾践听从臣子建议，忍辱向吴求和，方免于亡国。勾践入吴为奴三年。归来后，勾践励精图治，卧薪尝胆。经过20年生聚与教训，最终于勾践二十四年（前473）灭吴。灭吴之后，勾践乘胜北上争霸。勾践三十三年（前465），勾践卒，享年56岁，在位33年。

勾践是越国史上最伟大的君主，其在位时，越国从一东夷小国一跃成为争霸中原的大国。越国的飞跃性发展与其杰出的治国思想和军事思想密切相关。

一 治国思想

越国的复兴强盛，与勾践一系列富有成效的治国思想与治国策略密不可分。

（一）仁政惠民

历经会稽之败后，勾践听从范蠡、文种等人劝谏，救死扶伤，示民以仁。《国语·越语上》："于是葬死者，问伤者，养生者，弔有忧，贺有喜，送往者，迎来者，去民之所恶，补民之不足。"①《国语·越语上》："当室者死，三年释其政；支子死，三月释其政。必哭泣葬埋之如其子。令孤子、寡妇、疾疹、贫病者，纳宦其子……国之孺子之游者，无不餔也，无不歠也，必问其名。"大举减刑法，省赋税，施惠于民。《吴越春秋·勾践归国外传》："越王内修其德，外布其道。君不名教，臣不名谋，民不名使，官不名事。国中荡荡，无有政令。"②《国语·吴语》："越国之中，吾宽民以子之，忠惠以善之。吾修令宽刑，施民所欲，去民所恶，称其善，掩其恶。"《国语·越语上》："十年不收于国，民俱有三年之食。"

勾践使文种从吴贷得粟万石，"大夫种归越，越国群臣皆称万岁。即以粟赏赐群臣，及于万民"（《吴越春秋·勾践阴谋外传》）。这些措施取得了巨大的成功，使得越国国泰民安，由弱变强。《史记·货殖列传》："修之十年，国富，厚赂战士，士赴矢石，如渴得饮，遂报强吴，观兵中国，称号'五霸'。"③

（二）克己节俭

勾践对民众多行恩惠之举，而自己则厉行辛劳勤苦。衣食则夫妻自足，

---

① 徐元诰撰，王树民、沈长云点校：《国语集解》，中华书局2002年标点本，第570页。本书所引《国语》皆引自此本，后不再一一注明。

② 周生春撰：《吴越春秋辑校汇考》，上海古籍出版社1997年版，第136页。本书所引《吴越春秋》皆引自此本，后不再一一注明。

③ 司马迁撰：《史记》，中华书局1959年标点本，第1742页。本书所引《史记》皆引自此本，后不再一一注明。

不取于民。《国语·越语上》："非其身之所种则不食，非其夫人之所织则不衣。"《史记·越王勾践世家》称其"与百姓同其劳"。不仅如此，勾践还克己节俭，不享声色。《吴越春秋·勾践归国外传》："出不敢奢，入不敢侈……越王尽心自守，食不重味，衣不重彩，虽有五台之游，未尝一日登玩。"《越绝书·内传陈成恒》："身不安床席，口不甘厚味，目不视好色，耳不听钟鼓者，已三年矣。焦唇干嗌，苦心劳力；上事群臣，下养百姓。"①《国语·吴语》："饮食不致味，听乐不尽声。"不仅如此，还与民分享。《国语·吴语》："在孤之侧者，觞酒、豆肉、箪食，未尝敢不分也。"正因如此，越国"人民殷富，皆有带甲之勇"（《吴越春秋·勾践归国外传》）。

（三）重才尚贤

兵败之后，为了强国复仇，越王勾践采纳了计然等人的建议，"折节下贤人，厚遇宾客"（《史记·越王勾践世家》）。《国语·越语上》："其达士，絜其居，美其服，饱其食，而摩厉之于义。四方之士来者，必庙礼之。勾践载稻与脂于舟以行，国之孺子之游者，无不餔也，无不歠也，必问其名。"勾践有"私卒君子六千人"（《国语·吴语》），这些人显然多是勾践礼贤下士招来的。他们在最后伐吴之战中发挥了重要的作用。

（四）从善如流

勾践初即位后，贪于享乐，好大喜功，不听文种等人劝谏，贸然发动伐吴战争。兵败退守会稽之后，勾践判若两人。为了退敌，他主动向群臣求策。文种进言虽不乏批判意味，但他还是虚心地接受了文种的建议。入吴为奴时，勾践认真听从范蠡的劝谏，低声下气，并极力讨好吴王夫差。为了获得赦免，不惜品尝夫差粪便为其诊病。归来之后，勾践多次听政于诸大夫，听从文种等人建议，施仁政，减刑法，用贤才，重节士。《吴越春秋·勾践归国外传》：

① 袁康、吴平辑录，乐祖谋点校：《越绝书》，上海古籍出版社1985年版，第53页。本书所引《越绝书》皆引自此本，后不再一一注明。

越王遂师八臣，与其四友，时问政焉。大夫种曰："爱民而已。"越王曰："奈何?"种曰……越王乃缓刑薄罚，省其赋敛……九年正月，越王召五大夫而告之曰："……孤未知策谋，惟大夫诲之。"

《吴越春秋·勾践阴谋外传》：

越王勾践十年二月……群臣教诲，各画一策，辞合意同，勾践敬从……（计然）进曰……于是越王默然不悦，面有愧色。即辞群臣，进计倪而问曰……计倪曰："选贤实士，各有一等……范蠡明而知内，文种远以见外。愿王请大夫种与深议，则霸王之术在矣。"越王乃请大夫文种而问曰……越王曰："善。"

经过几年发展，越国变得强大了，勾践便急于起兵伐吴。即使他很心急，但还是一次次听从了范蠡的建议。《国语·越语下》：

四年，王召范蠡而问焉……范蠡对曰："未可也……"王曰："诺。"又一年，王召范蠡而问焉……范蠡对曰："人事至矣，天应未也。王姑等之。"王曰："诺。"又一年，王召范蠡而焉……范蠡对曰："……王姑待之。"王曰："诺。"又一年，王召范蠡而问焉……范蠡对曰："……王姑待之。"王怒曰……范蠡对曰……（越王从之）

发动伐吴战争之前，勾践先问计于申包胥，后问策于诸大夫。

正是因为勾践从善如流，认真听取范蠡、文种、计然等人的良策，方使越国逐渐强大起来，最终不仅一举打败吴国，而且称霸于中原。

二　军事思想

勾践可谓是当时著名的军事家，许多重要战争都是他自己指挥的。勾践丰富的军事思想主要表现在以下几个方面。

（一）积极备战

勾践早年贸然发动伐吴之战，几乎招致灭顶之灾。入吴为奴归来后，为了灭吴，勾践采取了众多措施备战。

经过会稽之败后，越国地小人稀。为了迅速增加人口，勾践采取了一系列的措施来奖励生育和减少意外死亡。《国语·越语上》：“令壮者无取老妇，令老者无取壮妻。女子十七不嫁，其父母有罪；丈夫二十不娶，其父母有罪。将免者以告，公令医守之。生丈夫，二壶酒，一犬；生女子，二壶酒，一豚。生三人，公与之母；生二人，公与之饩。”《吴越春秋·勾践伐吴外传》有类似的记载。经过十年生聚，越国有带甲十余万，水军数千。

储备人力的另一重要方面便是人才的储备。勾践礼贤下士，积极笼络贤士，“四方之士来者，必庙礼之”“其达士，絜其居，美其服，饱其食，而摩厉之于义”（《国语·越语上》）。《吴越春秋·勾践伐吴外传》：“令孤子、寡妇、疾疹、贫病者，纳官其子。欲仕，量其居，好其衣，饱其食，而简锐之。”越王勾践私卒竟达六千余人，俊士四万，死士八千。

备战最重要、最直接的当属军事器械的准备。归国六年之后，勾践深得民众拥护。为了伐吴复仇，勾践积极进行军事器械的准备。《越绝书·吴内传》：

越王勾践反国六年，皆得士民之众，而欲伐吴。于是乃使之维甲。维甲者，治甲系断。修内矛赤鸡稽繇者也，越人谓“人铩”也。方舟航买仪尘者，越人往如江也。治须虑者，越人谓船为“须虑”。亟怒纷纷者，怒貌也，怒至。士击高文者，跃勇士也。习之于夷。夷，海也。宿于莱。莱，野也。致之于单。单者，堵也。

越国修缮盔甲与兵器，打造船只，招募各类具有特长的士卒，如勇猛者，善水者，野宿者，多力者等。这些人将会在不同场合发挥其重要作用。

（二）痹敌耗敌

在大力发展自己、积极备战的同时，越国采取了一系列有效的措施麻痹敌人，削弱敌人。

伐吴兵败，勾践入吴为奴三年。为了获得夫差赦免，他含垢忍辱，无怨无恨。《吴越春秋·勾践入臣外传》：“越王服犊鼻，着樵头。夫人衣无缘之裳，施左关之襦。夫斫剉养马，妻给水除粪洒扫。三年不愠怒，面无恨色。”吴王夫差久病，勾践甚至“求其粪而尝之，观其颜色”（《吴越春秋·勾践入臣外传》），诊其病状。勾践的这些行动终于获得了夫差好感。病好后，夫差遂赦勾践归国。归国之后，勾践君臣依然努力结好于夫差，麻痹夫差，让夫差对越王君臣非常放心，而无丝毫戒备之心。《吴越春秋·勾践归国外传》：“吴王好服之离体，吾欲采葛，使女工织细布，献之以求吴王之心……乃使国中男女入山采葛，以作黄丝之布，欲献之。”细布尚未及上献，夫差闻后大悦，赐之以书，增之以封。“东至于勾、甬，西至于檇李，南至于姑末，北至于平原，纵横八百余里”（《吴越春秋·勾践归国外传》）。取得第一次胜利之后，勾践君臣继续大行此道。《吴越春秋·勾践归国外传》：“越王乃使大夫种赍葛布十万，甘蜜九椀，文笥七枚，狐皮五双，晋竹十廋，以复封礼……吴王得葛布之献，乃复增越之封，赐羽毛之饰、机杖、诸侯之服。越国大悦。”

在麻痹敌人同时，勾践君臣还采取各种措施消耗敌国力量。勾践接受文种、范蠡等人的策略，让吴国大兴土木，消耗吴国力量，又促使吴国北上争霸，让吴国大量生力军消耗于北方战场，以渔其利。《越绝书·内传陈成恒》：

> 越使果至，曰：“……今窃闻大王将兴大义，诛强救弱，困暴齐而抚周室，故使越贱臣种，以先人之藏器：甲二十领、屈卢之矛、步光之剑，以贺军吏。大王将遂大义，则弊邑虽小，悉择四疆之中，出卒三千，以从下吏；孤请自被坚执锐，以受矢石。”吴王大悦……吴王果兴九郡之兵，而与齐大战于艾陵，大败齐师，获七将。陈兵不归，果与晋人相遇黄池之上。吴晋争强，晋人击之，大败吴师。越王闻之，涉江袭吴。

《史记·越王勾践世家》：“其（黄池之会）后四年，越复伐吴。吴士民罢弊，轻锐尽死于齐、晋。”可见，吴国大量精锐消耗于北方战争。这是导致吴国败于越且亡于越的重要原因。

（三）胜敌之法

为了获得伐吴的胜利，越王君臣采取了各种胜敌措施。

其一，外交孤敌，卑言骄敌。得道者多助，失道者寡助。《史记·越王勾践世家》："大夫逢同谏曰：'……为越计，莫若结齐，亲楚，附晋，以厚吴。吴之志广，必轻战。是我连其权，三国伐之，越承其弊，可克也。'"越王认真听取了此建议，大力结好于诸侯国，以孤立吴国。《国语·吴语》："越国南则楚，西则晋，北则齐，春秋皮币、玉帛、子女以宾服焉，未尝敢绝，求以报吴。"除了孤立吴国之外，越王还想办法骄敌，使其狂妄自大而大丧民心和盟友。《吴越春秋·勾践归国外传》："扶同曰：'……臣闻吴王兵强于齐、晋，而怨结于楚。大王宜亲于齐，深结于晋，阴固于楚，而厚事于吴。夫吴之志，猛骄而自矜，必轻诸侯，而凌邻国。三国决权，还为敌国，必角势交争。越承其弊，因而伐之，可克也。虽五帝之兵，无以过此。'"文种伐吴九术中有两术便是通过骄敌方式消磨其意志："二曰重财币，以遗其君；多货贿，以喜其臣""四曰遗美女，以惑其心，而乱其谋"（《吴越春秋·勾践阴谋外传》）。越国的谗媚逢迎使得吴王夫差极其自负，忘乎所以，以至赐死忠臣伍子胥，一步步毁灭自己。

其二，严于治军，赏罚分明。军纪如何，对于战争成败具有极其重要的影响。越王君臣深晓此理，故曳庸、苦成等皆建议从严治军，赏罚分明。《吴越春秋·勾践伐吴外传》："大夫曳庸曰：'审赏，则可战也。审其赏，明其信，无功不及，有功必加，则士卒不怠。'……大夫苦成曰：'审罚，则可战。审罚，则士卒望而畏之，不敢违命。'"在发动伐吴战争之前，为了强化军纪训练，勾践四徙其军，五斩罪者以作警示，并再三通告士卒要严从军令。《国语·吴语》：

> 王乃之坛列，鼓而行之，至于军，斩有罪者以徇，曰："莫如此以环瑱通相问也。"明日徙舍，斩有罪者以徇，曰："莫如此不从其伍之令。"明日徙舍，斩有罪以徇，曰："莫如此不用王命。"明日徙舍，至于御儿，斩有罪者以徇，曰："莫如此淫逸不可禁也。"……明日，迁军接和，斩有罪者以徇，曰："莫如此志行不果。"于是人有致死之心，王乃命有司大徇于军，曰："谓二三子归而不归，处而不处，进而不进，退而不退，

左而不左，右而不右，身斩，妻子鬻。”

《国语·越语上》：“乃致其众而誓之曰：‘……今寡人将助天灭之。吾不欲匹夫之勇也，欲其旅进旅退。进则思赏，退则思刑，如此则有常赏。进不用命，退则无耻，如此则有常刑。’”《论衡·率性》：“勾践亦试其士于寝宫之庭，赴火死者，不可胜数。”具有这样严格军纪的军队，必然具有极强的战斗力。

其三，强化训练，提升战斗力。士兵作战技能是决定战争成败的关键所在。范蠡曰：“臣闻古之圣君，莫不习战用兵，然行阵队伍军鼓之事，吉凶决在其工”（《吴越春秋·勾践阴谋外传》）。为了提升越兵的剑术，范蠡向勾践推荐了越女，“今闻越有处女，出于南林，国人称善。愿王请之，立可见”（《吴越春秋·勾践阴谋外传》）。越王使使聘之，即加女号，号曰越女。“乃命五校之队长高才习之，以教军人。当此之时，皆称越女剑”（《吴越春秋·勾践阴谋外传》）。后范蠡复进善射者陈音。陈音，楚之善射者，其射术超群。于是，越王乃使陈音教军士习射于北郊之外，“三月，军士皆能用弓弩之巧”（《吴越春秋·勾践阴谋外传》）。

有了高超作战技巧还不行，还需有昂扬的斗志。伐吴之前，勾践不惜轼蛙以鼓舞士兵斗志。《吴越春秋·勾践伐吴外传》：

> 恐军士畏法不使，自谓未能得士之死力，道见蛙张腹而怒，将有战争之气，即为之轼。其士卒有问于王曰：“君何为敬蛙虫，而为之轼？”勾践曰：“吾思士卒之怒久矣，而未有称吾意者。今蛙虫无知之物，见敌而有怒气，故为之轼。”于是，军士闻之，莫不怀心乐死，人致其命。

勾践此举获得很好的效果，士气大振，勇气倍增。

其四，审时度势，出奇制胜。勾践入吴为奴三年，归来后勾践多次急于伐吴雪耻，范蠡则多次以天地、人事未合而加以反对。时机到来之时，文种和范蠡等人则劝勾践及时行动，勿得迟疑。《国语·吴语》：

> 吴王夫差既杀申胥，不稔于岁，乃起师北征。阙为深沟，通于商、

鲁之间，北属之沂，西属之济，以会晋公午于黄池。于是越王勾践乃命范蠡、舌庸，率师沿海泝淮以绝吴路，败王子友于姑熊夷。越王勾践乃率中军泝江以袭吴，入其郛，焚其姑苏，徙其大舟。

勾践作战善出奇制胜，这在第二次槜李之战和笠泽之战等战役中得到了很好的表现。勾践刚继位，吴王阖闾乘越丧来伐。当时吴兵强大，勾践却以奇兵胜之。《左传》定公十四年：

吴伐越。越子勾践御之。陈于槜李。勾践患吴之整也，使死士再禽焉，不动。使罪人三行，属剑于颈，而辞曰："二君有治，臣奸旗鼓，不敏于君之行前，不敢逃刑，敢归死。"遂自刭也。师属之目，越子因而伐之，大败之。灵姑浮以戈击阖庐，阖庐伤将指，取其一屦。还，卒于陉，去槜李七里。①

吴军强大，队列整齐，难以突破其防御。勾践以死士自刭来吸引吴军注意力，从而发动奇袭，大败吴军，吴王阖闾伤指而亡。

勾践十五年（前482），"吴王北会诸侯于黄池，吴国精兵从王，惟独老弱与太子留守"（《史记·越王勾践世家》），于是越王乘机对吴国发动袭击，"乃发习流二千人，教士四万人，君子六千人，诸御千人，伐吴"（《史记·越王勾践世家》）。结果，"大败吴师，获大子友、王孙弥庸、寿于姚。丁亥，入吴"（《左传》哀公十三年）。

勾践十九年（前478），勾践发动伐吴的笠泽之战，在这次战争中，勾践亦以奇以取。《吴越春秋·勾践伐吴外传》：

于是，吴悉兵屯于江北，越军于江南。越王中分其师以为左右军，皆被兕甲。又令安广之人，佩石碣之矢，张卢生之弩。躬率君子之军六千人，以为中阵。明日，将战于江，乃以黄昏，令于左军，衔枚溯江而

---

① 杨伯峻撰：《春秋左传注》，中华书局1981年版，第1595—1596页。本书所引《左传》皆据此本，后不再一一注明。

> 上五里，以须吴兵。复令于右军，衔枚逾江十里，复须吴兵。于夜半，使左军涉江，鸣鼓中水，以待吴发。吴师闻之中，大骇，相谓曰："今越军分为二师，将以使攻我众。"亦即以夜暗，中分其师，以围越。越王阴使左、右军与吴望战，以大鼓相闻。潜伏其私卒六千人，衔枚不鼓，攻吴。吴师大败。越之左、右军乃遂伐之，大败之囿。又败之于郊。又败之于津。如是三战三北，径至吴，围吴于西城。

经过长达三年的围困，"吴国困不战，士卒分散，城门不守，遂屠吴"（《吴越春秋·夫差内传》）。

从上可以看出，勾践不愧为当时著名的军事家，其丰富的军事思想，至今不无借鉴意义与参考价值。

第二节 范蠡思想

范蠡，生卒年不详，春秋末期著名的政治家、军事家、思想家，是越王勾践复兴灭吴、称霸中原的大功臣。范蠡，楚人，年轻时与文种一起至越，不得重用，遂游于楚越之间。经文种进谏，范蠡复得以任用。勾践伐吴兵败，退守会稽山。勾践用范蠡和文种计，向吴求和，得以保全。勾践五年（前492），范蠡随其君勾践入吴为奴三年。三年间，范蠡朝夕陪侍勾践身旁，不失君臣之礼。经范蠡多方周旋与用计，勾践七年（前490），勾践得以归国。归国后，范蠡与文种等贤臣协助勾践富国强兵。经过"十年生聚，十年教训"，勾践于二十四年（前473）灭吴。灭吴之后，范蠡遂乘轻舟以浮于五湖，莫知其所终。《汉书·艺文志》著录《范蠡》二篇，并注云："越王勾践臣也。"① 此书早佚。《旧唐书·经籍志》著录《范子问计然》15卷，并注

① 班固撰：《汉书》中华书局1962年标点本，第1757页。本书所引《汉书》皆据此本，后不再一一注明。

云："范蠡问，计然答。"① 《新唐书·艺文志》著录《范子计然》，所注亦同。此书早佚，仅有辑佚本存世。

一　哲学思想

范蠡并无思想著作传世，其各类思想主要体现在言语和行动之中。范蠡思想内容丰富，创见颇多，并形成了较为完整的体系。

（一）道、气之论

较早从哲学层面探讨世界起源的当属老子。老子提出了"道"论，认为世界源于"道"。范蠡原为楚人，故其在本体论方面多受老子"道"论影响。《越绝书·外传枕中》：

> 范子对曰："道者，天地先生，不知老；曲成万物，不名巧，故谓之道。道生气，气生阴，阴生阳，阳生天地。天地立，然后有寒暑、燥湿、日月、星辰、四时，而万物备。"

范蠡认为"道"是万物之本，其先天地而生，不老不朽，"道"生"气"，"气"生阴，阴生阳，阳生世间万物。可见，范蠡的"道"论是对老子"道"论的继承与发展。在继承的基础之上，范蠡将"气"论与"道"论结合，使之其本体论更具有朴素唯物主义气息。

范蠡认为"气"为万物之母，"道"借"气"而生万物，故万物皆有"气"，阴阳之气支配万物生长。《越绝书·外传枕中》：

> 越王问于范子曰："寡人闻阴阳之治，不同力而功成，不同气而物生，可得而知乎？愿闻其说。"范子曰："臣闻阴阳气不同处，万物生焉。冬三月之时，草木既死，万物各异藏，故阳气避之下藏，伏壮于内，使阴阳得成功于外。夏三月盛暑之时，万物遂长，阴气避之下藏，伏壮于内，然而万物亲而信之，是所谓也。阳者主生，万物方夏三月之时，大

① 刘昫等撰：《旧唐书》，中华书局1975年标点本，第2043页。

热不至，则万物不能成。阴气主杀，方冬三月之时，地不内藏，则根荄不成，即春无生。故一时失度，即四序为不行。”

总而言之，范蠡将“气”论融于“道”论之中，有力地促进了当时本体论的发展，使“气”论被广泛运用于自然与社会等诸多领域，呈现出泛化之趋势，为后来“气”论体系的完善打下了良好的理论基础。

（二）天道论

所谓天道，指的是天体运行和时序变化的规律。天道思想在越国得到广泛的传播，越国君臣多肯定天道，认为天道支配着世间万物。

范蠡曰：“……天道皇皇，日月以为常。明者以为法，微者则是行。阳至而阴，阴至而阳。日困而还，月盈而匡。”（《国语·越语下》）

范子曰：“阴阳进退者，固天道自然，不足怪也。”（《越绝书·外传枕中》）

范蠡认为天道是周而复始的。

范子曰：“天道三千五百岁，一治一乱，终而复始，如环之无端，此天之常道也。”（《越绝书·外传枕中》）

范子曰：“夫阴阳错缪，即为恶岁；人生失治，即为乱世。夫一乱一治，天道天然。”（《越绝书·外传枕中》）

不仅如此，范蠡认为人生如同天道，有盛衰、泰否之规律。勾践灭吴之后，范蠡功成身退。身退之后，他还多次劝文种离开越国。《吴越春秋·勾践伐吴外传》：“蠡复为书，遗种曰：‘吾闻天有四时，春生冬伐。人有盛衰，泰终必否。知进退存亡，而不失其正，惟贤人乎？’”

天道，又常称为“恒”“恒制”或“常”等。《国语·越语下》：

范蠡对曰：“……时将有反，事将有间，必有以知天地之恒制，乃可以有天下之成利。”……范蠡对曰：“……四封之外，敌国之制，立断之事，因阴阳之恒，顺天地之常，柔而不屈，强而不刚，德虐之行，因以为常。”

此处的“恒”“恒制”和“常”与天道相近，都是指事物发展变化的规律。

天道支配着世间万物，人们行事必须依循天道，以人应天。越王勾践继位三年而欲伐吴。《国语·越语下》：“范蠡对曰：‘……夫圣人随时以行，是谓守时，天时不作，弗为人客；人事不起，弗为之始。今君王未盈而溢，未盛而骄，不劳而矜其功，天时不作，而先为人客，人事不起，而创为之始，此逆于天而不和于人。’”勾践不听劝谏，果致兵败。为奴归来后，勾践多次急于伐吴雪耻，而范蠡则多次以天地、人事未合而加以反对。

四年，王召范蠡而问焉……范蠡对曰：“未可也。蠡闻之：‘上帝不考，时反是守’。强索者不祥。得时不成，反受其殃。失德灭名，流走死亡。有夺，有予，有不予。王无早图。夫吴，君王之吴也，王若蚤图之，其事又将未可知也。”

又一年，王召范蠡而问焉，曰：“……今吴王淫于乐而忘其百姓，乱民功，逆天时，信谗喜优，憎辅远弼。圣人不出，忠君解骨，皆曲相御，莫适其非，上下相偷。其可乎？”范蠡对曰：“人事至矣，天应未也，王姑待之。”

又一年，王召范蠡而问焉……范蠡对曰：“逆节萌生。天地未形，而先为之征，其事是以不成，杂受其刑。王姑待之。”

又一年，王召范蠡而问焉……范蠡对曰：“天应至矣，人事未尽也，王姑待之。”王怒曰：“道固然乎？妄其欺不谷邪？吾与子言人事，子应我以天时。今天应至矣，子应我以人事，何也？”范蠡对曰：“王姑勿怪。夫人事必将与天地相参，然后乃可以成功。今其祸新民恐，其君臣上下，皆知其资财之不足以支长久也，彼将同其力，致其死，犹尚殆。王其且驰骋弋猎，无至禽荒；宫中之乐，无至酒荒；肆与大夫觞饮，无忘国常。

彼其上将薄其德，民将尽其力，又使之望而不得食，乃可以致天地之殛。王姑待之。”（《国语·越语下》）

范蠡认为天应人事，人事与天地相参，行事方可获得成功。《国语·越语下》：“范蠡对曰：‘……死生因天地之刑，天因人，圣人因天；人自生之，天地形之，圣人因而成之，是故战胜而不报，取地而不反，兵胜于外，福生于内，用力甚少，而名声章明。’”

范蠡筑大城、小城便很好地体现了以人应天思想。《吴越春秋·勾践归国外传》：

于是范蠡乃观天文，拟法于紫宫，筑作小城。周千一百二十二步，一圆三方。西北立龙飞翼之楼，以象天门。东南伏漏石窦，以象地户。陵门四达，以象八风。外郭筑城缺西北，示服事吴也，不敢壅塞。内以取吴，故缺西北，而吴不知也。北向称臣，委命吴国，左右易处，不得其位，明臣属也……范蠡曰：“臣之筑城也，其应天矣。昆仑之象存焉。”……范蠡曰：“……臣乃承天门制城，合气于后土，岳象已设，昆仑故出，越之霸也。”

范蠡甚至表现出明显的天人感应思想。《越绝书·外传枕中》：“范子曰：‘夫阳动于上，以成天文；阴动于下，以成地理。审察开置之要，可以为富……故天倡而见符，地应而见瑞。圣人上知天，下知地，中知人，此之谓天平地平，以此为天图。’”此类观点与汉代董仲舒等的天人感应说及祥瑞说无二。

（三）朴素辩证法

先贤老子的《老子》一书充满了丰富的辩证思想，或许是受到老子等人的影响，范蠡思想亦充满了丰富的朴素辩证法。

勾践为了复仇，多次急于起兵伐吴，范蠡则多次强谏。进谏时，范蠡反复强调“持盈”“定倾”“节事”三者之间的辩证关系。这在《国语》和

《越绝书》中皆有详细记载。《越绝书·吴内传》：

> 越王勾践欲伐吴王阖庐，范蠡谏曰："不可。臣闻之，天贵持盈。持盈者，言不失阴阳、日月、星辰之纲纪。地贵定倾。定倾者，言地之长生，丘陵平均，无不得宜，故曰地贵定倾。人贵节事。节事者，言王者已下，公卿大夫，当调阴阳，和顺天下，事来应之，物来知之，天下莫不尽其忠信，从其政教，谓之节事。节事者，至事之要也。天道盈而不溢，盛而不骄者，言天生万物，以养天下。蠉飞蠕动，各得其性；春生夏长，秋收冬藏，不失其常，故曰天道盈而不溢，盛而不骄者也。地道施而不德，劳而不矜其功者也，言地生长五谷，持养万物，功盈德博，是所施而不德，劳而不矜其功者矣。言天地之施，大而不有功者也。人道不逆四时者，言王者以下，至于庶人，皆当和阴阳四时之变，顺之者有福，逆之者有殃，故曰人道不逆四时之谓也。因惛视动者，言存亡吉凶之应，善恶之叙，必有渐也。天道未作，不先为客者。"

范蠡认为天道"持盈"，盈而不溢；地道"定倾"，均生万物，无不得宜；人道"节事"，当调阴阳，和顺天下，天下从之。王者应"守时"以行，勿骄勿躁，不自伐其功；应"春生夏长，秋收冬藏，不失其常"，做到"田野开辟，府仓实，民众殷。无旷其众，以为乱梯"（《国语·越语下》）。只有这样，"然后受其名而兼其利"（《国语·越语下》），国富民殷，天下影从。

范蠡认为世界是由阴阳组合而成的，阴阳双方消长交替，社会则治乱周而复始。

> 范子曰："天道三千五百岁，一治一乱，终而复始，如环之无端，此天之常道也。"（《越绝书·外传枕中》）
>
> 范子曰："夫阴阳错缪，即为恶岁；人生失治，即为乱世。夫一乱一治，天道天然。八谷亦一贱一贵，极而复反。言乱三千岁，必有圣王也。八谷贵贱更相胜。"（《越绝书·外传枕中》）
>
> 范蠡曰："……臣闻峻高者隤，叶茂者摧。日中则移，月满则亏。四

时不并盛，五行不俱驰。阴阳更唱，气有盛衰。故溢堤之水，不淹其量。熻干之火，不复其炽。水静则无沤瀴之怒，火消则无熹毛之热。”（《吴越春秋·勾践归国外传》）

国家兴衰、人事变化亦是如此，盛极衰至，否极泰来。

于是大夫种、范蠡曰：“……圣王贤主，皆遇困厄之难，蒙不救之耻，身拘而名尊，躯辱而声荣，处卑而以不为恶，居危而不以为薄……时过于期，否终则泰……今臣遂天文，案坠籍，二气共萌，存亡异处。彼兴而我辱，我霸则彼亡。二国争霸，未知所就。君王之危，天道之数，何必自伤哉！夫吉者，凶之门；福者，祸之根。”（《吴越春秋·勾践入臣外传》）

范蠡认为人事极盛亦衰，劝文种功成身退，以避祸害。

二　政治思想

除了丰富的哲学思想之外，范蠡还是当时风云一时的政坛人物，具有丰富的政治思想。

（一）左道右术

至于“道”与“术”之间的关系，范蠡等人重“道”轻“术”。《越绝书·外传枕中》：

昔者，越王勾践问范子曰：“古之贤主、圣王之治，何左何右？何去何取？”范子对曰：“臣闻圣主之治，左道右术，去末取实。”越王曰：“何谓道？何谓术？何谓末？何谓实？”范子对曰：“道者，天地先生，不知老；曲成万物，不名朽，故谓之道。道生气，气生阴，阴生阳，阳生天地。天地立，然后有寒暑、燥湿、日月、星辰、四时，而万物备。术者，天意也。盛夏之时，万物遂长。圣人缘天心，助天喜，乐万物之长。故舜弹五弦之琴，歌《南风》之诗，而天下治。言其乐与天下同也。当

> 时之时，颂声作。所谓末者，名也。故名过实，则百姓不附亲，贤士不为用，而外□诸侯，圣主不为也。所谓实者，谷□也，得人心、任贤士也。凡此四者，邦之宝也。”

勾践问及治国之道时，范蠡明确提出“左道右术，去末取实”。古人以左为尊，以右为卑，“左道右术”就是先道后术，尊道轻术。范蠡认为“道”为万物之本，而“术”不过是实现“道”的手段与方法，是“道”的具体化。因此贤主、圣主必须顺从天道，依据自然法则行事，使天地万物蓬勃生长，从而兼万物之利，养活百姓。这是治理国家的根本之道。换句话说，如果不依“道”，“术”再高明也不过南辕北辙，劳而无获。以“道”与“术”之关系为根本，范蠡又很好地分析了“末”与“实”之间的关系。“末者，名也”；“实者，谷□也，得人心、任贤士也。”范蠡认为“末”不过是外在的名誉，而“实”则是实实在在的具体行动。如果君王过于追求名誉，则必然会导致百姓不亲附，贤者不被重用，对外则结怨于诸侯。只有“取实”，以实际行动来贵粟，任用贤人，获得百姓拥护，这才是真正的强国之法。

可见，范蠡“左道右术”“去末取实”的实质在于以民为本，以人为本，只有依循天道，顺从规律，重民生，任贤士，才能民殷国强。因此范蠡认为“凡此四者，邦之宝也”，贤主、圣人当以此为治国之指南。

（二）执中和之策

古代中国，“和”思想早在西周时期便产生了。《国语·郑语》：“史伯曰：‘夫和实生物，同则不继。以他平他谓之和。’”并且常将“和”与“中”并提。《论语·学而》：“礼之用，和为贵。”① 范蠡多次论及“中和”思想。《越绝书·外传枕中》：

> 越王曰：“寡人躬行节俭，下士求贤，不使名过实，此寡人所能行也。多贮谷，富百姓，此乃天时水旱，宁在一人耶？何以备之？”范子

① 杨伯峻撰：《论语译注》，中华书局1980年版，第8页。

曰："百里之神，千里之君。汤执其中和①，举伊尹，收天下雄隽之士，练卒兵，率诸侯兵伐桀，为天下除残去贼，万民皆歌而归之。是所谓执其中和者。"越王曰："善哉，中和所致也！寡人虽不及贤主、圣王，欲执其中和而行之。"

范蠡认为商汤举贤人、练卒兵，伐桀除贼，因而获得民众拥护，"皆歌而归之"。可见范蠡所谓"中和"乃"合和"之意，即获得民众拥护。范蠡进而提出保民主张，欲保民，当先殷民。再如《越绝书·外传枕中》：

越王问范子曰："何执而昌，何行而亡？"范子曰："执其中则昌，行奢侈则亡。"越王曰："寡人欲闻其说。"范子曰："臣闻古之贤主、圣君，执中和而原其终始，即位安而万物定矣；不执其中和，不原其终始，即尊位倾，万物散。文王之业，桀纣之迹，可知矣。古者天子及至诸侯，自灭至亡，渐渍乎滋味之实，没溺于声色之类，牵挛于珍怪贵重之器，故其邦空虚。困其士民，以为须臾之乐，百姓皆有悲心，瓦解而倍畔者，桀纣是也。身死邦亡，为天下笑。此谓行奢侈而亡也。汤有七十里地。务执三表，可谓邦宝；不知三表，身死弃道。"

在此，范蠡进一步阐释了"执中和"思想。"执其中而昌，行奢侈则亡"，可见"中"意指节俭。后文以文、武和桀、纣为例，阐释了"执其中"和"行奢侈"的不同下场。桀、纣溺于声色享乐，导致百姓有悲心，瓦解而背叛，身死邦亡，为天下笑。而文、武则勤俭节约，广纳贤良，终获民众拥护而成为天下共主。

可见，范蠡认为君王应执中和之策，即克己行俭，以和民众，以获得民众拥护，从而达到国强民富，天下从之的目的。

① 钱培名曰："汤执其中和"，"汤执"二字衍。其"中和"上错简，当接后"汤有七十里地务执"云云。参见李步嘉校释：《越绝书校释》，中华书局 2013 年版，第 345 页注释十四。此不影响本段大意，且此说可再作商榷。

（三）重在积贮

在治国方面，范蠡非常重视物质基础，强调物质积存的重要性。就个人而言，积贮是解决个人生存的重要基础。《越绝书·外传枕中》：

> 范子曰："天生万物而教之而生。人得谷即不死，谷能生人，能杀人。故谓人身。"越王曰："善哉。今寡人欲保谷，为之奈何？"范子曰："欲保，必亲于野，睹诸所多少为备。"

就国家而言，积贮是民富国强的基础。

> 王问于范蠡……范蠡对曰："……田野开辟，府仓实，民众殷。无旷其众，以为乱梯……事无间，时无反，则抚民保教以须之。"（《国语·越语下》）
>
> 范子曰："……且夫广天下、尊万乘之主，使百姓安其居、乐其业者，唯兵。兵之要在于人，人之要在于谷。故民众，则主安；谷多，则兵强。王而备此二者，然后可以图之也。"（《越绝书·外传枕中》）

正因如此，越王勾践采用范蠡等人建议，大力发展农业，大量积贮物质和财富，使得越国民富国强。

三　军事思想

范蠡本人是一位优秀的将领，曾指挥多次战斗，具有丰富的军事思想。

范蠡接受《老子》"兵者为凶器"的观点，主张不要轻易发动战争。《国语·越语下》："范蠡进谏曰：'夫勇者，逆德也。兵者，凶器也。争者，事之末也。阴谋逆德，好用凶器，始于人者，人之所卒也。淫佚之事，上帝之禁也。先行此者不利。'"发动战争之前，范蠡认为应该做好充分的准备。《吴越春秋·勾践伐吴外传》："大夫范蠡曰：'审备，则可战。审备慎守，以待不虞，备设守固，必可应难。'"在军事行动时，范蠡主张养晦待机，伺机而动。

范蠡曰："臣闻古之善用兵者，赢缩以为常，四时以为纪，无过天极，究数而止……古之善用兵者，因天地之常，与之俱行。后则用阴，先则用阳；近则用柔，远则用刚。后无阴蔽，先无阳察，用人无艺，往从其所。刚强以御，阳节不尽，不死其野。彼来从我，固守勿与。若将与之，必因天地之灾，又观其民之饥饱劳逸以参之。尽其阳节，盈吾阴节而夺之。宜为人客，刚强而力疾，阳节不尽，轻而不可取。宜为人主，安徐而重固，阴节不尽，柔而不可迫。凡陈之道，设右以为牝，益左以为牡，蚤晏无失，必顺天道，周旋无究。"(《国语·越语下》)

范蠡曰："……今吴乘诸侯之威，以号令于天下，不知德薄而恩浅，道狭而怨广，权悬而智衰，力竭而威折，兵挫而军退，士散而众解。臣请按师整兵，待其坏败，随而袭之。兵不血刃，士不旋踵，吴之君臣为虏矣。臣愿大王匿声，无见其动，以观其静。"(《吴越春秋·勾践归国外传》)

天道是不断变化的，故人行事除了依循天道之外，更重要的是抓住时机，成就功业。范蠡便擅长把握机遇，并劝谏勾践适时而动。

为奴三年归来不久，勾践又急于起兵伐吴，以雪耻辱。范蠡力劝勾践勿躁，耐心等待。时机到来时，范蠡等人则劝勾践及时行动，勿得迟疑。《国语·越语下》：

至于玄月，王召范蠡而问焉，曰："谚有之曰：'觥饭不及壶飧。'今岁晚矣，子将奈何?"对曰："微君王之言，臣固将谒之。臣闻从时者，犹救火、追亡人也，蹶而趋之，唯恐弗及。"王曰："诺。"遽兴师伐吴，至于五湖。

作战时，范蠡同样建议要伺机而动，勿得急躁。《国语·越语下》：

吴人闻之，出而挑战，一日五反。王弗忍，欲许之。范蠡进谏曰："夫谋之廊庙，失之中原，其可乎？王姑勿许也。臣闻之，得时无怠，时不再来，天予不取，反为之灾。赢缩转化，后将悔之。天节固然，唯谋不迁。”

夫差兵败，都城被围，于是多次派使者来求和，勾践不忍，欲许之。《国语·越语下》：

范蠡进谏曰：“臣闻之，圣人之功，时为之庸。得时不成，天有还形。天节不远，五年复反。小凶则近，大凶则远。先人有言曰：‘伐柯者其则不远。’今君王不断，其忘会稽之事乎？”

勾践听从了范蠡的忠谏，一举灭了吴国。

可见，越国能够一举亡吴，实与范蠡养晦待机、适时出击、用好天时等密切相关。

第三节　文种思想

文种，生卒年不详，春秋末期著名的政治家、思想家，越王勾践复兴灭吴、称霸中原的大功臣。对于文种生平，《国语·越语》《越绝书》《吴越春秋》《史记》和《会稽典录》等有所记载。文种，楚人，曾为宛令，后与范蠡一起奔楚。勾践伐吴兵败，遣文种向吴求和。夫差许之，越国得以保全。勾践入吴为奴，文种则留守国内。归国后，勾践卧薪尝胆、奋发图强，文种与范蠡等贤臣多献良策，助其强国，文种功劳尤巨。灭吴之后，范蠡离越去齐，自齐遗书文种，劝其离去。惜文种不信其言，不久被越王赐死。文种曾著有《大夫种》二篇，《汉书·艺文志》有著录，属于兵权谋家。此书早佚，仅有“伐吴九术”完整地保存在《越绝书》和《吴越春秋》之中。

一　政治思想

文种是当时越国的重要谋臣，曾在越国执政多年，为勾践兴国多献良策。

（一）人顺天命

文种认为，天命决定一切，人应顺从天命，依天命而行事。国家兴衰、人事变化亦是如此，盛极衰至，否极泰来。《吴越春秋·勾践入臣外传》：“大夫文种前为祝，其词曰：‘皇天佑助，前沉后扬。祸为德根，忧为福堂。威人者灭，服从者昌。’”大臣文种将吴、越兴衰视为天命运转。

当吴王夫差伐越时，文种建议越王勾践顺从天命，忍辱求和。《国语·吴语》：

> 吴王夫差起师伐越，越王勾践起师逆之。大夫种乃献谋，曰：“夫吴之与越，唯天所授，王其无庸战……夫谋必素见成事焉，而后履之，不可以授命。王不如设戎，约辞行成以喜其民，以广侈吴王之心。吾以卜之于天，天若弃吴，必许吾成而不吾足也，将必宽然有伯诸侯之心焉。既罢弊其民，而天夺之食，安受其烬，乃无有命矣。”

当伐吴时机到来之时，文种则劝勾践及时行动，勿得迟疑。《国语·吴语》：

> 吴王夫差还自黄池，息民不戒，越大夫种乃唱谋曰：“……今吴民既罢，而大荒荐饥，市无赤米，而囷鹿空虚，其民必移就蒲嬴于东海之滨。天占既兆，人事又见，我蔑卜筮矣。王若今起师以会，夺之利，无使夫悛……”越王曰：“善哉！”乃大戒师，将伐吴。

当越军入吴，围困吴都时，文种认为吴天命已尽，并建议越王顺从天命，消灭吴国。《吴越春秋·夫差内传》：

> 须臾，越兵至，三围吴。范蠡在中行，左手提鼓，右手操枹而鼓之……大夫种书矢射之，曰：“上天苍苍，若存若亡。越君勾践下臣种敢言之：‘昔天以越赐吴，吴不肯受，是天所反。勾践敬天而功，既得返国，今上天报越之功，敬而受之，不敢忘也。且吴有大过六，以至于亡，

王知之乎？……昔越亲戕吴之前王，罪莫大焉，而幸伐之，不从天命，而弃其仇，后为大患，大过六也。越王谨上刻青天，敢不如命？'”大夫种谓越君曰：“中冬气定，天将杀戮。不行天杀，反受其殃。”

文种认为当年夫差不从天命而弃其仇勾践，故受其患。今勾践当从天命，消灭吴国。后勾践听从文种和范蠡等人建议，一举灭了吴国。

（二）爱民富民

民为国之本。勾践继位之后，不爱其民，唯乐是图，导致天不佑之，伐吴兵败。兵败后，勾践入吴为奴三年。期间，其臣子文种等多施惠于民。为奴归来后，勾践复仇心切，文种劝谏其爱民、富民、实民，以获得民众的广泛支持和拥护。《吴越春秋·勾践归国外传》：

越王遂师八臣，与其四友，时问政焉。大夫种曰：“爱民而已。”越王曰：“奈何？”种曰：“利之无害，成之无败，生之无杀，与之无夺。”越王曰：“愿闻。”种曰：“无夺民所好，则利也。农不失其时，则成之。省刑去罚，则生之。薄其赋敛，则与之。无多台游，则乐之。静而无苛，则喜之。民失所好，则害之。民失其时，则败之。有罪不赦，则杀之。重赋厚敛，则夺之。多作台游以罢，民则苦之。劳扰民力，则怒之。臣闻善为国者，遇民如父母之爱其子，如兄之爱其弟。闻有饥寒，为之哀。见其劳苦，为之悲。”

文种“伐吴九术”之第八术便是“邦国富而备器”。可见，文种对富民的重视了。勾践听从文种等臣子劝谏，采取了大量的爱民举措。《国语·越语上》：“于是葬死者，问伤者，养生者，吊有忧，贺有喜，送往者，迎来者，去民之所恶，补民之不足……当室者死，三年释其政；支子死，三月释其政。必哭泣葬埋之如其子。令孤子、寡妇、疾疹、贫病者，纳宦其子。”《吴越春秋·勾践归国外传》：“越王乃缓刑薄罚，省其赋敛。”

此外，文种还很重视人才的培养与任用。勾践伐吴兵败后，求退兵之策于群臣，文种上谏，力言养士之重要性："夫虽无四方之忧，然谋臣爪牙之士，不可不养而择也"（《国语·越语上》）。

二　胜敌思想

文种一方面努力使越国民富国强，另一方面又想方设法消耗敌国之国力，使之由强而衰。

伍子胥曾云："大夫种勇而善谋，将还玩吴国于股掌之上，以得其志"（《国语·吴语》）。勾践欲灭吴复仇，文种献上著名的"伐吴九术"。《越绝书·内经九术》：

> 昔者，越王勾践问大夫种曰："吾欲伐吴，奈何能有功乎？"大夫种对曰："伐吴有九术。"王曰："何谓九术？"对曰："一曰尊天地，事鬼神；二曰重财币，以遗其君；三曰贵籴粟槁，以空其邦；四曰遗之好美，以为劳其志；五曰遗之巧匠，使起宫室高台，尽其财，疲其力；六曰遗其谀臣，使之易伐；七曰强其谏臣，使之自杀；八曰邦家富而备器；九曰坚厉甲兵，以承其弊。故曰九者勿患，戒口勿传，以取天下不难，况于吴乎？"

文种"伐吴九术"包括五个方面的内容。其一是求神灵保佑，如第一术。其二是使敌君丧志，如第二术、第四术。其三是耗费敌国力量，如第三术、第五术等。其四是破坏敌国君臣关系，如第六术、第七术。其五是富国强兵，如第八术、第九术。文种很好地运用了此二术来消耗吴国的国力。《吴越春秋·勾践阴谋外传》：

> 越王乃使木工三千余人，入山伐木……一夜，天生神木一双，大二十围，长五十寻。阳为文梓，阴为楩楠。巧工施校，制以规绳。雕治圆转，刻削磨砻。分以丹青，错画文章。婴以白璧，镂以黄金。状类龙蛇，文彩生光。乃使大夫种献之于吴王……吴王大悦……遂受而起姑苏之台。三年聚材，五年乃成。高见二百里。行路之人，道死巷哭，不绝嗟嘻之

声，民疲士劳，人不聊生。

越王献大木于夫差，夫差以之起高台，五年乃成，导致民众死亡甚多，怨声载道。此术获效之后，文种又施借粟之术以空其国。《吴越春秋·勾践阴谋外传》：

越乃使大夫种使吴，因宰嚭求见吴王，辞曰："越国洿下，水旱不调，年谷不登，人民饥乏，道荐饥馁。愿从大王请籴，来岁即复太仓。惟大王救其穷窘。"……吴王乃与越粟万石……大夫种归越，越国群臣皆称万岁，即以粟赏赐群臣，及于万民。二年，越王粟稔，拣择精粟而蒸，还于吴，复还斗斛之数，亦使大夫种归之于吴。王得越粟，长太息……于是吴种粟，粟种杀而无生者，吴民大饥。

吴国得越国所还蒸粟为种，皆颗粒无收，吴民大饥。

文种正是运用此类权术，使得吴国变得越来越衰弱，而越国则变得越来越强大，最终一举灭了吴国，称霸一时。

第四节　计然思想

计然，《史记·货殖列传》作"计然"，《越绝书》和《吴越春秋》作"计倪"，春秋末期著名的经济学家、思想家，是越王勾践的另一位重要谋臣，为越国的复兴作出了巨大的贡献。计然，生卒年不详，仅少许资料散见于《史记》《越绝书》和《吴越春秋》等史料之中。越王勾践灭吴之后，逐渐疏远忠臣，范蠡离越，文种忧而不朝，于是"计倪佯狂"（《吴越春秋·勾践伐吴外传》），以避难保身，后不知所终。

一　商业思想

计然是当时越国最重要的经济学家，他为越国的复兴与富强作出了巨大的贡献。其丰富的商业思想主要表现在以下几个方面。

（一）商情预测论

计然是越国最重要的经济学家，其并无经济学专著存世，其理论主要保存于《越绝书》中的《计倪内经》《外传计倪》以及《吴越春秋》《史记·货殖列传》等之中。

为了获得更大经济效益，商人必须懂得市场预测。早在两千余年前的越国大臣计然便精于此道，并提出一系列商情预测理论。

> 计然曰："……论其有余不足，则知贵贱。贵上极则反贱，贱下极则反贵。贵出如粪土，贱取如珠玉。财币欲其行如流水。"（《史记·货殖列传》）

> 计倪对曰："太阴三岁处金则穰，三岁处水则毁，三岁处木则康，三岁处火则旱。故散有时积，籴有时领，则决万物不过三岁而发矣。以智论之，以决断之，以道佐之。断长续短，一岁再倍，其次一倍，其次而反。水则资车，旱则资舟，物之理也。天下六岁一穰，六岁一康，凡十二岁一饥，是以民相离也。故圣人早知天地之反，为之预备。故汤之时，比七年旱而民不饥；禹之时，比九年水而民不流。其主能通习源流，以任贤使能，则转毂乎千里外，货可来也；不习，则百里之内，不可致也。人主所求，其价十倍；其所择者，则无价矣。夫人主利源流，非必身为之也。视民所不足，及其有余，为之命以利之。"（《越绝书·计倪内经》）

计然认为物价是不断变化的，贵上极则反贱，贱下极则反贵。物价的变化往往与需求密切相关，物资紧缺价钱必贵，故旱则备舟，而水则备车。君主治国，亦当知此。丰年则积极储备，让民享丰年之利；灾年则发放，施惠于民，让民免于饥寒。计然认为君主当以利益引导商业，使商品交换畅通，哪怕千里之外的物品，可使之来；如果引导不当，可能会导致商品紧缺。

可见，计然等人以商品充缺和价格变化为基础，提出了较为科学的商情预测理论。

（二）平粜论

由于年景不一，导致谷价贵贱不一，丰年谷贱如泥沙，荒年谷贵如珠玉。如何调控才能使物价比较均衡呢？计然建议以蓄和发两种手段来调节物价。《越绝书·计倪内经》：

> 计倪对曰："从寅至未，阳也。太阴在阳，岁德在阴，岁美在是。圣人动而应之，制其收发。常以太阴在阴而发，阴且尽之岁，亟卖六畜货财，以益收五谷，以应阳之至也；阳且尽之岁，亟发籴，以收田宅、牛马，积敛货财，聚棺木，以应阴之至也。此皆十倍者也，其次五倍。天有时而散，是故圣人反其刑，顺其衡，收聚而不散。"

计然认为阴岁急卖六畜货财，以收五谷；阳岁则急发五谷而收货财。这样不仅可以施惠于民，给民穷困，而且还可以调节物价。

不同农产品，成本不同，需求众寡不一，物价亦不一。为了协调农、工、商的积极性和利益，必须制定比较合理的价格体系。《史记·货殖列传》：

> 计然曰："……故岁在金，穰；水，毁；木，饥；火，旱。旱则资舟，水则资车，物之理也。六岁穰，六岁旱，十二岁一大饥。夫粜，二十病农，九十病末。末病则财不出，农病则草不辟矣。上不过八十，下不减三十，则农末俱利，平粜齐物，关市不乏，治国之道也。积著之理，务完物，无息币。以物相贸易，腐败而食之货勿留，无敢居贵。"

计然认为谷贱伤农，谷贵伤商，建议将谷物价格定于三十至八十之间，农民和商人皆获其利。这样，农人安于耕种，物有所出，而商人忙于买卖，货有所来。

为了更好地调整物价，计然还将农产品分为不同等级，依据等级来制定更为清晰的价格表。《越绝书·计倪内经》：

> 乃著其法：治牧江南，七年而禽吴也。甲货之户曰粢，为上物，贾七十；乙货之户曰黍，为中物，石六十；丙货之户曰赤豆，为下物，石五十；丁货之户曰稻粟，令为上种，石四十；戊货之户曰麦，为中物，石三十；己货之户曰大豆，为下物，石二十；庚货之户曰穬，比疏食，故无贾；辛货之户曰菓，比疏食，无贾；壬、癸无货。

从上可以看出，主食谷类往往价格较高，而副产品，如麦、豆等价格较低，蔬菜水果价格最低。这显然合乎各种食物在百姓日常生活中的重要性。这样既能调动农人种植各种农作物的积极性，又不至于主次不分、本末倒置。计然平粜理论对越国经济的发展起着很大的促进作用。《吴越春秋·勾践阴谋外传》："（计倪）乃仰观天文，集察纬宿，历象四时，以下者上，虚设八仓，从阴收著，望阳出粜，策其极计，三年五倍，越国炽富。勾践叹曰：'吾之霸矣！'善计倪之谋也。"

计然的这些经济策略至今依然具有一定的参考价值和启示意义。因此计然可谓是中国古代经济学第一人。

二　政治思想

计然也是越王勾践的重要谋臣之一，其不仅具有丰富的商业思想，还具有丰富的政治思想。

（一）仁政任贤

历经会稽之败之后，计然等人皆力谏勾践多施仁义，以仁义治国。《吴越春秋·勾践阴谋外传》："计倪对曰：'夫君人尊其仁义者，治之门也。士民者，君之根也。'"

勾践向大臣询求强国富民之术，计倪建议任贤。《越绝书·外传计倪》：

> 计倪对曰："……正身之道，谨选左右。左右选，则孔主日益上；不选，则孔主日益下。二者贵质浸之渐也。愿君王公选于众，精炼左右，非君子至诚之士，无与居家。使邪僻之气无渐以生，仁义之行有阶，人

知其能，官知其治……故明主用人，不由所从，不问其先，说取一焉。是故周文、齐桓，躬于任贤；太公、管仲，明于知人。”

勾践采纳了计然等人的建议，礼贤下士，迎来送往，可是依然少敢死之士、雪仇之臣，大臣往往易见而难使。计倪明确指出此乃任贤而不重贤的结果。《吴越春秋·勾践阴谋外传》：

计倪曰：“夫官位、财币、金赏者，君之所轻也。操锋履刃，艾命投死者，士之所重也。今王易财之所轻，而责士之所重，何其殆哉!”

计然认为，尚贤不仅是任用贤人，更重要的是要重用贤人，充分发挥贤人的作用。《越绝书·外传计倪》：

计倪对曰：“齐威除管仲罪，大责任之，至易。此故南阳苍句。太公九十而不伐，磻溪之饿人也。圣主不计其辱，以为贤者。一乎仲，二乎仲，斯可致王，但霸何足道！桓称仲父，文称太公，计此二人，曾无跬步之劳、大呼之功，乃忘弓矢之怨，授以上卿。《传》曰：‘直能三公。’今置臣而不尊，使贤而不用，譬如门户像设，倚而相欺，盖智士所耻，贤者所羞。”

如果置而不尊，使而不用，则如同装点门面，必然会遭到智士和贤者的反感，就算他们出仕，也不会竭力效忠。

若要任贤，首先当会择贤、选士。《吴越春秋·勾践阴谋外传》：

计倪曰：“选贤实士，各有一等。远使以难，以效其诚。内告以匿，以知其信。与之论事，以观其智。饮之以酒，以视其乱。指之以使，以察其能。示之以色，以别其态。五色以设，士尽其实，人竭其智，知其智尽实，则君臣何忧?”

计然建议从信、智、行、能和态五个方面考察士人，这样才能选择出品行高尚、足智多能的人才。

（二）发展农业，储备物资

衣食是人类生存最基本的需要，因此积贮粮食等物资以备紧缺之需是极其重要的。春秋时期，各诸侯国君臣皆深谙此道。计然对此作了不少精彩的阐释。

> 计倪对曰："夫兴师举兵，必且内蓄五谷，实其金银，满其府库，励其甲兵。"（《吴越春秋·勾践阴谋外传》）
>
> 计倪对曰："是固不可。兴师者必先蓄积食、钱、布、帛。"（《越绝书·计倪内经》）

就个人而言，积贮是解决个人生存的重要基础；就国家而言，积贮是民富国强的基础。《越绝书·计倪内经》：

> 计倪对曰："人之生无几，必先忧积蓄，以备妖祥。凡人生或老或弱，或强或怯，不早备生，不能相葬，王其审之。必先省赋敛，劝农桑；饥馑在问，或水或塘，因熟积以备四方。"

发动战争需要大量财富作为后盾，因此积贮如何会直接影响到战争的成败。《越绝书·计倪内经》：

> 计倪对曰："是固不可。兴师者必先蓄积食、钱、布、帛。不先蓄积，士卒数饥。饥则易伤，重迟不可战。战则耳目不聪明，耳不能听，视不能见；什部之不能使，退之不能解，进之不能行。饥馑不可以动，神气去而万里。伏弩而乳，郅头而皇皇。强弩不彀，发不能当。旁军见弱，走之如犬逐羊。靡从部分，伏地而死，前顿后僵。与人同时而战。独受天之殃，未必天之罪也，亦在其将。"

计倪在此所言，虽有夸大之嫌，但就总体而言还是比较正确的。

正因如此，计然等人皆力谏越王勾践多储备物资，并且提出了一系列的积贮理论。因年景有丰馑、水旱之分，为了备紧缺之需，故足则积贮，缺则发放。《越绝书·计倪内经》：

计倪对曰："……圣人动而应之，制其收发。常以太阴在阴而发，阴且尽之岁，亟卖六畜货财，以益收五谷，以应阳之至也；阳且尽之岁，亟发籴，以收田宅、牛马，积敛货财，聚棺木，以应阴之至也。"

因物质不同，积贮方法亦不同，只有这样物资才能得到很好的流通。《史记·货殖列传》：

计然曰："……积著之理，务完物，无息币。以物相贸易，腐败而食之货勿留，无敢居贵。论其有余不足，则知贵贱。贵上极则反贱，贱下极则反贵。贵出如粪土，贱取如珠玉。财币欲其行如流水。"

由于越王勾践认真听取了计然等人的积贮之策，并采取了大量的积贮措施，使得越国及其民众都迅速变得富有，从而使越国一举消灭吴国，并且称霸中原。《吴越春秋·勾践阴谋外传》：

（计倪）乃仰观天文，集察纬宿，历象四时，以下者上，虚设八仓，从阴收著，望阳出粜，策其极计，三年五倍，越国炽富。

总而言之，计然等人提出了一系列富有创造性的工商理论，有力地促进了越国的发展，为越国复仇灭吴、称霸中原奠定了坚实的物质基础。

三 其他思想

除了上述商业和政治思想之外，计然还有不少其他方面的思想。

计然主张依循天道行事。《越绝书·计倪内经》：

计倪对曰："有。阴阳万物，各有纪纲。日月、星辰、刑德，变为吉凶，金木水火土更胜，月朔更建，莫主其常。顺之有德，逆之有殃。是故圣人能明其刑而处其乡，从其德而避其衡。凡举百事，必顺天地四时，参以阴阳。用之不审，举事有殃。人生不如卧之顷也，欲变天地之常，数发无道，故贫而命不长。是圣人并苞而阴行之，以感愚夫。众人容容，尽欲富贵，莫知其乡。”

只有这样才能招致吉祥与富贵。计然主张人参天地，天人相应方可行事。《吴越春秋·勾践伐吴外传》：

大夫计倪曰：“候天察地，参应其变，则可战。天变，地应，人道便利，三者前见，则可。”

计然擅长阴阳之说。《越绝书·计倪内经》：

计倪对曰：“从寅至未，阳也。太阴在阳，岁德在阴，岁美在是。圣人动而应之，制其收发。常以太阴在阴而发，阴且尽之岁，亟卖六畜货财，以益收五谷，以应阳之至也；阳且尽之岁，亟发籴，以收田宅、牛马，积敛货财，聚棺木，以应阴之至也。”

《范子计然》一书对此有不少记载。《范子计然》：“范子问：‘何用九宫?’计然曰：‘阴阳之道，非独于一物也。’”“天者，阳也，规也；地者，阴也，矩也。”“天气下，地气上，阴阳交通，万物成矣。”“阴阳万物，各有纲纪。”“寸者，制万物阴阳之短长也。”①

不仅如此，计然亦好五行之说。

计倪曰：“……臣闻炎帝有天下，以传黄帝。黄帝于是上事天，下治地。故少昊治西方，蚩尤佐之，使主金；玄冥治北方，白辨佐之，使主水；太皞治东方，袁何佐之，使主木；祝融治南方，仆程佐之，使主火；

① 马国翰辑：《范子计然》卷中，马国翰辑《玉函山房辑佚书》，《续修四库全书》，上海古籍出版社 2002 年影印本，第 1204 册，第 231—232 页。

后土治中央，后稷佐之，使主土。并有五方，以为纲纪。”（《越绝书·计倪内经》）

对倪对曰：“太阴三岁处金则穰，三岁处水则毁，三岁处木则康，三岁处水则旱。故散有时积，籴有时领，则决万物不过三岁而发矣。”（《越绝书·计倪内经》）

计然认为，盛极衰至，否极泰来，国家兴衰、人事变化亦是如此。

计倪对曰：“……金木水火土更胜，月朔更建，莫主其常。”（《越绝书·计倪内经》）

计然曰：“……论其有余不足，则知贵贱。贵上极则反贱，贱下极则反贵。贵出如粪土，贱取如珠玉。”（《史记·货殖列传》）

计倪对曰：“……水则资车，旱则资舟，物之理也。天下六岁一穰，六岁一康，凡十二岁一饥，是以民相离也。”（《越绝书·计倪内经》）

由此可见，计然思想较为丰富驳杂，实可进入当时著名思想家之列。

第五节　宗教信仰

在日常生活习俗中，人们逐渐形成一系列的观念信仰，即民间信仰。生活于东南部的于越族在漫长的历程中，逐渐形成了一系列独具特色的民间信仰。

一　鸟图腾崇拜

越国位处东南一带，冬季较为温暖，故成为候鸟冬天的重要栖息之地。正因如此，东夷有“鸟夷”之称。迁徙的候鸟不仅预示着季节的变迁，还给农田带来不少好处，故越人对鸟颇有好感，并形成了丰富的鸟图腾崇拜。

越人的鸟图腾崇拜源远流长，在河姆渡文化遗址中出土了多件雕刻或雕塑鸟图像的文物，余杭反山良渚文化墓地中发现多只玉鸟。大量出土文物表明，于越先民对鸟不仅非常熟悉，而且非常崇拜，从而形成了影响深远的鸟图腾崇拜。

越人崇拜鸟，在早期文献中便有记载。《尚书·禹贡》："淮、海惟扬州……鸟夷①卉服。"因崇拜鸟，故将东南于越人称为"鸟夷"。越地很早便有鸟田，人们甚至将鸟田起源追溯至大禹。《越绝书·外传记地传》："大越海滨之民，独以鸟田，小大有差，进退有行，莫将自使，其故何也？曰：禹始也，忧民救水，到大越……无以报民功，教民鸟田，一盛一衰。"《吴越春秋·越王无余外传》："凤凰栖于树，鸾鸟巢于侧，麒麟步于庭，百鸟佃于泽……天美禹德，而劳其功，使百鸟还为民田，大小有差，进退有行，一盛一衰，往来有常。"这只是传说罢了。《论衡·偶会》："雁鹄集于会稽，去避碣石之寒，来遭民田之毕，蹈履民田，啄食草粮，粮尽食索，春雨适作，避热北去，复之碣石。"② 可见，因为候鸟栖息于田间，能除草、除虫、肥田，故称之为"鸟田"。

因越地多鸟，而且有鸟田之利，故越人对鸟极为敬畏，甚至将其神圣化。张华《博物志》卷三《异鸟》：

> 越地深山有鸟，如鸠，青色，名曰冶鸟。穿大树作巢如升器，其户口径数寸，周饰以土垩，赤白相次，状如射侯。伐木见此树，即避之去。或夜冥，人不见鸟，鸟亦知人不见已也，鸣曰"咄咄上去！"明日便宜急上树去；"咄咄下去！"明日便宜急下。若使去但言笑而不已者，可止伐也。若有秽恶及犯其止者，则虎通夕来守，人不知者即害人。此鸟白日见其形，鸟也；夜听其鸣，人也。时观乐便作人悲喜，形长三尺，涧中取石蟹就人火间炙之，不可犯也。越人谓此鸟为越祝之祖。③

祝，是巫的一种法术，越祝是非常有名的。而人们将此鸟视为越祝的之祖，可见人们对此鸟的敬畏了。

---

① 今本《十三经注疏》作"岛夷"，实是"鸟夷"之误。参见皮锡瑞撰《今文尚书考证》，中华书局1989年版，第153页。

② 黄晖撰：《论衡校释》，中华书局1990年版，第103页。

③ 上海古籍出版社编：《汉魏六朝笔记小说大观》，上海古籍出版社1999年标点本，第196页。

越人还常常将鸟视为祥瑞。《吴越春秋·越王无余外传》：（大禹时）“凤凰栖于树，鸾鸟巢于侧，麒麟步于庭，百鸟佃于泽……禹崩之后，众瑞并去。天美禹德，而劳其功，使百鸟还为民田。”不仅凤凰、鸾鸟，甚至连百鸟也被视为祥瑞。王嘉《拾遗记》卷三：“初，越王入吴国，有丹乌夹王而飞，故勾践之霸也，起望乌台，言丹乌之异也。”① 丹乌被勾践视为祥瑞，故称霸之后，勾践筑望乌台，以示怀念。

越人甚至将鸟语视为祥瑞。《吴越春秋·越王无余外传》：

> 无余传世十余，末君微劣，不能自立，转从众庶为编户之民。禹祀断绝十有余岁，有人生而言语。其语曰：“鸟禽呼”，嚥喋嚥喋，指天向禹墓曰：“我是无余君之苗末。我方修前君祭祀，复我禹墓之祀，为民请福于天，以通鬼神之道。”众民悦喜，皆助奉禹祭，四时致贡。因共封立，以承越君之后，复夏王之祭，安集鸟田之瑞，以为百姓请命。自后稍有君臣之义，号曰无壬。

这里所说的“鸟禽呼”“嚥喋嚥喋”都是鸟语。因为人（即后来无壬）会说鸟语，从而获得越民的拥护，以其承大禹之后。孟子甚至直接将越语称为鸟语。《孟子·滕文公上》：“南蛮鴃舌之人。”② 鴃即伯劳鸟也。

越国君臣好以鸟作喻。范蠡去越后复与书文种：“高鸟已散……夫越王为人长颈鸟喙。”（《吴越春秋·勾践伐吴外传》）这样的例子还有不少。

> 大夫逢同谏曰：“……且鸷鸟之击也，必匿其形。”（《史记·越王勾践世家》）
>
> 大夫种曰：“臣闻高飞之鸟，死于美食。深泉之鱼，死于芳饵。”（《吴越春秋·勾践阴谋传》）

此外，《吴越春秋·勾践入臣外传》所载《勾践夫人歌》亦多以鸟为喻：

---

① 上海古籍出版社编：《汉魏六朝笔记小说大观》，上海古籍出版社1999年标点本，第516页。
② 杨伯峻撰：《孟子译注》，中华书局1960年版，第125页。

“仰飞鸟兮乌鸢，凌玄虚兮翩翩。集洲渚兮优恣，啄虾矫翮兮云间。任厥性兮往还……彼飞鸟兮乌鸢，已回翔兮翕苏。心在专兮素虾，何居食兮江湖？徊复翔兮游飏，去复返兮于乎……愿我身兮如鸟，身翱翔兮矫翼。去我国兮心摇，情愤惋兮谁识。”这些都说明，越人不仅对鸟非常熟悉，而且对鸟多怀好感。

“鸟书”，又称“鸟篆”“鸟虫书”。所谓鸟书，指的是以篆书为基础，依照鸟的形状施以笔画而写成的美术化字体。鸟书既以鸟形为特点，不管是寓鸟形于笔画之中，或附鸟形于笔画之外，只要有鸟的形状，都称为鸟书。① 鸟书产生得很早，在春秋战国时期流行于越、吴、楚、曾、蔡、宋、徐等国。从出土文物来看，越国的鸟书最丰富多样。董楚平先生主编的《吴越文化志》收录越国青铜器72件，其中兵器50种，礼乐器22种。50种越国兵器铭文全部是鸟书，无一例外，另6件礼乐器也有鸟书铭文。② 据董楚平先生《吴越青铜器铭文集录简释》一文统计，越国有铭文青铜器49件③，其中绝大部分有鸟书。④

越国盛行鸟崇拜，视鸟为祥瑞物，故爱将文字笔画描成鸟形，或加上鸟形装饰的鸟书在越地特别盛行。

二 蛇图腾崇拜

越地蛇图腾崇拜产生得很早。良渚文化遗址中发现刻有蛇身图案的陶器。到了春秋战国时期，越地龙蛇崇拜更为盛行。绍兴兰亭镇印山越王墓便出土了龙首玉钩，其首似龙又似蛇。另外，江苏鸿山出土的越国贵族墓中亦有雕有蛇的器具。这些足以表明越地蛇图腾崇拜的盛行。

越地蛇图腾崇拜在文献中也有不少记载。《说文解字·蛮》：“南蛮，蛇

---

① 孟文镛：《越国史稿》，中国社会科学出版社2010年版，第506页。

② 参见董楚平、金永平等撰《吴越文化志》，上海人民出版社1998年版，第123页。

③ 董楚平：《吴越青铜器铭文集录简释》，董楚平《吴越文化新探》，浙江人民出版社1988年版，第365页。

④ 详情参见董楚平《吴越青铜器铭文集录简释》，董楚平《吴越文化新探》，浙江人民出版社1988年版，第310—360页。

种"。《说文解字·闽》："东南越，蛇种。"[①] 南蛮和东越指的便是越民族。《史记·封禅书》："（禹）后十四世，至帝孔甲，淫德好神，神渎，二龙去之。"古人往往龙蛇合称无二。这些表明越人以蛇为图腾。

越人多爱文身。《庄子·逍遥游》："越人断发文身。"[②]《墨子·公孟》："昔者越王勾践剪发文身，以治其国。"[③]《战国策·赵策》："被发文身，错臂左衽，瓯越之民也。"[④] 对于越人好文身原因，文献亦有所记载。《淮南子·原道训》："九疑之南，陆事寡而水事众。于是民人被发文身，以像鳞虫。"高诱注云："文身，刻画其体，内默其中，为蛟龙之状。以入水，蛟龙不害也，故曰'以像鳞虫'也。"[⑤]《说苑·奉使》："彼越亦天子之封也……而蛟龙又与我争焉，是以剪发文身，烂然成章，以像龙子者，将避水神也。"[⑥]《汉书·地理志下》："粤地……其君禹后，帝少康之庶子云，封于会稽，文身断发，以避蛟龙之害。"颜师古注引应劭云："常在水中，故断其发，文其身，以象龙子，故不见伤害也。"[⑦] 越人常活动于水中，为了避免蛟龙等伤害，故文身以象龙子，以避凶猛水生物伤害。

《吴越春秋》亦有一些关于越人蛇崇拜的记载。《吴越春秋·阖闾内传》："（伍子胥）立蛇门者，以象地户也……欲东并大越，越在东南，故立蛇门，以制敌国……越在巳地，其位蛇也，故南大门上有木蛇，北向首内，示越属于吴也。"伍子胥认为越国处巳位，属蛇，故造城时立蛇门以厌之。此可见越与蛇有着紧密的联系。《越绝书·内经九术》："于是作为策楯，婴以白璧，镂以黄金，类龙蛇而行者。"《吴越春秋·勾践阴谋外传》有类似的记载。越人将大木装饰成龙蛇之形，亦可见越人对蛇的崇拜了。以上资料表明，越国蛇崇拜较为盛行，蛇是越人图腾之一。

---

① 许慎撰：《说文解字》，中华书局 1962 年影印本，第 282 页。
② 郭庆藩撰：《庄子集释》，中华书局 1961 年标点本，第 31 页。
③ 孙诒让撰：《墨子间诂》，中华书局 2001 年标点本，第 453 页。
④ 缪文远撰：《战国策新校注》，巴蜀书店 1987 年版，第 661 页。
⑤ 刘文典撰：《淮南鸿烈集解》，中华书局 1989 年版，第 19 页。
⑥ 刘向撰，向宗鲁校证：《说苑校证》，中华书局 1987 年版，第 302—303 页。
⑦ 班固撰，颜师古注：《汉书》，中华书局 1962 年标点本，第 1669、1670 页。

三 巫鬼信仰

自远古以来，越地巫鬼信仰极其发达。学者认为良渚文化中便出现了巫师，良渚文化中的玉器多为巫师的法器，如著名的玉鸟“应是缝缀于巫师衣袍下部的一种功能性装饰”。① 学者多认为禹本人便是大巫师。陈梦家云：“王者自己虽为政治领袖，同时仍为群巫之长。”② 袁珂认为，禹“本身就是巫师”，“可能也是业巫的世家”。③ 后世史料中有不少禹从事巫祭的记载。《史记·封禅书》：“禹封泰山，禅会稽。”《拾遗记》卷二：“禹铸九鼎，五者以应阳法，四者以象阴法。使工师以雌金为阴鼎，以雄金为阳鼎。鼎中常满，以占气象之休否。”④《韩非子·十过》：“禹作为祭器，墨漆其外。”⑤《尸子·君治》：“禹之劳，十年不窥其家。手不爪，胫不生毛。偏枯之疾，步不相过，人曰禹步。”⑥ 禹步被后世道士当作法术而广加使用。可见，禹当为巫师无疑。

（一）鬼神信仰

原始社会人多相信万物有灵论。到了春秋时期，越人依然相信人有灵魂。《越绝书·外传枕中》：

> 越王问于范子曰：“寡人闻人失其魂魄者，死；得其魂魄者，生。物皆有之，将人也？”范子曰：“人有之，万物亦然。”……问曰：“何谓魂魄？”对曰：“魂者，橐也；魄者，生气之源也。故神生者，出入无门，上下无根，见所而功自存，故名之曰神。礼主生气之精，魂主死气之舍也。魄者主贱，魂者主贵，故当安静而不动。魂者，方盛夏而行，故万

---

① 刘斌：《神巫的世界》，杭州出版社2010年版，第69—162页。

② 陈梦家：《商代的神话与巫术》，《燕京学报》第20期（1936年）。

③ 袁珂：《〈山海经〉“盖古之巫书”试探》，中国《山海经》学术研究会编辑《〈山海经〉新探》，四川省社会科学院出版社1986年版，第234，235页。

④ 上海古籍出版社编：《汉魏六朝笔记小说大观》，上海古籍出版社1999年标点本，第503页。

⑤ 王先慎撰：《韩非子集解》，中华书局1998年标点本，第71页。

⑥《尸子》，转引自《荀子·非相》注。王先谦撰：《荀子集解》，中华书局1988年标点本，第75页。

物得以自昌。神者，主气之精，主贵而云行，故方盛夏之时不行，即神气槁而不成物矣。故死凌生者，岁大败；生凌死者，岁大美。故观其魂魄，即知岁之善恶矣。”

人们甚至编造出文种死后魂魄化为怒涛的传说。《吴越春秋·勾践伐吴外传》：“（文种）葬一年，伍子胥从海上穿山胁而持种去，与之俱浮于海。故前潮水潘侯者，伍子胥也。后重水者，大夫种也。”

越地鬼神信仰盛行，故鬼神祭祀亦很盛行。《越绝书·外传记地传》：“禹知时晏岁暮，年加申酉，求书其下，祠白马禹井。井者，法也。以为禹葬以法度，不烦人众。”因讹误较多，此数句不易理解，但“禹井”“禹葬”等字眼表明此与祭祀鬼神有关。《吴越春秋·勾践伐吴外传》中有范蠡和文种祭伍子胥鬼魂的记载。

欲入胥门，来至六七里，望吴南城，见伍子胥头巨若车轮，目若耀电，须发四张，射于十里。越军大惧，留兵。即日夜半，暴风疾雨，雷奔电激，飞石扬沙，疾于弓弩。越军坏败松陵，却退。兵士僵毙，人众分解，莫能救止。范蠡、文种乃稽颡肉袒，拜谢子胥，愿乞假道。

此类记载荒诞无信，但足以表明越人迷信鬼神，敬畏鬼神，故常祭祀鬼神。

先秦典籍对禹杀防风氏多有所记载。《国语·鲁语下》：“昔禹致群神于会稽之山，防风后至，禹杀而戮之。”《吴越春秋·越王无余外传》：“（禹）周行天下，归还大越，登茅山，以朝四方群臣，观示中州。诸侯防风后至，斩以示众，示天下悉属禹也。”此亦见于《韩非子·饰非》《史记·孔子世家》等。后越地有祭防风之俗。《河图玉版》：“古越俗祭防风神，奏防风古乐，截竹长三尺，吹之如嗥，三人披发而舞。”① 《通志》卷三引《述异志》云：“今吴越间防风庙，刻木作形，龙首牛耳，连眉一目。禹会涂山，防风后至，

---

① 安居香山、中村璋八辑：《纬书集成》，河北人民出版社1994年版，第1148页。

诛之。其长二丈，骨专车。今南中民有姓防风者，即其后也，皆长大。俗云：祭防风，奏防风古乐，截竹长三尺，吹之如狗嗥，三人被发而舞。"①

《吕氏春秋·孟冬纪·异宝》："荆人畏鬼，而越人信机，可长有者，其唯此也。"高诱注曰："言荆人畏鬼神，越人信吉凶之机祥。"②《史记·封禅书》："越人俗鬼，而其祠皆见鬼，数有效。"越地民间多好祭祀鬼神，这种习俗一直沿袭到秦汉时期。《后汉书·第五伦传》和《风俗通义·怪神》都记载了会稽太守第五伦禁淫祀的故事。后世此类记载亦不少。

（二）巫占信仰

当时越国巫术、巫风极为盛行。《越绝书·外传记地传》中记载了一些巫的名字，如"越魑，神巫之官也""越神巫无杜"等。古越地以"巫"命名的地名不少，如巫里、巫山等，并且越王勾践曾葬巫于江中以祸吴船。《越绝书·外传记地传》："江东中巫葬者，越神巫无杜子孙也。死，勾践于中江而葬之。巫神，欲使覆祸吴人船。"勾践将巫葬于江，使覆祸吴人船便是一种厌胜巫术。

越巫颇长于"厌胜"之术。所谓"厌胜"指的是巫者借助某种手段战胜或解除灾祸，从而获得平安吉祥的一种巫术。据说，范蠡曾用此术厌吴。《嘉泰会稽志》卷一三载："晋太元中，谢輶为郡守，掘郡厅柱下深八尺，得古铜罂，可容数斗，题作越王，字文甚分明，是今隶书，余不可识。輶以为范蠡压胜之术，遂埋之。"③

越人占卜之风极盛。越人深信天命、鬼神等，凡大事都要先占卜而后行事。越国占卜种类颇多。

1. 龟占

殷人多用龟占，出土的大量甲骨文多是殷人占卜的记录。此后龟占成为最主要的占卜形式，广泛流传于各地。越人亦用龟占。这在《越绝书》中有

① 郑樵撰：《通志》卷3上，中华书局1987年影印本，第1册，第40页上栏。

② 吕不韦著，陈奇猷校释：《吕氏春秋新校释》，上海古籍出版社2002年版，第558、561页。

③ 施宿撰：《嘉泰会稽志》卷13，《文渊阁四库全书》，台湾商务印书馆1986年影印本，第486册，第284页上栏—下栏。

不少记载。

> 龟山者，勾践起怪游台也。东南司马门，因以熠龟。又仰望天气，观天怪也。(《越绝书·外传记地传》)
>
> 勾践之出入也，齐于稷山，往从田里，去从北郭门，熠龟龟山。(《越绝书·外传记地传》)
>
> 民西大冢者，勾践客秦伊善熠龟者冢也，因名冢为秦伊山。(《越绝书·外传记地传》)

可见“熠龟”类似于殷人的龟卜。《韩非子·饰邪》：“越王勾践恃大朋之龟，与吴战而不胜，身臣入宦于吴。”① 与吴战之前，勾践曾进行龟占，大吉，因恃之而与吴大战。但结果兵败，为奴于吴。

2. 日占

所谓日占，即通过占卜来定日时凶吉，以便择良日。择日术在先秦时期非常盛行，近期出土的多种《日书》便是很好的明证。越地亦多盛行日占，勾践每行大事都要先占时日。

在吴为奴时，勾践闻夫差欲赦之而喜，范蠡通过日占认为并非如此。《吴越春秋·勾践入臣外传》：

> 越王闻之，召范蠡告之曰：“孤闻于外，心独喜之。又恐其不卒也。”范蠡曰：“大王安心，事将有意，在玉门第一。今年十二月戊寅之日，时加日出。戊，囚日也。寅，阴后之辰也。合庚辰岁后会也。夫以戊寅日闻喜，不以其罪罚日也。时加卯而贼戊，功曹为腾蛇而临戊，谋利事在青龙。青龙在，胜先。而临酉，死气也。而克寅，是时克其日，用又助之，所求之事，上下有忧。此岂非天网四张，万物尽伤者乎！王何喜焉？”果子胥谏吴王曰：“昔桀囚汤而不诛，纣囚文王而不杀，天道还反，祸转成福。故夏为汤所诛，殷为周所灭。今大王既囚越君，而不行诛，

① 王先慎撰：《韩非子集解》，中华书局1998年标点本，第123页。

臣谓大王惑之深也。得无夏、殷之患乎?”吴王遂召越王，久之不见。

结果不幸被范蠡言中。

范蠡长于日占，故每行大事，勾践请范蠡先占之。

吴王乃引越王登车。范蠡执御，遂去。至三津之上……谓范蠡曰:“今三月甲辰，时加日昳，孤蒙上天之命，还归故乡，得无后患乎?”范蠡曰:“大王勿疑，直视道行。越将有福，吴当有忧。”(《吴越春秋·勾践入臣外传》)

越王勾践臣吴至归越，勾践七年也……顾谓范蠡曰:“今十有二月己巳之日，时加禺中，孤欲以此到国，何如?”蠡曰:“大王且留，以臣卜日。”于是范蠡进曰:“异哉！大王之择日也。王当疾趋，车驰人走。”越王策马飞舆，遂复宫阙。(《吴越春秋·勾践归国外传》)

越王乃召相国范蠡、大夫种、大夫郢，问曰:“孤欲以今日上明堂，临国政，布恩致令，以抚百姓，何日可矣?惟三圣纪纲维持。”范蠡曰:“今日丙午日也。丙，阳将也，是日吉矣。又因良时，臣愚以为可。无始有终，得天下之中。”大夫种曰:“前车已覆，后车必戒，愿王深察。”范蠡曰:“夫子故不一二见也。吾王今以丙午复初临政，解救其本，是一宜。夫金制始，而火救其终，是二宜。蓄金之忧，转而及水，是三宜。君臣有差，不失其理，是四宜。王相俱起，天下立矣，是五宜。臣愿急升明堂临政。”越王是日立政。(《吴越春秋·勾践归国外传》)

除范蠡之外，文种亦擅长日占。《吴越春秋·勾践伐吴外传》:

其妻曰:“君贱！一国之相，少王禄乎?临食不享，哺以恶何?……何其志忽忽若斯?”种曰:“悲哉！子不知也。吾王既免于患难，雪耻于吴，我悉徙宅，自投死亡之地，尽九术之谋，于彼为佞，在君为忠，王不察也，乃曰:‘知人易，自知难。’吾答之，又无他语。是凶妖之证也。吾将复入，恐不再还，与子长诀，相求于玄冥之下。”妻曰:“何以知之？”种曰：“吾见王时，正犯玉门之第八也。辰克其日，上贼于下，是为乱丑，必害其良。今日克其辰，上贼下，止吾命须臾之间耳。”……越王遂赐文种属卢之剑。种得剑……遂伏剑而死。

可见，文种日占还是比较灵验的。

3. 气占

以云气占凶吉亦是先秦时期较常用的占卜术之一。越国君臣亦多用此法。《吴越春秋·勾践归国外传》：

于是范蠡乃观天文，拟法于紫宫，筑作小城。周千一百二十二步，一圆三方。西北立龙飞翼之楼，以象天门。东南伏漏石窦，以象地户。陵门四达，以象八风。外郭筑城而缺西北，示服事吴也，不敢壅塞。内以取吴，故缺西北，而吴不知也。北向称臣，委命吴国，左右易处，不得其位，明臣属也。城既成，而怪山自至……范蠡曰：“君徒见外，未见于内。臣乃承天门制城，合气于后土，岳象已设，昆仑故出，越之霸也。”

所谓合气，即合于祥瑞之气。《越绝书·外传记军气》对气占作了较为详细的记载：“夫圣人行兵，上与天合德，下与地合明，中与人合心，义合乃动，见可乃取……故圣人独知气变之情，以明胜负之道。凡气有五色：青、黄、赤、白、黑。色因有五变。人气变，军上有气，五色相连，与天相抵。此天应，不可攻，攻之无后。其气盛者，攻之不胜。”接下来对气与军队成败间关系作了详细论述：“军上有赤色气者……”最后并云：“故明将知气变之形”。不仅如此，还将气象与地域分野相结合，从而以此来判断战争胜负。

可见，越国时期，越地信仰具有浓郁的原始宗教气息，一方面原始图腾信仰盛行，如鸟图腾、蛇图腾等；另一方面鬼神信仰盛行，占卜流行，卜筮方式多元化。

第二章　王充思想

王充（27—100），字仲任，会稽上虞（今浙江上虞）人，东汉时期著名的思想家。王充少孤，早年曾至京师，求学太学，又师事班彪。学成后归乡里教授，后曾任郡功曹、郡治中等。王充一生沉沦于下层，却勤于著述，先后著有《论衡》《讥俗》《政务》《养性》等书，惜只有《论衡》一书流传至今。今本《论衡》一书存84篇（《招致》有目无文），其内容丰富驳杂，涉及历史、政治、科技、风俗等诸多方面，是研究东汉学术与思想的重要经典。

第一节　元气自然论

“气”，是中国传统哲学的一个重要范畴，其产生较早。“气”字广泛见于甲骨文和金文之中。《说文解字》：“气，云气也。”① 这是“气”的本义。到了后世，“气”的含义变得较为丰富。早在先秦时期，便产生了气生万物、气支配万物的思想。《庄子·大宗师》：“游乎天地之一气。”②《庄子·知北游》：“通天下一气耳。”③ 此“一气”颇类于“道”。到了秦汉时期，人们提出元气说，并认为元气（气）生天地万物。《淮南子·天文训》：“宇宙生气。气有涯垠，清阳者薄靡而为天，重浊者凝滞而为地。”④《春秋繁露·五行相

① 许慎撰：《说文解字》，中华书局1962年影印本，第14页下栏。
② 郭庆藩：《庄子集释》，中华书局1961年排印本，第268页。
③ 同上，第733页
④ 刘文典撰：《淮南鸿烈集解》，中华书局1989年版，第79页。

生》："天地之气，合而为一，分为阴阳，判为四时，列为五行。"① 到了东汉，人们明确提出气为万物之源。《白虎通·天地》："地者，元气之所生……故《乾凿度》云：'太初者，气之始也。'"②《汉书·律历志》："太极元气，函三为一。极，中也。元，始也。行于十二辰，始动于子……化生万物者也。"③ 王充接受了前代的元气说，并以此为基石构建了自己的天道论思想体系。

一　元气论

王充接受了前贤的元气说，并在此基础上有所发展。王充认为气是永恒的，古今无异。《论衡·齐世》："上世之天，下世之天也，天不变易，气不改更。上世之民，下世之民也，俱禀元气。元气纯和，古今不异……万物之生，俱得一气。气之薄渥，万世若一。"④ 这永恒之气乃天地及万物之本源。《言毒》："万物之生，皆禀元气。"王充认为天地合气方生万物。《自然》："天地合气，万物自生……天之动行也，施气也，体动气乃出，物乃生矣……夫天覆于上，地偃于下，下气烝上，上气降下，万物自生其中间矣。"又如，《说日》："天地，夫妇也，合为一体。天在地中，地与天合，天地并气，故能生物。"

王充认为元气是自然无为的，天地亦是如此。《自然》："气也，恬澹无欲，无为无事者也。"故气生万物是一个自生自化的物质变化过程，并非其有意为之。《自然》："天动不欲以生物，而物自生，此则自然也。施气不欲为物，而物自为，此则无为也。"《自然》："天道无为，故春不为生，而夏不为长，秋不为成，冬不为藏。阳气自出，物自生长；阴气自起，物自成藏。"

① 苏舆撰：《春秋繁露义证》，中华书局1992年标点本，第362页。本书所引《春秋繁露》皆据此本，后不再一一作注。

② 陈立撰：《白虎通疏证》，中华书局1994年标点本，第420、421页。本书所引《白虎通》皆据此本，后不再一一作注。

③ 班固撰：《汉书》，中华书局1962年排印本，第964页。

④ 黄晖撰：《论衡校释》，中华书局1990年版，第803页。本书所引《论衡》皆据此本，后不再一一作注。为了节省篇幅，本章所引《论衡》皆直接标明篇名，不再重复书名。

王充认为，为万物之灵的人亦是由气所生。《辨祟》："人，物也，万物之中有智慧者也。其受命于天，禀气于元，与物无异。"《命义》："人禀气而生，含气而长。"《无形》："人禀气于天，气成而形立……死则气灭，形消而坏。"

董仲舒认为气有阴阳之分，《春秋繁露·天地阴阳》："天地之间，有阴阳之气。"王充认为阴阳二气生人之神形。《订鬼》："夫人之所以生者，阴、阳气也。阴气主为骨肉，阳气为主精神。人之生也，阴、阳气具，故骨肉坚，精气盛。精气为知，骨肉为强，故精神言谈，形体固守。骨肉精神，合错相持，故能常见而不灭亡也。"

不仅如此，王充还认为，人之寿命、贤愚、善恶等，皆由气决定。《无形》："人以气为寿。"《率性》："人之善恶，共一元气。气有少多，故性有贤愚。"《论死》："人之所以聪明智惠者，以含五常之气也；五常之气所以在人者，以五藏在形中也。五藏不伤，则人智惠；五藏有病，则人荒忽。荒忽则愚痴矣。"

早在西周时期，史伯便提出"和"之说。《国语·郑语》中史伯提出"和实生物"，孔子倡导"和而不同"，孟子倡导"人和"。董仲舒倡导阴阳之和。王充亦主张阴阳之和。《感类》："阴阳不和，灾异发起。"在众多气类中，王充倡导和气，认为和气生祥瑞。《讲瑞》："瑞物皆起和气而生。"《齐世》："夫天地气和，即生圣人。"王充认为不和之气则生灾异。《言毒》："天下万物，含太阳气而生者，皆有毒螫。"

从以上分析可以看出，王充继承了元气说，并将元气说运用于众多领域，"更明确表现出唯气论的特性"①。

二　自然论

早在先秦时期，"自然"具有多种含义。《老子》一书中大谈自然，主张"道法自然""夫莫之命而常自然"（五十一章）。《庄子》则大谈回归自然、

① 徐复观：《王充论考》，徐复观《两汉思想史》（卷二），华东师范大学出版社2001年版，第374页。

任自然。汉代《淮南子》则以老子自然观为基础，构建了一个宏大的宇宙体系。在继承老庄自然观的基础之上，王充对“自然”说作了一些发展。

“自然”一词广泛见于《论衡》一书中，《自然》则是专门论述“自然”之作。《论衡》一书中的“自然”具有多种含义，或指自然、社会现象的客观存在，或指自然和社会发展的必然规律，或指事物发展变化的自发性等。①

自商周以来，人们不断将天和自然人格性、神灵化。到了汉代，董仲舒等人完全将天与自然人格化，大力宣扬天人相副、天人感应、天人合一思想。王充以天地自然的客观性，对一系列天人感应说进行了批判。

王充认为天是客观的存在，无欲无求。《自然》：“何以知天之自然也，以天无口目也。案有为者，口目之类也。口欲食目欲视，有嗜欲于内，发之于外，口目求之，得以为利，欲之为也。今无口目之欲，于物无所求索，夫何为乎？”王充认为很多现象皆出自然，并非天有意为之。《自然》：“或说以为天生五谷以食人，生丝麻以衣人。此谓天为人作农夫桑女之徒也……夫天之不故生五谷丝麻以衣人食人，由其有灾变不欲以谴告人也。物自生，而人衣食之；气自变，而人畏惧之。”王充认为饥食五谷、寒以麻制衣是人的一种本能，并不是天有意识安排的结果。

汉儒多相信天人感应说，认为“人有是非，阴为德害，天辄知之，又辄应之，近人之效也”（《谈天》）。如《变虚》：“子韦之言：‘天处高而听卑，君有君人之言三，天必三赏君。’”王充则认为天是客观存在的，不能与人相通。《变虚》：“天之去人，高数万里，使耳附天，听数万里之语，弗能闻也。”有人认为“人在天地之间，犹鱼在水中矣。其能以行动天地”。王充则驳斥道，天广阔高远，人则非常渺小，“以七尺之细形，形中之微气，不过与一鼎之蒸火同，从下地上变皇天，何其高也？”（《变虚》）在此，王充以天的自然属性对天人感应说加以批判。对于一些神话传说中的夸饰描述，王充亦多以天地自然的客观性加以辩驳。

王充认为天道是客观存在的，故其自然无为。《初禀》：“自然无为，天之

① 参见金春峰《汉代思想史》，中国社会科学出版社1997年版，第514页。

道也。"《谴告》："夫天道，自然也，无为。如谴告人，是有为，非自然也。"《寒温》："夫天道自然，自然无为……使应政事，是有为，非自然也。"

天道自然，故其生万物亦是自然之结果，而非刻意为之。《物势》："夫天不能故生人，则其生万物，亦不能故也。"世间各种变化与现象亦是自然之结果。《自然》："天动不欲以生物，而物自生，此则自然也。施气不欲为物，而物自为，此则无为也。"又《自然》："天道自然，故图书自成……自然之化，固疑难知，外若有为，内实自然。"

王充倡导自然生化，同时又主张人为辅助。《自然》："然虽自然，亦须有为辅助。耒耜耕耘，因春播种者，人为之也。及谷入地，日夜长大，人不能为也。或为之者，败之道也。宋人有闵其苗之不长者，就而揠之，明日枯死。夫欲为自然者，宋人之徒也。"

王充认为一些现象是事物发展之自然结果，与外物无关。《偶会》："世谓秋气击杀谷草，谷草不任，凋伤而死。此言失实。夫物以春生夏长，秋而熟老，适自枯死，阴气适盛，与之会遇。"在此，王充否定了秋气对谷草的影响，而将谷草凋伤归于自身生长之结果，显然是不科学的。再如，《偶会》："美恶是非适相逢也……夫高祖命当自王，信、良之辈时当自兴，两相遭遇，若故相求。"王充摒弃外在因素，而一味地强调内因，从而导致其自然论滑向了命定论，使之带有浓郁的神秘主义色彩。

第二节　性命论

在早期，人们将一切归于天命。随着认知水平的提升，人们逐渐认识到人的主观能力的重要性，于是人们将人不能主宰的部分称为天命或命，而将人能够自宰的部分称为性或性命。[①] 到了汉代，董仲舒等学者对性命作了不少

① 自先秦至汉代，"命""天命"以及"性""性命"之间的关系较为复杂，在不同典籍之中，它们之间或相异，或互通。本文所言"命"主要指天命、命运，"性"主要指人性，即人之本质。

论述。《春秋繁露·深察名号》："故性比于禾，善比于米。米出禾中，而禾未可全为米也。善出性中，而性未可全为善也。"《春秋繁露·深察名号》："人之诚，有贪有仁。仁贪之气，两在于身。身之名，取诸天。天两有阴阳之施，身亦两有贪仁之性。"董仲舒进而认为人性有等级之别。《春秋繁露·实性》：有"斗筲之性""中民之性""圣人之性"。王充在继承的基础之上，形成了自己独具特色的性命论。

一　人性论

性命是《论衡》论述的一个重要主题，《论衡》一书中涉及性命的多达14篇①，如《本性》《率性》《命禄》《命义》《初禀》《气寿》《骨相》《逢遇》《偶会》《累害》《吉验》等。王充对命与性有明确的区分。《骨相》："贵贱贫富，命也；操行清浊，性也。"《命禄》："故夫临事知愚，操行清浊，性与才也；仕宦贵贱，治产贫富，命与时也。"《命义》："夫性与命异，或性善而命凶，或性恶而命吉。操行善恶者，性也；祸福吉凶者，命也……性自有善恶，命自有吉凶。"王充将人性善恶等归之于性，而将贵贱贫富与时运吉凶归之于命。

王充认为人的性、命具始于受气之时。《初禀》："人生性命当富贵者，初禀自然之气，养育长大，富贵之命效矣……命，谓初所禀得而生也。人生受性，则受命矣。性命俱禀，同时并得，非先禀性，后乃受命也。"王充认为禀气多少、厚薄等决定人性的善恶。《幸偶》："俱禀元气，或独为人，或为禽兽。并为人，或贵或贱，或贫或富。富或累金，贫或乞食；贵至封侯，贱至奴仆。非天禀施有左右也，人物受性有厚薄也。"王充认为，禀气厚则贤善，禀气薄则为愚、不肖。《率性》："禀气有厚泊，故性有善恶也……人受五常，含五脏，皆具于身。禀之泊少，故其操行不及善人……人之善恶，共一元气。气有少多，故性有贤愚。"《自然》："至德纯渥之人，禀天气多，故能则天，

① 具体篇目可参见黄晖《论衡校释自序》，黄晖撰《论衡校释》，中华书局1990年，第1—2页。

自然无为。禀气薄少，不遵道德，不似天地，故曰不肖。”

王充认为，不仅命有骨法，性亦有骨法。《骨相》：“非徒富贵贫贱有骨体也，而操行清浊亦有法理……非徒命有骨法，性亦有骨法。惟知命有明相，莫知性有骨法，此见命之表证，不见性之符验也。”

命有三性，王充认为性亦有三性。《命义》：“（性）亦有三性：有正，有随，有遭。正者，禀五常之性也；随者，随父母之性；遭者，遭得恶物象之故也。”一方面人性是先天气定的，另一方面其又受到后天因素影响，如父母之性、遭遇等。正因如此，如同荀子的“化性起伪”说，王充主张通过后天教育，化恶为善。《率性》：

> 论人之性，定有善有恶。其善者，固自善矣；其恶者，故可教告率勉，使之为善。凡人君父审观臣子之性，善则养育劝率，无令近恶；近恶则辅保禁防，令渐于善。善渐于恶，恶化于善，成为性行……圣主之民如彼，恶主之民如此，竟在化，不在性也。闻伯夷之风者，贪夫廉而懦夫有立志；闻柳下惠之风者，薄夫敦而鄙夫宽。徒闻风名，犹或变节，况亲接形面相敦告乎？孔门弟子七十徒，皆任卿相之用，被服圣教，文才雕琢，知能十倍，教训之功而渐渍之力也……斯盖变性使恶为善之明效也……性恶之人，亦不禀天善性，得圣人之教，志行变化……夫人有不善，则乃性命之疾也，无其教治，而欲令变更，岂不难哉？

王充又认为因性不同，人有上、中、下等之分。《本性》：“余固以孟轲言人性善者，中人以上者也；孙卿言人性恶者，中人以下者也；扬雄言人性善恶混者，中人也。若反经合道，则可以为教；尽性之理，则未也。”可见，王充人性论是对前贤人性论继承与发展的结果。

二　命运论

在命与性中，王充更强调命，他认为命与性不相干，一切皆由命决定，是比较彻底的命定论，“在王充那里，命定论被强调到如此绝对的程度，以致人的任何的‘自由’和主观努力都被完全否定了”①。王充将人的贫富、贵贱等皆归于命。《命义》：“命者，贫富贵贱也。”又《命禄》：

凡人遇偶及遭累害，皆由命也……命当贫贱，虽富贵之，犹涉祸患，失其富贵矣；命当富贵，虽贫贱之，犹逢福善，离其贫贱矣。故命贵从贱地自达，命贱从富位自危。故失富贵若有神助，贫贱若有鬼祸……命则不可勉，时则不可力，知者归之于天，故坦荡恬忽……性命有贵贱，才不能进退……故贵贱在命，不在智愚；贫富在禄，不在顽慧……富贵之福，不可求致；贫贱之祸，不可苟除也。由此言之，有富贵之命，不求自得。

王充甚至将一些非正常事件归于命。《吉验》：“（东明）天命不当死，故有猪马之救；命当都王夫余，故有鱼鳖为桥之助也……（管仲）命当富贵，有神灵之助。”王充将东明不死，以及管仲受齐桓公重用，皆归之于天命。再如《偶会》：“世谓子胥伏剑，屈原自沉，子兰、宰嚭诬谗，吴、楚之君冤杀之也。偶二子命当绝……二子之命，偶自不长……期数自至，人行偶合也。尧命当禅舜……虞统当传夏。”王充将伍子胥和屈原冤死，以及舜、夏受禅，都归于天命。不仅如此，王充甚至将国之存亡亦归于命。《治期》：“如实论之，命期自然，非德化也……教之行废，国之安危，皆在命时，非人力也……世人治乱，在时不在政；国之安危，在数不在教。贤不贤之君，明不明之政，无能损益。”《异虚》：“故人之死生，在于命之夭寿，不在行之善恶；国之存亡，在期之长短，不在于政之得失。”正如徐复观先生所言，“一凭命运的命来加以解决、解释，这便形成了他（王充）的命运论特色”②。

为了支持自己的命定论，王充对“随命”说作了批判。《命义》：

传曰：“说命有三：一曰正命，二曰随命，三曰遭命。”正命，谓

① 金春峰：《汉代思想史》，中国社会科学出版社1997年版，第533页。

② 徐复观：《王充论考》，徐复观《两汉思想史》（卷二），华东师范大学出版社2001年版，第385页。

本禀之自得吉也……随命者，戮力操行而吉福至，纵情施欲而凶祸到，故曰随命。遭命者，行善得恶，非所冀望，逢遭于外而得凶祸，故曰遭命。

报应思想，先秦已有之。所谓“随命”即是报应论。报应论强调人行为的善恶对命运的影响。而王充对此则大加批判。《命义》：

使命吉之人，虽不行善，未必无福；凶命之人，虽勉操行，未必无祸……性善乃能求之，命善乃能得之。性善命凶，求之不能得也……言随命则无遭命，言遭命则无随命。儒者三命之说，竟何所定？

其实，王充的驳斥只能说明此理论的不完善，并不能否定“随命”的正确性。

王充有时将“命”与“天”及“天命”“时”等同起来。《初禀》：“圣人动作，天命之意也。”《命禄》：“仕宦贵贱，治产贫富，命与时也……天性犹命也……（越王翳）虽逃避之，终不得离，故夫不求自得之贵与？”人力无法对抗天命，于是王充主张从天顺命。《命禄》：“命则不可勉，时则不可力，知者归之于天，故坦荡恬忽……信命者，则可幽居俟时，不须劳精苦形求索之也。”

在王充看来，“随命”的内涵很丰富，有时又包括“时”等。①《逢遇》：“遇不遇，时也。”《自纪》：“吉凶安危，不在于人。昔人见之，故归之于命，委之于时。”《祸虚》：“凡人穷达祸福之至，大之则命，小之则时。”《偶会》：“孔子称命……命当贵，时适平；期当乱，禄遭衰。治乱成败之时，与人兴衰吉凶适相遭遇。”

现实中，问题往往比较复杂。于是“王充提出了偶然性范畴，试图用偶然性来限制和修正作为宿命论的绝对必然性”②。《命义》：

---

① 《论衡》中的“时”有时近于“命”，有时则指时局、时期。参见周桂钿：《虚实之辨——王充哲学的宗旨》，人民出版社1994年版，第96—97页。

② 金春峰：《汉代思想史》，中国社会科学出版社1997年版，第534页。

人有命，有禄，有遭遇，有幸偶。命者，贫富贵贱也；禄者，盛衰兴亡也……遭者，遭逢非常之变……变虽甚大，命善禄盛，变不为害，故称遭逢之祸……遭逢之祸大，命善禄盛不能却也……虽有善命盛禄，不遇知己之主，不得效验……故夫遭、遇、幸、偶，或与命禄并，或与命禄离……故人之在世，有吉凶之性命，有盛衰之祸福，重以遭遇幸偶之逢，获从生死而卒其善恶之行，得其胸中之志，希矣。

在此王充论述了遭遇、幸偶等偶然性对人命运的影响。

《论衡》中有《逢遇》和《幸偶》，专论逢遇和幸偶。《逢遇》："操行有常贤，仕宦无常遇。贤不贤，才也；遇不遇，时也。"《幸偶》："凡人操行，有贤有愚，及遭祸福，有幸有不幸。举事有是有非，及触赏罚，有偶有不偶。"王充进一步强调偶然性对人命运的影响。

王充认为人之命是由所禀之气决定的，禀气多少直接影响到人的身体及命运。《气寿》："夫禀气渥则其体强，体强则其命长；气薄则其体弱，体弱则其命短……禀寿夭之命，以气多少为主性也……圣人禀和气，故年命得正数。气和为治平，故太平之世，多长寿人。"

王充认为禀气多少皆由初受气而定的。《命义》："凡人受命，在父母施气之时，已得吉凶矣……且命在初生，骨表著见……则富贵贫贱皆在初禀之时，不在长大之后。"《初禀》："命，谓初所禀得而生也。人生受性，则受命矣。性命俱禀，同时并得，非先禀性，后乃受命也。"

命由气而定，其又表现于形体、骨法之中。《骨相》："人命禀于天，则有表候者，骨法之谓也……非徒命有骨法，性亦有骨法。"《命义》："故寿命修短，皆禀于天；骨法善恶，皆见于体。"王充继而认为王者之兴，其命则现于地。《吉验》："凡人禀贵命于天，必有吉验见于地，见于地，故有天命也……盖天命当兴，圣王当出，前后气验，照察明著。"

简而言之，王充将决定人成败的因素划分为两部分：命与性。性即人性，命即命运。王充虽然对性作了不少分析，但他更多地强调命，强调命运对人生的决定作用，而轻视人的主观能动性，所以王充命定论又带有浓郁的宿命论色彩。

第三节　实证认知论

自殷商之际周公提出新的天命观以来，人们逐渐将天及自然神性化、人性化，人们往往以神性及感性来理解自然，从而产生了一系列看似合理却实为荒诞的认知论，如阴阳五行说、天人感应说、神仙鬼魂说等。王充则一反传统认知论，以理性精神追求“实知”“知实”等。

王充认为人比动物高明在于知。《别通》：“天地之性人为贵，贵其识知也。”故王充强调，通过学习可以使人“多闻博识”“通明博见”“道达广博”(《别通》)，对于不学之人则加以批判。《别通》：“人生禀五常之性，好道乐学，故辨于物。今则不然，饱食快饮，虑深求卧，腹为饭坑，肠为酒囊，是则物也……今闭暗脂塞，无所好欲，与三百倮虫何以异，而谓之为长而贵之乎?”“夫闭心塞意，不高瞻览者，死人之徒也哉。”王充主张通过学以提高人的认知。《实知》：“以今论之，故夫可知之事者，思虑所能见也；不可知之事，不学不问不能知也。不学自知，不问自晓，古今行事，未之有也。夫可知之事，推精思之，虽大无难；不可之事，厉心学问，虽小无易。故智能之士，不学不成，不问不知……人才有高下，知物由学。学之乃知，不问不识。”圣人之所以广知，在于其勤学好问。《实知》：“非圣人无知，其知无以知也。知无以知，非问不能知也。”

同时，人们亦可从实践中提升认知。《程材》：“齐郡世刺绣，恒女无不能；襄邑俗织锦，钝妇无不巧。日见之，日为之，手狎也。”

王充认为，一切认知当以感性认知为基础，反对脱离感知的主观认知论。《实知》：“任耳目以定情实”“如无闻见，则无所状”。在客观感知的基础之上，再对认知内容进行分析、推理、考辨，以求得对事物的正确认知。《薄葬》：

> 事莫明于有效，论莫定于有证。空言虚语，虽得道心，人犹不信……唯圣心贤意，方比物类，为能实之。夫论不留精澄意，苟以外效立事是非，信闻见于外，不诠订于内，是用耳目论，不以心意议也。夫以耳目论，则以虚象为言，虚象效，则以实事为非。是故是非者，不徒耳目，必开心意。墨议不以心而原物，苟信闻见，则虽效验章明，犹为失实。

王充指出，耳闻往往不实，经验证方可信从。《实知》："凡圣人见祸福也，亦揆端推类，原始见终。从闾巷论朝堂，由昭昭察冥冥……放象事类以见祸，推原往验以处来事……推类以见方来……先知之见方来之事，无达视洞听之聪明，皆案兆察迹，推原事类。"又《知实》："圣人据象兆，原物类，意而得之；其见变名物，博学而识之。巧商而善意，广见而多记，由微见较。"可见，圣人胜过常人在于圣人善推理，能由微知巨，由近知远。

在《论衡》一书中，王充大量采用类比推理以定是非。如儒者以为日中有三足乌，月中有兔、蟾蜍。对此，王充以类比推理加以驳斥。《说日》：

> 夫日者，天之火也，与地之火无以异也。地火之中无生物，天火之中何故有乌？火中无生物，生物入火中，焦烂而死焉，乌安得立？夫月者，水也。水中有生物，非兔、蟾蜍也。兔与蟾蜍，久在水中，无不死者……夫乌、兔、蟾蜍，日月气也，若人之腹脏，万物之心膂也。

王充以地之水、火以及兔与蟾蜍的属性来推断日中不可能有乌、月中不可能有兔与蟾蜍这一结论。再如，儒书载共工怒触不周之山，女娲炼五色石以补苍天的故事。王充则以常识对此加驳斥。《谈天》：

> 以天道人事论之，殆虚言也……且坚重莫如山，以万人之力，共推小山，不能动也。如不周之山，大山也。使是天柱乎？折之固难；使非柱乎？触不周山而使天柱折，是亦复难……且夫天者，气邪？体也？如

> 气乎，云烟无异，安得柱而折之？

王充认为山大人小，人不可能撞折天柱，况且天是气，无需天柱，又安能折之？

《论衡》中的不少类推是很有说服力的，但亦有一些类推则显得牵强而没有说服力。如《物势》："儒者论曰：'天地故生人。'此言妄也。夫天地合气，人偶自生也；犹夫妇合气，子则自生也。夫妇合气，非当时欲得生子，情欲动而合，合而生子矣。且夫妇不故生子，以知天地不故生人也。"王充认为夫妇合气不欲生子，其实很多夫妇交合是为了生子的。王充以此作为基点来推导出"天地不故生人"的结论，显然是不可信的。

王充认为感知和推论最终须以"效验"来定其是非真伪。在《论衡》一书中，"效验"则包括了"经验的观察、实际的测试、行为后果的检验、同类事物的比较等内容"①。《知实》："凡论事者，违实不引效验，则虽甘义繁说，众不见信……事有证验，以效实然。"《薄葬》："事莫明于有效，论莫定于有证。"《语增》："凡天下之事，不可增损。考察前后，效验自列。自列，则是非之实有所定矣。"在《论衡》一书中，王充大量运用效验以论证其观点。《雷虚》：

> 何以验之，雷者火也？以人中雷而死，即询其身，中头则须发烧焦，中身则皮肤灼焚，临其尸上闻火气，一验也。道术之家，以为雷烧石，色赤，投于井中，石焦井寒，激声大鸣，若雷之状，二验也。人伤于寒，寒气入腹，腹中素温，温寒分争，激气雷鸣，三验也。当雷之时，电光时见，大若火之耀，四验也。当雷之击时，或燔人室屋，及地草木，五验也……然则雷为天怒，虚妄之言。

王充根据被雷击死者皮肤被烧焦、打雷时伴有电光、雷击时有烧焚房屋与草木等现象，断言雷是火。王充此论是非常正确的。

---

① 李维武：《王充与中国文化》，贵州人民出版社2000年版，第174页。

王充主张以效验来验证真伪，反对无据的臆想。《实知》：“性敏才茂，独思无所据，不睹兆象，不见类验，却念百世之后，有马生牛，牛生驴，桃生李，李生梅，圣人能知之乎？”

王充反对圣人先知。《知实》：“圣人不能神而先知。”人的认知能力是有限的，不可能全部认知。《实知》：“天下事有不可知，犹结有不可解也……圣人知事，事无不可知。事有不可知，圣人不能知。非圣人不能知，事有不可知。及其知之，用不知也。故夫难知之事，学问所能及也；不可知之事，问之学之，不能晓也。”

总而言之，王充认为人高于动物在于知，但知并非天生的，而是后天努力学习的结果。王充主张实证，为了获得正确的认知，首先是耳听目见，其次对获得的信息加以分析、推理和考察，最后还要观察实效。

第四节 疾虚妄批判精神

王充虽生性内向寡言，但颇好辩驳。[①] 王充任气好辩之性格当源于其家族好任气之传统。他好辩争胜的性格在其著作《论衡》中亦有很好的表现。《佚文》：“《诗》三百，一言以蔽之，曰：‘思无邪。’《论衡》篇以十数，亦一言也，曰：‘疾虚妄。’”可见王充创作《论衡》一书的一个重要目的便是“疾虚妄”，对各种虚妄不实的现象、言语进行辩驳和批判。在《论衡》一书中，王充对自然、民俗、社会、典籍等诸多方面作了批判。

一 对天人感应论的批判

灾异说就是以自然灾害和某些异常的自然现象来推断人事吉凶、政治得失、国家兴衰的一种学说。人们很早就将自然现象与人事联系在一起。《国语·周语上》载，西周三川皆震，伯阳父认为周将亡。天人感应理论在先秦

① 详情参见拙作《王充经学思想研究》，中国社会科学出版社2012年版，第91页。

时期有所发展，直至西汉董仲舒时，这一理论变得完善成熟。董仲舒认为，“唯人独能偶天地”（《春秋繁露·人副天数》），人与天数相副，故“以类合之，天人一也”（《春秋繁露·阴阳义》）。于是人们认为天与人是相通相感的，祥瑞是天对君主治世的褒扬与奖赏，而灾异则是天对君主治世的警示与惩罚。《春秋繁露·必仁且智》：“灾者，天之谴也；异者，天之威也”“凡灾异之本，尽生于国家之失。国家之失乃始萌芽，而天出灾害以谴告之；谴告之而不知变，乃见怪异以惊骇之。”以灾异比附人事以干预现实政治生活，成为汉代的一种思潮，如眭弘、夏侯始昌、夏侯胜、京房、刘向、谷永、翼奉、李寻等，便是推阴阳说灾异的典型。对此，王充却不以为然。

在《变虚》《异虚》《感虚》《寒温》《谴告》《变动》《讲瑞》《指瑞》《是应》《自然》《感类》《纪妖》诸篇中，王充对天人感应说、灾异说、祥瑞说等作了大力批判。《变动》：

> 论灾异者，已疑于天用灾异谴告人矣。更说曰：“灾异之至，殆人君以政动天，天动气以应之。譬之以物击鼓，以椎扣钟，鼓犹天，椎犹政，钟鼓声犹天之应也。人主为天下，则天气随人而至矣。”曰：此又疑也。夫天能动物，物焉能动天……人在天地之间，犹如蚤虱在衣裳之内，蝼蚁之在穴隙之中。蚤虱蝼蚁为顺逆横从，能令衣裳穴隙之间气变动乎？蚤虱蝼蚁不能，而独谓人能，不达物气之理也……顾可言寒温感动人君，人君起气而以赏罚，乃言以赏罚感动皇天，天为寒温以应政治乎……寒温之气，系于天地，而统于阴阳，人事国政，安定动之？

王充以蚤虱不能动人衣裳、蝼蚁不能动穴，推断人不能动天。再如《指瑞》：“儒者说凤皇骐驎为圣王来……夫巨大之天使，细小之物，音语不通，情指不达，何能使物？”王充认为人与天言语不通、性情不同，故二者不能相通。王充又从天的角度对天人感应说作了批判。《自然》：“天能谴告人君，则亦能故命圣君。择才若尧、舜，受以王命，委以王事，勿复与知。今则不然，生庸庸之君，失道废德，随谴告之，何天不惮劳也？”在此王充以君权神授说驳斥谴告说，天既能择君，又为何不怕麻烦地谴告昏君呢？

王充认为天道自然，“人不能以行感天，天不随行而应人”（《明雩》）。故王充云：“今言天之谴告，是谓天狂而盲聋也”（《谴告》）；“谴告之言，衰乱之语也”（《自然》）。

但是王充并非一味地反对天人感应。一方面，在《论衡》中，王充对祥瑞说作了不少批判。王充认为瑞物与盛世、圣人并无必然的联系，《指瑞》：“圣王遭见圣物，犹吉命之人逢吉祥之类也，其实相遇，非相为出也。”另一方面，在《验符》《须颂》诸篇之中，王充则大量以祥瑞为汉帝国唱赞歌。“为了颂汉，王充采取的是只要关于汉朝当局的符瑞都是真的好的。”[①] 在《语增》中王充明确指出“武王之符瑞，不过高祖”，并作了详细比较。在《宣汉》《恢国》《验符》等篇中，王充不厌其烦地详述汉朝祥瑞之盛。正如周桂钿先生所说的那样，“在歌颂汉朝的时候，王充把统治者编的神话、瑞物当作事实”。[②]

总而言之，王充虽然对天人感应说作了大量批判，但他的批判并不彻底，他常借助符瑞说大力称颂汉代皇帝。

二　对诸子经史的批判

王充自幼不俗，长大后亦是如此。《自序》：“淫读古文，甘闻异言。世书俗说，多所不安，幽处独异，考论实虚……又伤伪书俗文多不实诚，故为《论衡》之书……其文盛，其辩争，浮华虚伪之语，莫不澄定。没华虚之文，存敦庞之朴；拨流失之风，反宓戏之俗。”《对作》：“是故《论衡》之造也，起众书并失实，虚妄之言胜真美也。故虚妄之语不黜，则华文不见息。华文放流，则实事不见用。故《论衡》者，所以铨轻重之言，立真伪之平，非苟调文饰辞，为奇伟之观也。其本皆起人间有非，故尽思极心，以讥世俗。”

---

① 邓红：《王充新八论》，中国社会科学出版社2003年版，第47页。

② 周桂钿：《王充评传》（与钟肇鹏《桓谭评传》合刊），南京大学出版社1993年版，第230页。

在《奇怪》《书虚》《语增》《儒增》《艺增》《问孔》《刺孟》《非韩》《实知》《知实》《正说》《书解》《案书》诸篇中，王充对诸子、经史之作中虚妄不实之处作了广泛批判。

王充认为，“世间传书诸子之语，多欲立奇造异，作惊目之论，以骇人世俗之人；为谲诡之书，以著殊异之名”（《书虚》），故王充作《书虚》以批之。在《书虚》篇中，王充对“季札呼披裘而薪者取金”“颜渊因用精过度而发白齿落”“禹葬会稽，鸟为之田”“伍子胥化怒涛”等故事作了批判。《艺增》：“俗人好奇，不奇，言不用也。故誉人不增其美，则闻者不快其意；毁人不益其恶，则听者不惬于心。闻一增以为十，见百益以为千……诸子之文，笔墨之疏，人贤所著，妙思所集，宜如其实，犹或增之。傥经艺之言，如其实乎？”在《语增》《儒增》《艺增》诸篇中，王充对众多传闻作了批判。如《语增》：“传语曰：‘纣沉湎于酒，以糟为丘，以酒为池，牛饮者三千人，为长夜之饮，亡其甲子。’……令酒池在中庭乎……令坐于室乎……令池在深室之中，则三千人宜临池坐。俯饮池酒，后仰食肴膳，倡乐在前，乃为乐耳。如审临池而坐，则前饮害于肴膳，倡乐之作，不得在前。夫饮食既不以礼，临池牛饮，则其啖肴不复用杯，亦宜就鱼肉而虎食，则知夫酒池牛饮，非其实也。”对传语，如“纣力能索铁伸钩”“文王饮酒千钟，孔子百觚”等，王充皆作了批判。“世俗之性，贱所见，贵所闻也”（《齐世》），故王充作《齐世》以批之。

不仅如此，王充还作《问孔》《刺孟》《非韩》诸篇，对孔子、孟子以及韩非子作了批判。《问孔》以大量事例证明孔子不能先知。《刺孟》对孟子言行不一、不妥之处作了批判。《非韩》对韩非子学说作了批判。王充不仅好对世俗现象进行批判，还好作惊人之论。王充不仅对专经的俗儒作了严厉批判，甚至将矛头指向圣贤。《问孔》：“世儒学者，好信师而是古，以为圣贤所言皆无非，专精讲习，不知难问。”在《刺孟》一文中，王充对孟子的言行进行了批判，在《问孔》一文中，王充对孔子的言行进行了责问。正因其敢于冒天下之大韪，所以遭到后世卫道者的严厉批判。胡应麟称其“偏愎自是，放言不伦，稍不留心，上圣大贤，咸在诃斥”[1]。乾隆则曰：“其背经离道，好奇立异”“孔、孟为千古圣贤，孟或可问，而不可刺，充则刺孟而问孔矣。此与明末李贽之邪说何异?”[2] 在《薄葬》《案书》等篇中，对墨家“明鬼”“薄葬”等思想作了批判。

从以上分析可以看出，王充视经传诸子如史书，对其中虚妄不实之处多加批判；视圣贤如常人，剥去其头上神圣的光环。

三　对民俗信仰的批判

王充对于民间大众信仰，如鬼神、祭祀、卜筮、忌讳、择日等，同样进行了广泛而深刻的批判。这类内容在《论衡》一书中所占比例较大，共计十六篇，如《论死》《死伪》《纪妖》《订鬼》《言毒》《薄葬》《四讳》《讕时》《讥日》《卜筮》《辨祟》《难岁》《诘术》《祀义》《祭意》等，占全书1/6强。[3] 正因如此，有学者将王充视为“世俗化的儒家”[4]。

在《论死》中，王充对当时盛行的鬼魂说作了批判。《论死》：“人之所以聪明智惠者，以含五常之气也；五常之气所以在人者，以五藏在形中也。五藏不伤，则人智慧；五藏有病，则人荒忽。荒忽则愚痴矣。人死，五藏腐朽；腐朽则五常无所托矣，所用藏智者已败矣，所用为智者已去矣。形须气而成，气须形而知。天下无独燃之火，世间安得有无体独知之精?”王充认为人形神相依，形尽而神灭。进而王充断言人死不能为鬼，鬼亦不能害人。《论死》：“夫论死不为鬼，无知，不能害人，则夫所见鬼者，非死人之精，其害人者，非其精所为，明矣。”在《四讳》中，他对民间四讳作了剖析，并指出：“夫忌讳非一，必托之神怪，若设以死亡，然后世人信用畏避……诸言

① 胡应麟：《少室山房笔丛》，转引自黄晖《论衡校释》附编三《论衡旧评》，中华书局1990年版，第1243页。

② 乾隆：《读王充〈论衡〉》，转引自黄晖《论衡校释》附编三《论衡旧评》，中华书局1990年版，第1245页。

③ 具体篇目可参看黄晖《论衡校释自序》，黄晖《论衡校释》，中华书局1990年版，第3页。

④ 龚鹏程语。参见龚鹏程：《世俗化的儒家：王充》，龚鹏程《汉代思潮》，商务印书馆2005年版，第197—239页。

‘毋’者，教人重慎，勉人为善……礼义之禁，未必吉凶之言也。”在《讥日》一文中王充对各种时日禁忌作了批判，“世俗既信岁时，而又信日。举事若病、死、灾、患，大则谓之犯触岁、月，小则谓之不避日禁……众多非一，略举较著，明其是非，使信天时之人，将一疑而倍之。”在《祀义》一文中王充对各类祭祀作了批判，“世信祭祀，以为祭祀者必有福，不祭祀者必有祸。是以病作卜祟，祟得修祀，祀毕意解，意解病已……其修祭祀，是也；信其享之，非也。实者，祭祀之意，主人自尽恩勤而已，鬼神未必歆享之也。”

对于一些神话，如日中有三足乌、后羿射日、女娲补天等，皆加以批判。在求真实、疾虚妄的思想指导下，王充将原始神话视为“虚妄”，并以科学的“求真”态度对这些神话进行了剖析与批判，可谓是“疾其可不必疾”。①

总体而言，《论衡》是一部极具批判性的著作，其批判范围之广，力度之大，皆前所未有。但王充“多攻击破坏，而少建树”②，并且前后相互抵牾之处不少。对此学者颇有微言，“王充的理论，并不是为着‘建立一理论的兴趣’而发展出来的。他是基于与人争胜、炫鬻才华的乐趣，以宣汉颂世的目的建立的……他可以依他的需要，来选择各种言论，或用某甲之说破某乙，又用某乙之说破某丙，忽儒、忽墨、忽道。表现出一种‘言说的趣味’。”③

第五节　经学观

王充早年接受了较长时期的经学教育，对经学极为熟悉，并且深受经学影响，但他不以传授经学而闻名，也没有留下经学著作或学说，因此算不上

① 徐复观：《王充论考》，徐复观《两汉思想史》（卷二），华东师范大学出版社 2001 年版，第 370 页。

② 冯友兰：《中国哲学史》（下册），华东师范大学出版社 2000 年版，第 65 页。

③ 龚鹏程：《世俗化的儒家：王充》，龚鹏程《汉代思潮》，商务印书馆 2005 年版，第 213 页。

严格意义上的经学家。正因如此，长期以来，各种经学史著作都较少提及他，直至近年，情况才略有所变化。① 至今，探讨王充经学的论文依然很少，这显然与“热闹”的王充研究很不相称。

一 经传观

所谓经学观，就是对经学的看法，具体而言，则包括对经典（即五经）以及经学学说、传授、功用等的看法。众所周知，儒家经典（即五经）是早期儒家的教科书，孔子以其教授学生。解说和阐释这些经典的学说则被称为传。到了汉代，由于帝王独尊儒术，孔子被尊奉为圣人，儒家经典被奉为永恒不变的真理——经，解经之传也获得了较高的政治地位。圣人作经，贤者传之。对于儒学经传，汉代人多奉为圣典，盲目奉从，不敢置一辞，多具批判精神的王充则表现出与众不同的经传观。

（一）崇敬圣贤，崇尚经传

在《问孔》和《刺孟》等篇章中，王充对孔子和孟子作了不少批判，因此其受到后世许多正统卫道士的严厉批判。但这只是问题的一方面，总体而言，王充对孔子和孟子还是相当尊敬的。《论衡》一书常称孔子为圣人、圣才、贤圣、君子、德鸿之人、多力之人、素王等，常称孟子为贤人、大才、事实之人等。王充相信经为圣人孔子手定。《效力》：“孔子，周世多力之人也，作《春秋》，删五经，秘书微文，无所不定。”《超奇》：“孔子作《春秋》，以示王意，然则孔子之《春秋》，素王之业也。”王充还相信传为贤者所作，传以辅经。《正说》：“圣人作经，贤者作书，义穷礼竟，文辞备足，则为篇矣。”《书解》：“圣人作其经，贤者造其传，述作者之意，采圣人之志，故经须传也”。

王充认为，经传不仅为圣贤所作，更重要的是经传具有相当重要的功用，

① 近期一些经学史著作对王充经学略有所论及，如边家珍《汉代经学发展史论》（中国文史出版社 2003 年）、赵伯雄《春秋学史》（山东教育出版社 2004 年）、戴维《春秋学史》（湖南教育出版社 2004 年）以及徐芹庭《易学源流》（中国书店 2008 年）等。

非一般书籍所能比拟。《别通》："古圣先贤，遗后人文字，其重非徒父兄之书也，或观读采取，或弃捐不录，二者之相高下也，行路之人，皆能论之"。王充认为，五经以"道"为务，有益治事。《程材》："五经以道为务，事不如道，道行事立，无道不成"。经传可以开人视野，发人智慧。《别通》："圣贤言行，竹帛所传，练人之心，聪人之知""古贤文之美善可甘……读观有益"。经传可以教人以礼。《量知》："不入师门，无经传之教，以郁朴之实，不晓礼义，立之朝庭，植笮树表之类也，其何益哉？"此外，经传还具有治世之功用。《对作》：

圣人作经，贤者传记，匡济薄俗，驱民使之归实诚也。案《六略》之书，万三千篇，增善消恶，割截横拓，驱役游慢，期便道善，归正道焉。孔子作《春秋》，周民弊也。故采求毫毛之善，贬纤介之恶，拨乱世，反诸正，人道浃，王道备，所以检柙靡薄之俗者，悉具密致……是故周道不弊，则民不文薄；民不文薄，《春秋》不作。杨、墨之学不乱传义，则孟子之传不造。

王充认为孔子和孟子皆有为而作经传，故经传有治世之用。因经传有很强的权威性，故《论衡》一书中大量引用经传，作为论说之依据。据笔者不完全统计，《论衡》一书引《诗》近二十条，引今古文《尚书》百余条，引《三礼》近百条，引《春秋》三传百余条，引《易》经传二十余条。[①]《论衡》一书常把经传作为论辩是非的标准，如《书虚》：

传书或言：颜渊与孔子俱上鲁太山，孔子东南望，吴阊门外有系白马，引颜渊指以示之，曰："若见吴昌门乎？"颜渊曰："见之。"孔子曰："门外何有？"曰："有如系练之状。"孔子抚其目而正之，因与俱下。下而颜渊发白齿落，遂以病死。盖以精神不能若孔子，强力自极，

① 具体参见拙作《王充经学思想研究》第三章各节相关内容。吴从祥：《王充经学思想研究》，中国社会科学出版社2012年版，第140—210页。

> 精华竭尽，故早夭死。世俗闻之，皆以为然。如实论之，殆虚言也。案《论语》之文，不见此言。考六经之传，亦无此语。

因《论语》和六经之传无此语，因此王充断定此语为虚妄不可信。《论衡》一书博采众家经说，常以此经之文攻彼经之文，常以此家之说攻彼家之说。

（二）反对迷信，正视经传阙误

五经原本是儒家教科书。一方面经过秦朝的禁毁以及战乱，经学传承被打断，经典遭到严重破坏，有些经书已无完帙，如《尚书》等。另一方面，经传早期往往依赖师徒口耳相传，在这过程中自然会产生一些误解、歧义，甚至错误。在汉代，由于经学获得了崇高的政治地位，儒生经师往往对经传盲目迷信，对经传内容不敢质疑，更不用说批判了。其结果往往是以讹传讹，错误流传不息。

王充虽然崇尚经传，常引以为据，但对圣贤经传并不盲目信从，而是采取比较客观的态度，正视经传的阙失和错误。《书解》：

> 彼见经传，传经之文，经须而解，故谓之是。他书与传相违，更造端绪，故谓之非。若此者，韪是于五经。使言非五经，虽是不见听。使五经从孔门出，到今尚令人不缺灭，谓之纯壹，信之可也。今五经遭亡秦之奢侈，触李斯之横议，燔烧禁防，伏生之徒，抱经深藏。汉兴，收五经，经书缺灭而不明，篇章弃散而不具。晁错之辈，各以私意分拆文字，师徒相因相授，不知何者为是。亡秦无道，败乱之也。秦虽无道，不燔诸子，诸子尺书，文篇具在，可观诸以正说，可采掇以示后人……由此言之，经缺而不完，书无佚本，经有遗篇……知经误者在诸子。诸子尺书，文明实是。

因五经有缺佚，而诸子俱存，因此王充主张以诸子来正经传，弥补经传之不足。

（三）视经传如众书，批判经传虚妄

“疾虚妄”、求真实是《论衡》一书重要主旨之一。《对作》：“《论衡》之造也，起众书并失实，虚妄之言胜真美也。”王充虽然崇尚经传，但并不盲从，往往能正视其得失，对其虚妄不实之处常加以批判。

又见经传增贤圣之美……夫经有褒增之文，世有空加之言，读经览书者所共见也。(《齐世》)

经之传不可从，五经皆多失实之说。《尚书》《春秋》行事成文，较著可见，故颇独论。(《正说》)

在《书虚》《艺增》《正说》等篇章中，王充对五经的一些不可信之处作了批判。例如《感类》：

《书》曰：“汤自责，天应以雨。”汤本无过，以五过自责，天何故雨？以无过致旱，亦知自责不能得雨也。由此言之，旱不为汤至，雨不应自责。然而前旱后雨者，自然之气也。此言，《书》之语也……《书》之言，未可信也。

王充在此直言《书》所记载不可信。再如《说日》：

《春秋》“庄公七年夏四月辛卯，夜中，恒星不见，星霣如雨”者。《公羊传》曰：“如雨者何？非雨也。非雨，则曷为谓之‘如雨’？不修《春秋》曰：‘雨星，不及地尺而复。’君子修之曰：‘星霣如雨’。”……君子者，孔子。孔子修之曰：“星霣如雨。”……孔子不正霣者非星，而徒正言“如雨”非雨之文，盖俱失星之实矣。

在此王充指责孔子修《春秋》失实。正如有些学者所说，“王充于驳虚言、求实诚，是将经书与普通文献同等对待的”。①

① 庄大均：《王充经学观论略》，《孔子研究》1998 年第 1 期。

王充认为传书多有不实。《正说》:“儒者说五经，多失其实，前儒不见本末，空生虚说，后儒信前师之言，随旧述故，滑习辞语，苟名一师之学，趋为师教授，及时蚤仕，汲汲竞进，不暇留精心，考实根核。故虚说传而不绝，实事没而不见。五经并失其实。”王充对传说虚妄不实之处作了不少批判。如《儒增》:

传记言:“高子羔之丧亲，泣血，三年未尝见齿，君子以为难。”难为故也。夫不以为非实，而以为难，君子之言误也……孔子曰:“言不文。”或时不言，传则言其不见齿；或时不笑，传则言其不见齿三年矣。高宗谅阴，三年不言。尊为天子不言，而其文言“不言”，犹疑于增，况高子位贱，而曰“未尝见齿”，是必增益之也。

这样的例子在《书虚》《儒增》《艺增》等篇中很多，就不再枚举了。

从以上分析可以看出，在疾虚妄时，王充将圣贤经传与一般书籍同等对待，批判其虚妄不实之处，毫无讳言。

总之，一方面王充尊信经传，常引之为据；另一方面王充又不迷信经传，正视其缺失，批判其虚妄不实。

二　经学观

经学，简单地说，就是研究和阐释儒家经典的学说。自汉武帝独尊儒术之后，在利禄的引导下，经学大行于世，儒师门徒众多，说经传记日渐增多，释经章句也越发烦琐，以至“一经说至百余万言，大师众至千余人”（《汉书·儒林传赞》）。这样，经学成为利禄之学，是士人入仕必备的“敲门砖”。

（一）重视经学，认为经学高于吏事

东汉时代，经学盛行于世，王充亦多受时代风气影响。早年王充亦曾想走明经入仕之路，他曾不辞劳苦至洛阳太学求学多年。虽然王充学识渊博，但他仕途多舛，一生沉沦于下层小官吏。尽管如此，王充依然非常重视经学。

王充认为，经学可以使人知古今，明礼义，对不尚经学者，他作了大力

批判。《程材》："世俗学问者，不肯竟经明学，深知古今……竞进不案礼，废经不念学。是以古经废而不修，旧学暗而不明。"王充认为经学难于吏事，"吏事易知，而经学难见也"（《程材》）。儒生高于文吏。文吏"无篇章之诵，不闻仁义之语"（《程材》）；文吏"不入师门，无经传之教"；"无经艺之本，有笔墨之末，大道未足，而小伎过多"（《量知》）。

（二）反对师法家法，主张学贯古今诸家

两汉时期，经学传授极重师法和家法。皮锡瑞云："前汉重师法，后汉重家法。先有师法，而后能成一家之言。师法者，溯其源；家法者，衍其流也。"① 经师往往以师法家法传授，而受业者则要严守师法家法，不得随意更改。在传授过程中，五经皆形成了众多流派，如《易》有施、孟、梁、京等诸家，《书》有欧阳、大小夏侯等诸家，《诗》有齐、鲁、韩、毛等诸家，《礼》则有大戴、小戴、庆氏之学等，《春秋》有三传之分，而《公羊传》则有颜、严氏之学等。

西汉经学尚专，博士、经师往往以一经教授，而儒生所学亦是如此，只有少数高才例外，如董仲舒、王吉、韦贤等。东汉经学尚博，通两经以至数经者众。② 这些通儒大多能通于五经中的两经或多经，但兼通多家经说者依然很少（兼古文经除外）。显然，东汉儒师经生依然没有完全摆脱师法家法的影响。不可否认，师法家法在保证经学的纯正性方面起了相当大的作用，但师法家法的缺陷也是非常明显的。一方面，它隔绝了不同学派之间的交流与学习，以致各学派形成门户之见；另一方面，它使得儒生墨守先师陈规陋见，导致错误得不到更正，继续流传不止。固守师法家法显然很不利于经学健康发展，因此到了东汉时期，反对之声渐起，王充便是其中重要代表。王充认为，师法家法导致儒生孤陋寡闻，视野狭隘。《谢短》："夫儒生不览古今，所知不过守信经文，滑习章句，解剥互错，分明乖异""夫总问儒生以古今之义，儒生不能知，别名以其经事问之，又不能晓，斯则坐守信师法，不颇博

---

① 皮锡瑞著，周予同注：《经学历史》，中华书局2004年新1版，第91页。.

② 具体可参见边家珍《汉代经学发展史论》，中国文史出版社2003年版，第275—280页。

览之咎也”。王充对信守师法的俗儒大加批判，认为他们不过是邮人、门者等。《定贤》：“传先师之业，习口说以教，无胸中之造，思定然否之论。邮人之过书，门者之传教也，封完书不遗，教审令不遗误者，则为善矣。儒者传学，不妄一言，先师古语，到今具存，虽带徒百人以上，位博士、文学，邮人、门者之类也。”

王充对固守师法家法、抱残守缺的儒生作了严厉的批判：

> 夫儒生之业，五经也……滑习章句，解剥互错，分明乖异。（《谢短》）
>
> 诸生能传百万之言，不能览古今，信守师法……儒生无力。（《效力》）
>
> 经传之文，贤圣之语，古今言殊，四方谈异也。当言事时，非务难知，使指闭隐也。后人不晓，世相离远，此名曰语异，不名曰材鸿。（《自纪》）

汉代经学有古文经学与今文经学之分。古文经与今文经原本指的是经书的不同书写形式的传本。一般认为汉代出土的、以先秦古文字书写的经书为古文经，而以当时流行的隶书书写的经书则为今文经。因书写、解说等方面的差异，导致了两大经学流派的形成，即古文经学和今文经学。在汉代，今文经不仅出现得较早，而且有着可靠且明晰的传承线索，因此被立于学官，大行于世。古文经出现稍晚，多为出土文献，几无传承线索可言，因此不受官方重视，或深藏内府，或以潜流的形式流传于民间和学者当中。到了西汉后期，由于刘歆建议将古文经学立于学官，导致了今古文之争。虽然争立失败，但古文经学影响日增，传播日广。直至东汉前期，众多经师对古文经学持敌视态度，古文经学仅为少数学者所接受。王充则打破今古文界限，将今古文融于一体。

从《论衡》一书引经、称经来看，王充不仅打破了师法家法限制，还打破了今古文界限，将诸家学派、今古学说融于一体。如，王充《诗》以《鲁诗》为主，兼采齐、韩、毛三家；《书》兼采《古文尚书》《今文尚书》，《今文尚书》以欧阳《尚书》为主，兼采大小夏侯《尚书》；《礼》则兼采《仪礼》《礼记》《周礼》以及《逸礼》；《春秋》兼采《公羊》《谷梁》和《左氏》三传。

为了求得“真知”，王充不仅主张打破学派界限，兼采众说，甚至提出“距师”之说。《问孔》：“世儒学者，好信师而是古，以为贤圣所言皆无非，专精进习，不知难问……凡学问之法，不为无才，难于距师，核道实义，证定是非也。”

（三）主张以诸子学补经学之不足

经过禁毁和战乱，流传于汉代的五经已有残佚，而众经师多抱残守缺，固守师法家法，皓首于烦琐的章句之学，往往导致学识浅陋之弊。对此有识之士早有觉察，因此在儒学之外，他们往往博采诸子之学。盐铁会议中，双方多引用《老子》《管子》《公孙龙子》等作为论说依据。扬雄对经学的不足颇多感触，因此在《法言》等著作中，对当时神学化的经学多有所批判。不仅如此，扬雄对儒学之外的诸子之学持辩证的态度，主张吸收有用的成分以补儒学之不足。《法言·问道》：

> 老子之言道德，吾有取焉耳。及搥提仁义，绝灭礼学，吾无取焉耳……或曰：“庄周有取乎？”曰：“少欲。”“邹衍有取乎？”曰：“自持。至周罔君臣之义，衍无知于天地之间，虽邻不觌也。”……或问：“邹、庄有取乎？”曰：“德则取，愆则否。”①

王充对俗儒浅陋之弊多加批判。

> 夫儒生之业，五经也。南面为师，旦夕讲授章句，滑习义理，究备于五经，可也。五经之后，秦、汉之事，无不能知者，短也。夫知古不知今，谓之陆沉，然则儒生，所谓陆沉者也。五经之前，至于天地始开，

---

① 汪荣宝撰：《法言义疏》，中华书局1987年标点本，第114、134—135、177页。

帝王初立者，主名为谁，儒生又不知也。夫知今不知古，谓之盲瞽。五经比于上古，犹为今也。徒能说经，不晓上古，然则儒生，所谓盲瞽者也。(《谢短》)

守信一学，不好广观，无温故知新之明，而有守愚不览之暗，其谓一经是者，其宜也……夫一经之说，犹日明也；助以传书，犹窗牖也。百家之言，令人晓明……夫闭心塞意，不高瞻览者，死人之徒也哉。(《别通》)

王充认为，诸子可正经学之缺误。《书解》："诸子尺书，文篇具在，可观诸以正说，可采掇以示后人……知经误者在诸子。诸子尺书，文明实是。"他认为，百家之言，令人聪明，能治百族之乱。《别通》："百家之言，令人晓明"，"大才怀百家之言，故能治百族之乱"。王充主张博观百家之言。《别通》："人不博览者，不闻古今，不见事类，不知然否……夫人含百家之言，犹海怀百川之流也……章句之生，不览古今，论事不实。"

《论衡》一书除了大量征引经传之外，还大量征引儒家文献，如《晏子春秋》《世子》《孟子》《荀子》《新语》《春秋繁露》等；另又大量引用诸子，如《老子》《庄子》《商君书》《韩非子》《墨子》等；史书《史记》《国语》等，甚至纬书等。①

总之，王充一方面重视经学，认为其高于吏事；另一方面，他深知章句经学之陋，主张学采众家，贯穿古今，同时兼采诸子之学，以成广博之识。

三　经学功用观

如上所说，王充早年也将经学作为利禄之学，曾到京师求学，但到了后来，王充的观点发生了很大的变化。王充将经学纳入广博的学识范围，努力发挥其各种功效。

---

①　具体可参见岳宗伟《〈论衡〉引书研究》，博士学位论文，复旦大学，2006年，第46—60页。

（一）博学善著

王充认为，儒者应博学。《效力》：“儒生以学问为力……儒生力多者，博达疏通。故博达疏通，儒生之力也。”博学不在于章句之学，而在于通古知今。

> 诸生能传百万言，不能览古今，守信师法，虽辞说多，终不为博。殷、周以前，颇载六经，儒生所不能说也。秦、汉之事，儒生不见，力劣不能览也。周监二代，汉监周、秦，周、秦以来，儒生不知，汉欲观览，儒生无力。使儒生博观览，则为文儒。文儒者，力多于儒生，如少都之言，文儒才能千万人矣。(《效力》)
>
> 故夫大人之胸怀非一，才高知大，故其于道术无所不包。学士同门，高业之生，众共宗之。何则？知经指深，晓师言多也。夫古今之事，百家之言，其为深，多也，岂徒师门高业之生哉……能博学问，谓之上儒……大才怀百家之言，故能治百族之乱。(《别通》)

王充认为博学的目的在于致用，充分发挥知识之功效。在《论衡》一书中，致用主要表现为著述。《超奇》：

> 夫能说一经者为儒生，博览古今者为通人，采掇传书以上书奏记者为文人，能精思著文连结篇章者为鸿儒。故儒生过俗人，通人胜儒生，文人逾通人，鸿儒超文人。故夫鸿儒，所谓超而又超者也。以超之奇，退与儒生相料……其相过，远矣。

儒生通于一经，故高于俗人；通人博览，故高于通人；文人能为文，故高于儒生；而鸿儒却能著述，故又高于文人。可见能否为文以及为文水平高低是王充衡量一个人学识水准的最重要标准。由此可见，在王充看来，为学的目的在于为文。

（二）赞颂汉帝国

“歌颂时代、不满儒者之漠视汉朝，是《论衡》的基本立场与精神旨趣所在。”① 除了“疾虚妄”之外，《论衡》另一重要主题便是颂汉。《须颂》：“是故《春秋》为汉制法，《论衡》为汉平说。”

王充认为“臣子当颂”，而“方今天下太平”，“汉已有圣帝，治已太平”，并且“汉德非徒实然，乃在百代之上”（《须颂》）；而“方今盲暗之儒”不能颂汉，“使圣国大汉有庸庸之名，咎在俗儒不实论也”（《须颂》）。在《论衡》中，王充创作许多颂汉篇章。“《宣汉》之篇，论汉已有圣帝，治已太平。《恢国》之篇，极论汉德非徒实然，乃在百代之上……汉家功德，颇可观见。今上即命，未有褒载，《论衡》之人，为此毕精，故有《齐世》《宣汉》《恢国》《验符》”（《须颂》）。在颂汉情结影响下，经学亦时常成为王充颂汉的媒介。

> 虞氏天下太平，夔歌舜德；宣王惠周，《诗》颂其行；召伯述职，周歌棠树。是故《周颂》三十一，《殷颂》五，《鲁颂》四，凡《颂》四十篇，诗人所以嘉上也。由此言之，臣子当颂，明矣……表德颂功，宣褒主人，《诗》之颂言，右臣之典也。（《须颂》）

《须颂》：“《论衡》之人，在古荒流之地，其远非徒门庭也……使至台阁之下，蹈班、贾之迹，论功德之实，不失毫厘之微。”可见，王充颂汉的目的很明显，即欲借颂汉达到晋升、跻身朝廷的目的。

由于王充大力以经学为汉帝唱赞歌，以至有些学者认为，“王充经学的实质是为汉王朝君主政治服务。在王充那里，经学纯粹是为汉王朝君主政治服务的工具，而王充本人则渴望跻身于朝廷，充当赞美汉王朝的吹鼓手”。② 此说虽不无道理，但似有夸大之嫌。

从上文可以看出，王充经学观具有较浓厚的叛逆与异端色彩，其对经学

① 龚鹏程：《世俗化的儒家：王充》，龚鹏程《汉代思潮》，商务印书馆 2005 年版，第 201 页。
② 庄大均：《王充经学观论略》，《孔子研究》1998 年第 1 期。

发展虽有所贡献，但也有明显不足之处。一方面王充看到了经学的一些弊病，如时人的盲目迷信，五经自身的缺失，章句学的浅陋等。他对这些进行了大力批判，并力拯经学之时弊。另一方面他并没有看到经学的政治功用价值。在汉代，经学是一把“双刃剑”，统治者以它来巩固政治统治，而儒者则常用它来钳制皇权，干涉政治。遗憾的是王充仅将经学功用限于著述、颂汉。这显然是与其终身沉沦下层，而未能步入上层政治密切相关。一句话，王充经学观杂而不纯，因此有些学者认为他的学问“只是属于杂学而非正统的经学，泛繁而不精”,[①] 是有一定道理的。

① 邓红：《王充总论》，邓红《王充新八论》，中国社会科学出版社 2003 年版，第 16 页。

第三章　汉魏六朝时期思想信仰

自从越国灭亡之后，越地先为楚郡，后为秦郡。其间，越文化发展步入低谷。自入汉以来，随着南方的开发和正统文化的传播，越地文化逐渐兴起。到了东汉时期，越地出现了一些大学者和儒学家，如王充、赵晔等。到了魏晋南北朝时期，越地文化得到了更快的发展，并出现了一些本土文化世家，如贺氏、虞氏等。一些南渡的世族，如谢氏等，活动于越地，给越地文化发展增添了光彩。越人本好巫鬼，这一时期越地宗教文化亦得到了较大的发展，出现了一些高僧和经著，民间信仰则呈现出多元多彩之风貌。

第一节　史学思想

吴越争霸是春秋后期的重要历史事件，对此史书多有所记载，《国语》中《越语》和《吴语》便是以此事为记叙中心。到了东汉时期，出现了两部以记叙吴越争霸为中心的著作，即袁康、吴平的《越绝书》和赵晔的《吴越春秋》。

一　《越绝书》

对于《越绝书》的作者，历来说法不一。《隋书·经籍志》："《越绝记》十六卷，子贡撰。"《新唐书》和《旧唐书》皆称其为《越绝书》，并认为是子贡所作。此后各类目录著作多袭此说。也有人认为此类说法不确。《越绝书

·外传本事》："问曰：'《越绝》谁所作？''吴越贤者所作也。'"子贡并非吴越人，可见此书非子贡所作明也。明代杨慎依据《越绝书》第十九篇《篇叙外传记》所记隐语，认为此书为袁康、吴平所作。杨慎《跋越绝》云：

> 或问《越绝》不著作者姓名何也？予曰："姓名具在书中，览者第不深考耳，子不观其绝篇之言乎？曰：'以去为姓，得衣乃成；厥名有米，覆之以庚。禹来东征，死葬其乡。不直自斥，托类自明'，'文属辞定，自于邦贤'，'以口为姓，承之以天，楚相屈原，与之同名'。此以隐语见其姓名也。去其衣，乃袁字也。米覆以庚，乃康字也，禹葬之乡，则会稽也。是乃会稽人袁康也。其曰：'不直自斥，托类自明'，厥旨昭然，欲后人知也。'文属辞定，自于邦贤'，盖所共著，非康一人也。以口丞天，吴字也。屈原同名，平字也。与康共著此书，乃吴平也。不然，此言何为而设乎？"①

杨氏之说合情合理，得到众多学者认同。现在一般认为《越绝书》为袁康、吴平所作。袁康、吴平二人生卒年及生平事迹等，今不可考。《论衡·案书》："案东番邹伯奇，临淮袁太伯、袁文术，会稽吴君高、周长生之辈，位虽不至公卿，诚能知之囊橐，文雅之英雄也。观伯奇之《元思》，太伯之《易章句》，文述之箴铭，君高之《越纽录》，长生之《洞历》，刘子政、扬子云不能过也。"学者多认为，吴君高即吴平，《越纽录》即《越绝书》。②《越绝书·外传记吴地传》末尾云："勾践徙琅琊到今建武二十八年，凡五百六十七年。"王充（27－100）为东汉前期人，光武帝建武二十八年为公元52年。据此，可以推断袁康、吴平为东汉初期人，《越绝书》成书于东汉初期。

今本《越绝书》共19篇，篇名颇不一致，或经或传，或内或外，亦有直接称名者。全书首篇《外传本事》对本书体例作了解说："经者，论其事；传

① 杨慎：《升菴集》卷10，《文渊阁四库全书》，台湾商务印书馆1986年影印本，第1270册，第97页下栏。

② 参见乐祖谋《点校本越绝书序》，袁康、吴平辑录，乐祖谋点校《越绝书》，上海古籍出版社1985年版，第3页。

者，道其意；外者，非一人所作，颇相覆载，或非其事，引类以托意。”今本《越绝书》共19篇，标为“内”者6篇：《荆平王内传》《吴内传》《计倪内经》《请籴内传》《内传陈成恒》《内经九术》。其中仅《计倪》《九术》2篇为“内经”，其余4篇皆为“内传”。

标为“外”者13篇：《外传本事》《外传记吴地传》《外传纪策考》《外传记范伯》《外传记地传》《外传计倪》《外传记吴王占梦》《外传记宝剑》《外传记军气》《外传枕中》《外传春申君》《德序外传记》《篇叙外传记》。《外传本事》主要是对《越绝书》书名及作者等作了解说。《外传春申君》记楚烈王（前290—前238）春申君之事。此乃战国后期之事，与吴越争霸相去甚远。《篇叙外传记》乃全书之序，对本书相关问题作了解说。

《越绝书·篇叙外传记》① 对《越绝书》的排次作了解说：

> 问曰：“《越绝》始于《太伯》，终于《陈恒》，何?”……始于《太伯》………故次以《荆平》也……故次以《吴人》② 也……故次《计倪》……故次《请籴》也……故次以《九术》……故次《兵法》……故终于《陈恒》也。

《德序外传记》所言大体如此，只不过增加《德叙》一篇而已。可见《越绝书》内卷的排序是：太伯——荆平——吴人——计倪——请籴——九术——兵法——陈恒。今本内外、经传相互杂错，但其内在条理大体可寻，即全书以越为中心，内吴外越；以时间为经，以内外为纬，由古及今，由内及外，间杂以事类。《篇叙外传记》所言篇目数量、排序与今本目录有不少差异和出入。今本可能并非原貌，或经后人整理、增补。

第一篇《外传本事》主要对《越绝书》一书命名、作者及体例等，以自问自答的形式作了解说。《荆平王内传》主要讲伍子胥离楚至吴之事，以此作

---

① 为了节省篇幅，本节后文称引《越绝书》内容，皆直接标明篇名，不再重复书名。

② 《篇叙外传记》作《吴人》，而《德序外传记》作《吴越》。前二篇皆以吴为中心，如《太伯》记吴之立国，《荆平》记吴之败楚，故第三篇亦当以吴为中心，不必涉及越，故以《吴人》为确。今本作《吴内传》，显然是“吴人”之脱也。

为全书的引子，引出宏大的吴越争霸故事。《越绝书》一书虽然内容较为驳杂，但复仇可谓本书重要主题。《篇叙外传记》："曰：'非善荆平也，乃勇子胥也。臣不讨贼，子不复仇，非臣子也。故贤其冤于无道之楚，困不死也；善其以匹夫得一邦之众，并义复仇，倾诸侯也；非义不为，非义不死也。'"无名氏《越绝书跋》云："《越绝》，复仇之书也。子胥、夫差以父之仇，勾践以身之仇……春秋之末，复仇之事，莫大于斯三者，《越绝》实备之。有国有家者，可以鉴观焉。"①

《越绝书》的另一重要主题便是赞颂忠义之臣和贤明之君。在《越绝书》中，伍子胥被视为忠义之臣的典型。《篇叙外传记》："子胥勇而智，正而信；范蠡智而明，皆贤人……子胥重其信，范蠡贵其义。信从中出，义从外出。微子去者，痛殷道也；比干死者，忠于纣也；箕子亡者，正其纪也，皆忠信之至，相为表里耳。"《外传纪策考》："子胥至直，不同邪曲，捐躯切谏，亏命为邦；爱君如躯，忧邦如家；是非不讳，直言不休，庶几正君，反以见疏。谗人闻之，身且以诛……胥闻事君犹事父也，爱同也，严等也。"在《荆平王内传》中，楚昭王欲招伍子胥还楚，伍子胥绝之，曰："前为父报仇，后求其利，贤者不为也。父已死，子食其禄，非父之义也。"可见伍子胥集孝、忠、义于一身，可谓孝子忠臣也。勾践则被视为贤君的代表。《篇叙外传记》："问曰：'勾践何德也？'曰：'伯德，贤君也。'"《外传本事》："（勾践）反邦七年，焦思苦身，克己自责，任用贤人。"《内传陈成恒》："孤（勾践）身不安床席，口不甘厚味，目不视好色，耳不听钟鼓者，已三年矣。焦唇干嗌，苦心劳力，上事群臣，下养百姓。"《外传计倪》："越王大愧，乃坏池填堑，开仓谷，贷贫乏；乃使群臣身问疾病，躬视死丧，不厄穷僻，尊有德，与民同苦乐，激河泉井，示不独食。"可见，越王勾践可谓贤君也。

《越绝书》篇名有经传、内外之分。大体而言，内经、传以记事为主，而外传则较为驳杂。《越绝书》内容较为驳杂，除了记事之外，外传还有大量的资料汇编，如《外传记吴地传》专记吴国地理，《外传记地传》专记越国地

① 袁康、吴平辑录，乐祖谋点校：《越绝书》，上海古籍出版社1985年版，第113页。

理，《外传记军气》前半部记行军之气，后半部记列国星宿分野。正因如此，有学者认为，“把《越绝书》称之为中国地方志的鼻祖，是当之无愧的”①。此确为中的之言。

细读《越绝书》便可发现，各篇好以“昔者”开篇，从第二篇《荆平王内传》至第十八篇《德序外传记》，除第四篇《吴内传》和第十五篇《外传记军气》外，其余十五篇皆是如此。也就是说，全书仅四篇，即《外传本事》《吴内传》《外传记军气》以及《篇叙外传记》不以“昔者”开篇。众所周知，《春秋》三传中《公羊传》和《谷梁传》皆以自问自答的形式，对《春秋经》相关内容作出解说和阐释。《越绝书》的首篇《外传本事》和末篇《篇叙外传记》皆以设问的形式对《越绝书》命名、作者等作了论说。《吴内传》亦多用此法，如“吴何以称人乎”“囊瓦者何”等。可见，《越绝书》在体例上多受《公羊传》等解经体影响。

总而言之，《越绝书》内容丰富驳杂，叙事之余杂有大量资料汇编，故可视为地方志之祖。其体例多受解经体影响。

二　《吴越春秋》

赵晔，生卒年不详，字长君，会稽山阴（今浙江绍兴）人。赵晔先为县吏，后诣杜抚受学二十余年，绝问不还，以至家为其发丧。卒业乃归，不仕，卒于家。《后汉书·儒林列传》有传。赵晔著有《吴越春秋》和《诗细历神渊》。蔡邕至会稽，读其《诗细历神渊》，以为长于《论衡》。

《吴越春秋》主要叙述春秋时期吴越争霸的故事，今存十卷，前五卷以吴为主，后五卷以越为主。吴国五卷为吴国五位君主的传记，依次是《吴太伯传》《吴王寿梦传》《王僚使公子光传》《阖闾内传》《夫差内传》。《吴太伯传》主要讲吴太伯（周文王之伯父）让国之吴之事。《吴王寿梦传》主要讲寿梦及其四子之事。《王僚使公子光传》主要讲伍子胥逃亡及专诸刺杀王僚之事。《阖闾内传》主要讲吴王阖闾伐楚之事。《夫差内传》主要讲吴王夫差与

① 傅振照：《绍兴思想史》，中华书局2004年版，第75页。

越争霸，最后兵败亡国之事。越国五卷中的第一卷《越王无余外传》主要记叙了越王无余立国之事。后四卷全以越王勾践为中心，记载了勾践兵败入吴为奴、被赦归国、阴谋伐吴、灭吴争霸等事。

自先秦以来，“春秋”便是史书的代称，如《左氏春秋》《楚汉春秋》等。此书以“春秋”命名，表明作者将其视为史书。中国古代史书有编年体、纪传体、纪事本末体等。编年体产生得较早，《春秋》《左传》等皆为编年史。纪传体始于司马迁《史记》，后班固著《汉书》从之，于是此体成为正史之正宗。从各篇来看，《吴越春秋》采纳了司马迁的纪传体，每一卷都是一部传记。吴国五卷便是吴国五位君主的传记，越国卷第一篇为越王无余传记，后四篇皆为勾践传记。从这一角度而言，《吴越春秋》可谓是帝王本纪的合集。从各篇记事来看，作者依年记事，但又有一些缺漏。如《阖闾内传》记事至阖闾之卒，而《夫差内传》则从夫差十一年夫差伐齐写起，中间缺漏十余年。《越王无余外传》主要记无余立国之事，接下来的《勾践入臣外传》直接从勾践五年勾践入吴为奴写起。中间关于越王允常等事迹，都付于缺漏。各卷内部记事亦有缺漏，如《勾践伐吴外传》则直接由勾践十五年跳到了二十一年。从越国五卷来看，除《越王无余外传》之外，其余以勾践为中心的四卷，颇似以事件为中心的纪事本末体，如勾践入臣、勾践归国、勾践阴谋、勾践伐吴等。可见《吴越春秋》一书兼二体，内篇为纪传体，而外篇颇似纪事本末体。

《吴越春秋》全书以吴越争霸为中心，叙述了多重复仇故事，伍子胥引吴兵入楚，为父兄复仇；夫差为父阖闾复仇；越王勾践复吴国受辱之仇等。可以说，复仇是《吴越春秋》的核心与主题。其中可称为复仇之神的便是伍子胥。伍子胥父兄被害后，他为了复仇逃往吴国。当时后面有楚追兵，前有大江相阻，伍子胥几临绝境。《吴越春秋·王僚使公子光传》①：“子胥行至大江，仰天行，哭林泽之中，言：‘楚王无道，杀吾父兄，愿吾因于诸侯，以报仇矣！’”伍子胥道遇申包胥，申包胥劝伍子胥放弃复仇之念，伍子胥曰：“吾

① 为了节省篇幅，本节后文称引《吴越春秋》内容，皆直接标明篇名，不再重复书名。

闻父母之仇，不与戴天履地；兄弟之仇，不与同域接壤；朋友之仇，不与邻乡共里。今吾将复楚辜，以雪父兄之耻。”吴后攻破楚都郢后，楚平王已死，楚昭王出逃。《阖闾内传》：“伍胥以不得昭王，乃掘平王之墓，出其尸，鞭之三百，左足践腹，右手抉其目，诮之曰：‘谁使用谗谀之口，杀我父兄，岂不冤哉！’”鞭尸三百、践腹抉目，可谓残忍，可谓疯狂也。

《吴越春秋》一书对贤君多加赞颂。《阖闾内传》：“阖闾元年，始任贤使能，施恩行惠，以仁义闻于诸侯。”《勾践归国外传》：“越王乃缓刑薄罚，省其赋敛。于是人民殷富，皆有带甲之勇。”《勾践伐吴外传》：“于是，乃葬死问伤，吊有忧，贺有喜，送往迎来，除民所害……饮食不致其味，听乐不尽其声。”对昏君则多加鞭挞。楚平王夺子妇，听奸佞，害忠臣，最后终落得被鞭尸的下场。而夫差混淆视听，不明忠奸，诛忠养奸，终至亡国。伍子胥多次劝谏夫差，夫差不仅不听，反倒将这些忠谏当作不忠。《夫差内传》：“吴王大怒，曰：‘老臣多诈，为吴妖孽。乃欲专权擅威，独倾吾国。寡人以前王之故，未忍行法。今退自计，无沮吴谋。’”《勾践入臣外传》：吴王夫差认为国相伍子胥不慈、不仁，“夫为人臣不仁不慈，焉能知其忠信者乎?”吴王大兴土木，修高台，导致国空民疲。《勾践阴谋外传》：“三年聚材，五年乃成，高见二百里。行路之人，道死巷哭，不绝嗟嘻之声，民疲士苦，人不聊生。”对于越王勾践亡吴后诛有功之臣，书中亦作了批判。《勾践伐吴外传》：勾践赐死文种，文种自笑曰：“后百世之末，忠臣必以吾为喻矣。”

《吴越春秋》一书对忠臣大加赞颂，而对奸臣则大力批判。伍子胥可谓忠臣之典型代表。《夫差内传》：“夫子胥为人精诚，中廉外明而知时，不以身死隐君之过，正言以忠君，直行以为国，其身死而不听。”《夫差内传》：“臣不敢爱身，恐吴国之亡矣。”子胥把剑，仰天叹曰：“自我死后，后世必以我为忠。上配夏、殷之世，亦得与龙逢、比干为友。”而吴国太宰嚭则是奸臣的代表。《夫差内传》：“太宰嚭为人智而愚，强而弱，巧言利辞以内其身，善为诡诈以事其君，知其前而不知其后，顺君之过以安其私，是残国伤君之佞臣也。”《夫差内传》：“子胥忠而不用，太宰嚭佞而专政。”范蠡和文种是越国忠臣的代表。当夫差劝范蠡弃越仕吴时，范蠡婉言拒之："臣在越，不忠不信。今越王不奉大王命号，用兵与大王相持，至今获罪，君臣俱降。蒙大王鸿德恩，得君臣相保，愿得入备扫除，出给趋走，臣之愿也。"（《勾践入臣外传》）于是吴王知范蠡不可得而臣。勾践入吴为奴时，范蠡侍于前后，无怨无悔，而且积极谋划归越。文种献伐吴九术，并且逐一实施，于是逐渐越强而吴弱。夫差听信奸臣，而勾践听信忠臣，故一盛一衰，一霸一亡。

从记事和人物形象塑造来看，《吴越春秋》记事大多有史可据、有迹可循，但也记载了大量的不可信的奇闻，甚至荒诞不经之事。如公孙圣魂灵能够回应夫差之三呼，越人欲入吴都时，伍子胥显灵等。伍子胥逃往吴国的经历、干将莫邪铸剑、钩师作钩等，皆充满传奇色彩，难以让人信以为实。也就是说，《吴越春秋》有史书体例和内容，但又杂有不少小说的成分，可谓"史有说心"。正是因为如此，历代多将《吴越春秋》归入杂史之列。《吴越春秋》多带小说成分，于是后世学者论及汉代小说，皆无法忽视《吴越春秋》的存在。从这一角度而言，《吴越春秋》可谓后世历史小说之先声。

到了魏晋时期，越地史学得到了进一步的发展。谢承，生卒年不详，字伟平，会稽山阴（今浙江绍兴）人，孙权谢夫人之弟，曾任吴郡督邮、五官郎中、长沙东部都尉和武陵太守等职。其博学洽闻，尤熟悉东汉史事及本郡掌故，曾著《后汉书》143 卷，今佚，有清人汪文台辑佚本。鲁迅《会稽郡故书杂集》中辑为一卷。东晋谢沈有史才，著《晋书》三十余卷及《后汉书》《汉书外传》等，今均早佚。

虞预（285—340），字叔宁，会稽余姚（今浙江余姚）人。早年曾任县功曹、主簿等职。元帝时，为著作郎，因平定苏峻有功，封县侯，迁散骑侍郎、散骑常侍等，《晋书》有传。虞预雅好经史，学识渊博，著有《晋书》四十余卷、《会稽典录》二十篇和《诸虞传》十二篇等。这些著作均早亡佚，有清人汤球辑佚本等。

第二节　经学思想

西汉时期，越地几无学术可言，到了东汉时期，随着经学在越地的传播，越地文化逐渐兴起。① 到了魏晋南北朝时期，越地经学得到了很好地发展，出现了一系列经学世家和经学经典之作。

一　虞翻易学

虞翻（164—233），字仲翔，三国时东吴余姚（今浙江余姚）人。初为会稽太守王朗功曹，孙策据会稽，征为功曹，后出为富春长。孙策称帝后，虞翻为骑都尉。虞翻性格耿直，多次冒犯主上孙权，被贬交州，至死未得赦归。

虞翻勤于治学，尤精《周易》，曾著《易注》《周易日月变例》《京氏易律历注》《周易集林律历》等。这些著作均早佚，其《易注》大部分散见于唐人李鼎祚《周易集解》之中，今有清人马国翰、黄奭、孙堂等辑佚本。魏晋以降，义理《易》学盛行，虞氏《易》学不受重视，直至清代，虞氏《易》学为众多学者所重，相关研究著作较多，有张惠言《周易虞氏义》《周易虞氏消息》，李锐《周易虞氏略例》等。虞翻在继承两汉象数易学的基础之上，赋予纳甲、卦气、卦变以新义，从而构建了“易学史上最为庞大而复杂的象数易学体系”②。

（一）月体纳甲

纳，纳入、引入；甲，天干中第一干。所谓纳甲，是指将天干纳入《周易》八卦之中，使之与八卦相匹配，以揭示八卦消息变化。纳甲法最早始于

---

① 详情参见拙作《王充经学思想研究》，中国社会科学出版社 2012 年版，第 70—83 页。

② 林忠军：《虞翻的象数易学》，姜广辉主编《中国经学思想史》（第二卷），中国社会科学出版社 2003 年版，第 591 页。

京房。《京房易传》："分天地乾坤之象，益之以甲乙壬癸；震巽之象配庚辛，坎离之象配戊己，艮兑之象配丙丁。"① 此后学者说易多袭用此法，如魏伯阳的《周易参同契》便运用了纳甲法。虞翻《易注》多用纳甲法。《周易·系辞上》："在天成象。"虞氏注："谓日月在天成八卦，震象出庚，兑象见丁，乾象盈甲，巽象伏辛，艮象消丙，坤象丧乙，坎象流戊，离象在己，故在天成象也。"② 在此，虞翻将八卦与天干相匹配。《周易·系辞上》："县象著明，莫大乎日月。"虞氏注："谓日月县天成八卦象，三日莫，震象出庚，八日兑象见丁，十五日乾象盈甲，十七日旦巽象退辛，二十三日艮象消丙，三十日坤象灭乙，晦夕朔旦，坎象流戊，日中则离，离象就己，戊己土位，象见于中，日月相推而明生焉，故县象著明，莫大乎日月者也。"③ 在此，虞翻将天干与八卦、月相变化相匹配，以解说"日月县象"。较之前贤，虞翻纳甲法将卦象与天文、历法等融为一体，使得《易》具有更大的包容性和更强的解说力，是《易》学的新发展。

（二）卦气说

气，气候。所谓卦气说，是指将四时、十二月、二十四节气、七十二候与八卦结合，以卦爻符号揭示气候变化。一般认为卦气之说始于西汉孟喜。《新唐书·历志三上》载，唐僧一行云："十二月卦出于《孟氏章句》，其说《易》本于气，而后以人事明之。"④ 京房、郑玄等人多受其影响。汉末荀爽对此有更明确的表达。《周易·系辞》："往来不穷谓之通。"荀爽注："谓一冬一夏，阴阳相变易也，十二月消息，阴阳往来无穷已，故通也。"⑤ 在继承孟氏《易》和荀爽《易》等基础之上，虞翻建立了自己的卦气体系。

---

① 惠栋：《易汉学》卷3，《文渊阁四库全书》，台湾商务印书馆1986年影印本，第52册，第330页上栏。

② 《虞翻易注》，黄奭辑《黄氏逸书考》，《续修四库全书》，上海古籍出版社2002年影印本，第1206册，第556页上栏。

③ 同上书，第486册，第568页下栏。

④ 欧阳修、宋祁撰：《新唐书》，中华书局1975年标点本，第598页。

⑤ 《周易荀氏注》，马国翰辑《玉函山房辑佚书》，《续修四库全书》，上海古籍出版社2002年影印本，第1200册，第610页下栏。

虞氏将十二月阴阳消长、寒温变化配以八卦。《周易·系辞上》："变通配四时。"虞氏注："谓十二月消息也，泰、大壮、夬配春，乾、姤、遁配夏，否、观、剥配秋，坤、复、临配冬。谓十二月消息相变通而周于四时也。"①《周易·系辞下》："寒往则暑来。"虞氏注："乾为寒，坤为暑，谓阴息阳消，从姤至否，故寒往暑来也。"②《周易·系辞下》："暑往则寒来。"虞注："阴诎阳信，从复至泰，故暑往寒来也。"③

不仅如此，虞氏还将十二月物候变迁配以八卦。《解·彖》："解，险以动，动而免乎险。"虞氏注："险，坎。动，震。解，二月，雷以动之，雨以润之，物咸孚甲，万物出震，震出险上，故免乎险也。"④ 在此，虞翻将八卦与月令、物候相结合，以对彖辞作出合理解说。再如，《井》九五爻辞："井冽，寒食泉。"虞氏注："泉自下出称井。周七月，夏之五月，阴气在下。二已变坎，十一月为寒泉矣。"⑤ 从现存的资料来看，虞翻的卦气说较前人更为丰富和完善。

（三）卦变说

"虞翻之最大理论创造乃是其卦变说。"⑥ 易，变易也。尚变是《周易》的一个重要特征。《周易》八八六十四卦，共三百八十六爻，但这些卦象和爻是动态的、变化的。卦变说最早始于《彖传》。《彖传》中的"上下""往来"指的便是卦变。《彖传》中的卦变，重在经文的解说，并没有形成统一的体例，因此各家理解不一。到了汉代，象数易学得到极大的发展，卦变理论变得较为复杂。凡因爻变而导致卦变皆可称为卦变，但一般而言，卦爻是指十二消息卦变。⑦ 虞氏卦变说源于乾坤二卦。乾坤二卦阴阳消长称为消息，阳长

---

① 《虞翻易注》，黄奭辑《黄氏逸书考》，《续修四库全书》，上海古籍出版社 2002 年影印本，第 1206 册，第 559 页上栏。

② 同上书，第 574 页下栏。

③ 同上书，第 575 页上栏。

④ 同上书，第 512 页下栏。

⑤ 同上书，第 526 页下栏。

⑥ 文平：《虞翻易学思想研究》，光明日报出版社 2013 年版，第 73 页。

⑦ 参见文平《虞翻易学思想研究》，光明日报出版社 2013 年版，第 73 页。

为息，阴长为消。阳息时阴退，阴消时阳退。《周易·系辞上》："易简而天下之理得矣。"虞氏注："易为乾息，简为坤消，乾坤变通，穷理以尽性，故天下之理得矣。"① 乾坤十二爻的消息变化则表现为十二消息卦：复、临、泰、大壮、夬、乾、姤、遁、否、观、剥、坤。消息卦变，即用十二消息将六十四卦串联起来。将十二消息与六十四卦相匹配，形成一个新的八卦体系②，以此考察天象、人事凶吉与顺逆。虞氏卦变说有力地揭示了六十四卦之间的内在联系，深化了人们对此的认知，但其理论亦有前后矛盾、体例不一等不足之处。

如上所说，在继承的基础之上，虞翻建立了规模庞大、体系完备的象数易学体系，"虞氏易学是两汉象数易学的最高成就，它标志着两汉易学的完善与终结"③。象数易学过于烦琐曲折，牵强附会之处较多。随着玄学兴起之后，以王弼为代表的义理易学兴盛之后，烦琐的象数易学逐渐趋于式微。

二　贺氏礼学

会稽山阴贺氏历来被视为六朝时期会稽著名世家，李慈铭云："山阴贺氏，自晋司空循，至孙道力、曾孙损，玄孙玚，玚子革、季，及从子梁太府卿琛，六世以三礼名家，为南土儒宗。"④ 贺循、贺玚、贺琛皆为一代著名礼学大师，深为当世与后世称赞。《晋书》本传称贺循为"当世儒宗"，贺琛与其伯父贺玚、堂兄贺革素有"梁朝三贺"之美誉。贺循丧礼学、贺玚《礼记》学以及贺琛谥法学等，不仅为一代学术经典，而且对后世影响深远。

（一）贺循礼学

贺循（260—319），会稽山阴（今浙江绍兴）人，晋代著名礼学家。会

---

① 《虞翻易注》，黄奭辑《黄氏逸书考》，《续修四库全书》，上海古籍出版社2002年影印本，第1206册，第556页下栏。

② 详情参见文平《虞翻易学思想研究》，光明日报出版社2013年版，第106—107页。

③ 林忠军：《虞翻的象数易学》，姜广辉主编《中国经学思想史》（第二卷），中国社会科学出版社2003年版，第623页。

④ 李慈铭：《越缦堂读书记》，中华书局1963年标点本，第264页。

稽贺氏为汉代礼学家庆普之后，其曾祖贺齐以及祖贺景皆为东吴名将，其父贺邵为吴主孙皓的中书令，因直谏而被杀，家属流放海隅，时贺循年仅十六岁。吴平，贺循方得归故里。归来后，先后为阳羡令、武康令。赵王伦篡位，转为侍御史，贺循辞疾去职。后除南中郎长史，不就。元帝承制，复以为军咨祭酒，又表为侍中，不就。以讨华轶功，封乡侯，固辞。建武初，为中书令，加散骑常侍，又以老疾固辞。临卒，帝临轩，遣使持节，加印绶。贺循礼学著作甚丰，有《丧服要记》《丧服谱》《葬礼》《宗议》等。

虽然贺循仕于元帝时间不长，不过十余年，却为东晋礼制建设作出了巨大的贡献，并且对此后的东晋礼制建设产生了不少影响，现略举一二。

1. 大小宗之议

宗法制度起于周代，《礼记·丧服小记》："别子为祖，继别为宗，继祢者为小宗。"在周代，诸侯之别子（非嫡长子，即公子）受封之后，成为自己支系之祖，其嫡长子则为宗，其世世长子（嫡长子）则为该支系之大宗，百世不迁；而诸侯别子之庶子及其后代则为小宗，五世则迁。到了晋代，杜预等人对此有误解。贺循《宗义》云：

> 古者诸侯之别子，及起于是邦为大夫者，皆有百代祀之，谓之太祖。太祖之代，则为大宗，宗之本统故也。其支子旁亲，非太祖之统，谓之小宗。小宗之道，五代则迁。当其为宗，宗中奉之，加于常礼。平居则每事咨告，死亡则服之齐衰，以义加也。①

贺循坚持郑玄的观点，认为诸侯之别子以及继之为邦大夫者（嫡长子）为大宗，而其别子之支子旁亲，则为小宗。承大宗者多享有一些特权。在《丧服要记》中，贺循对大宗、小宗又作了更明确的解说。

2. 宗庙昭穆之议

宗庙产生得很早，至少可以追溯到原始社会的祖祭。到了周代之后，庙

---

① 杜佑撰，王文锦等点校：《通典》，中华书局1986年版，第1992页。

祭形成了完备的等级制度。《礼记·王制》："天子七庙，三昭三穆，与太祖之庙而七。"在东晋之前，王位传承皆以父子相承为主，故昭穆较为清晰。到了晋代，由于兄弟间帝位相承现象较多，故庙数及昭穆问题变得复杂起来。在周代父子相承制度影响下，人们往往将先后继位的帝王关系等同于父子关系，于是导致昭穆不同的说法。贺循则认为天子七庙指的是七代神主，而不是七个皇帝，而祖庙昭穆指的是上下相承的父子关系，不包括同代兄弟。从礼制角度而言，兄弟为同一世，不相为后，故兄弟昭穆同，而不是异，应将兄弟相承视为一代，同一昭穆。由此可以看出，贺循将帝位传承的君统与父子、兄弟为代表的宗统自觉区分开来，而不是像以前那样混二为一。

3. 庙祭

立庙是为了纪念和怀念先祖。因地位、身份等不同，祭的形式及内容亦不尽相同，这些在《礼记》等典籍中有不少记载。但随着时代的变迁，祭祀形式及时间也发生了不少变化。贺循《祭仪》中对诸侯大夫庙祭作了较好说明。

> 祭以首时及腊，岁凡五祭。将祭，前朝十日散斋，不御，不乐，不吊。前三日，沐浴服，居于斋室，不交外事，不食荤辛，静志虚心，思亲之存。及祭，施位。牲，大夫少牢，士以特豕。祭前之夕，及腊鼎陈于门外。主人即位，西面。宗人袒，告充。主人视杀于门外，主妇视饎于西堂下。设洗于阼阶东南，酒醴甒于房户。牲皆体解。平明，设几筵，东面，为神位。进食，乃祝。祝乃酌，奠，拜，祝讫，拜退，西面立。少顷，酌酳。礼一献毕，拜受酢，饮毕，拜。妇亚献，荐枣栗，受酢如主人。其次，长宾三献，亦以燔从，如主人。次及兄弟献，始进俎、庶羞。众宾兄弟行酬，一遍而止。彻神俎羹饭为宾食，食物如祭。馂毕，酌酳一周止。佐彻神馈，馔于室中西北隅，以为厌祭。既设，闭牖户，宗人告毕，宾乃退。凡明日将祭，今夕宿宾。祭日，主人、群子孙、宗人、祝、史皆诣厅事西面立，以北为上。有荐新，在四时仲月。大夫士有田者，既祭而又荐；无田者荐而不祭。礼贵胜财，不尚苟丰，贫而不

逮，无疑于降。大夫降视士，士从庶人可也。又不及，饭菽饮水皆足致敬，无害于孝。①

从上述详尽细致的叙述可以看出，贺循对各种礼仪的细节了如指掌，不愧为一代礼学大师。另外，贺循对于藉田礼、郊祀礼、祭祀用乐、葬礼、丧服制度等都作了较好的论述，对后世影响也较为深远。②

（二）贺玚《礼记新义疏》

贺玚（452—510），会稽山阴（今浙江绍兴）人，梁代著名礼学家，贺循之玄孙。南齐时，贺玚曾任太学博士、太常丞等职。梁武帝天监四年，初开五馆，以贺玚兼五经博士。贺玚于《礼》尤精，曾受诏为皇太子定礼，撰《五经义》。梁武帝制定礼乐时，贺玚掌宾礼，其许多建议为梁武帝所采纳，为梁代礼乐建设作出了不少贡献。贺玚一生著作颇丰，有《礼讲疏》《易讲疏》《朝廷博议》《宾礼仪注》等，但这些著作均早佚，今有马国翰辑佚本。

贺玚的《礼记新义疏》（后简称《新义疏》）是南朝时期较为重要的一部《礼记》注疏，今存佚文47条。从今存佚文来看，《新义疏》的主要内容涉及以下几个方面：句读音读、字词诠释、释说经义、申发郑说、解说礼制等。通观贺玚的《新义疏》佚文，便可发现其具有以下特点。

1. 郑学为宗，多申郑旨

《新义疏》有很大一部分内容是以郑玄注释为基础进行发挥的。贺氏申发郑说，大多颇为可信。如《礼记·郊特牲》："冠而字之，敬其名也。"郑注："重以未成人之时呼之。"贺氏云："重，难也。难未成人之时呼其名，故以字代之。"③ 郑、贺之说颇为可信。《仪礼·士冠礼》：冠者既见母毕，"冠者立

① 杜佑撰，王文锦等点校：《通典》，中华书局1986年版，第1340—1341页。

② 详情参见拙作《六朝会稽贺氏家族研究》第四章《贺循礼学》，中国社会科学出版社2015年版，第91—166页。

③ 孔颖达主编：《礼记正义》，李学勤主编《十三经注疏》，北京大学出版社1999年标点本，第813页。

于西阶东，南面。宾字之，冠者对”。再如，《礼记·少仪》：“凡羞有湇者，不以齐。”郑玄注：“齐，和也。”贺玚云：“凡湇皆谓大羹，大羹不和也。”①贺氏说得到陈澔、孙希旦等学者认同。

2. 力避旧说，多立新说

贺玚《礼记新义疏》既冠以“新”字，表明其书并非陈袭而作，而是颇多新的见解心得。贺氏在注疏中提出了不少新说。如《礼记·杂记上》：“有三年之练冠，则以大功之麻易之，唯杖、屦不易。”东晋范宣子和刘宋庾蔚之都认为不必皆易之，而贺氏力避范、庾二氏说，提出“皆易之”之说。“贺玚之意，以三等大功，皆得易三年练衰。其三等大功，衰虽七升、八升、九升之布，有细于三年之练衰，以其新丧之重，故皆易之。”②《礼记正义》依庾氏说。朱彬《礼记训纂》及孙希旦《礼记集解》等著作皆从贺氏说。再如：《礼记·乐记》：“礼者别宜，居鬼而从地。”郑玄注：“别宜，礼尚异也。居鬼，谓居其所为，亦言循之也。鬼神，谓先圣先贤也。”贺云：“以为居鬼者，居其所为，谓若五祀之神，各主其所造而受祭，不得越其分，是不变化也。五祀之神造门，故祭于门；造灶，故祭于灶，故云‘居’。”贺氏将“居鬼者”解释为“五祀之神”，异于众说，但《正义》认为“义亦通也”。③

3. 重义理，尚性情

自东晋以降，随着北方士族的南渡，江南士族亦渐染玄学气息，就连以固守传统经学而闻名的贺氏家族亦难免受到玄学影响。《礼记正义》颇带玄学气息，主要表现在两个方面：一是重义理，二是尚性情。汉学经注（以郑玄为代表）颇重训诂之学，而魏晋注家则多重义理之学。贺玚《新义疏》受此风尚影响，亦多重义理概说。如《礼记正义序》：“贺玚云：‘其体有二，一是物体，言万物贵贱高下小大文质各有其体；二曰礼体，言圣人制法，体此

① 孔颖达主编：《礼记正义》，李学勤主编《十三经注疏》，北京大学出版社1999年标点本，第1045页。

② 同上书，第1171页。

③ 同上书，第1094页。

万物，使高下贵贱各得其宜也。'"① 郑玄《礼记注序》云："礼者，体也，履也。统之于心曰体，践而行之曰履。"《礼记·礼器》："礼也者，犹体也。"《礼记·祭义》："礼者，履此者也。"可见，贺玚将郑玄等人观点融为一体，提出了"礼二体"说，丰富和发展了礼学义理。魏晋士人重性情，魏晋文学重性情展示，魏晋玄学重才性之辨。受此风尚影响，贺玚常以性情说来释《礼记》。《礼记·中庸》："天命之谓性。"贺玚云：

> 性之与情，犹波之与水，静时是水，动则是波；静时是性，动则是情。案《左传》云天有六气，降而生五行。至于含生之类，皆感五行生矣。唯人独禀秀气，故《礼运》云：人者五行之秀气，被色而生。既有五常仁、义、礼、智、信，因五常而有六情，则性之与情，似金与镮印，镮印之用非金，亦因金而有镮印。情之所用非性，亦因性而有情，则性者静，情者动。故《乐记》云："人生而静，天之性也。感于物而动，性之欲也。"故《诗序》云"情动于中"是也。但感五行，在人为五常，得其清气备者则为圣人，得其浊气简者则为愚人。降圣以下，愚人以上，所禀或多或少，不可言一，故分为九等。孔子云："唯上智与下愚不移"。二者之外，逐物移矣，故《论语》云"性相近，习相远也"。亦据中人七等也。②

贺氏此条注释不仅很长，而且内容丰富，其对性与情之关系作了很好的解说，其解说条理清晰，充满逻辑性与论辩性，与玄学家经注无异。

自唐代以降，诸家《礼记》注疏对贺玚《新义疏》征引颇多。至清代，学者不仅大量征引贺氏《新义疏》，还对其观点进行辨析、考证，支持其正确者，驳斥其错误者。不管是支持还是批判，表明贺氏《新义疏》作为一家之说，对后世产生了不可忽视的影响。

---

① 孔颖达主编：《礼记正义》，李学勤主编《十三经注疏》，北京大学出版社 1999 年标点本，第 3 页。

② 同上书，第 1423 页。

（三）贺琛《谥法》

贺琛（452—510），字国宝，会稽山阴（今浙江绍兴）人，梁代礼学大师贺玚之侄。早年从其伯父贺玚学经业。贺玚卒后，不仕，家贫，常贩粟以自给。梁武帝普通（520—527）中，刺史临川王辟为祭酒从事史。梁武帝闻其名而召见之，与语悦之，于是仕途渐达。曾受诏撰《新谥法》一书。贺琛多次参与朝廷礼仪议正。时皇太子议，大功之末，可以冠子嫁女，贺琛上书驳之，梁武帝从之。贺琛深得梁武帝器重，迁员外散骑，后任通直散骑常侍，领尚书左丞，并参礼仪事。后贺琛上书，陈时政弊端诸事，惹怒梁武帝，故久不见升迁。侯景之乱，与司马杨皦守东府，城陷，受伤被虏。次年，逃回乡里。不久又为叛军所得，授以伪职。后遇疾而卒。贺琛著有《谥法》《三礼讲疏》《五经滞义》《梁官》等。《谥法》一书广为流传，影响深远。此书今佚，仅有王谟《汉魏遗书钞》辑佚本存世。[①] 贺琛《谥法》是古代谥法史上一部重要的谥法著作，自产生以来便具有极其深远的影响。

古代帝王将相死后，朝廷根据他生前事迹，给予一个褒贬善恶的称号，这一称号便是谥号，加谥制度的法规便是谥法。谥法起源很早，一般认为产生于西周中期。谥法具有褒贬的重要意义，历代对其都很重视，因而产生了不少相关著作。产生最早，且影响最为深远的是《逸周书·谥法解》（后简称《谥法解》）。沈约曾撰《谥例》十卷。梁武帝诏令贺琛撰《新谥法》，后世多简称为《谥法》。其书早佚，幸《崇文总目》《玉海》和《郡斋读书志》对其内容、形式等作了些记载。《崇文总目》卷一：

> 《谥法》十卷，梁贺琛撰。初（沈）约本周公之《谥法》，至琛又分君、臣、美、恶、妇人之谥，各以其类标其目，曰旧谥者，周公之《谥法》；曰《广谥》者，约所撰也；曰《新谥》者，琛所增也。[②]

---

① 王谟辑有贺琛《谥法》100 条。王谟《汉魏遗书钞》，《续修四库全书》，上海古籍出版社 2002 年影印本，第 1199 册，第 686—690 页。

② 王尧臣等撰：《崇文总目》卷 1，《文渊阁四库全书》，台湾商务印书馆 1986 年影印本，第 674 册，第 11 页上栏。

《玉海·艺文志》“梁谥法”条：

> 贺琛《谥法》三卷，采旧《谥法》及《广谥》，又益以已所撰《新谥》，分君、臣、妇人三卷，卷各分美、平、恶三等，其条比沈约《谥例》颇多，亦有约载而琛不取者。①

《郡斋读书志》卷一：“沈约撰，凡七百九十四条。贺琛又加妇人谥二百三十八条。”② 也就是说，贺琛《谥法》总计达一千余条。

从以上材料可以看出，贺琛《谥法》打破以前各谥法著作混为一体的做法，首先依据对象将全书分为君谥、臣谥、妇人谥三卷，并且各卷之内又分为美谥、平谥、恶谥三类。“这是谥法史上第一次将谥字分类的开创性工作”③，因而被誉以“新”字。贺琛《谥法》不仅在数量上远胜于沈约等人的著作，而且分类条理清晰，因而自产生之后便取代此前的各类谥法著作，成为谥法之典，后世沿用较久。

贺琛《谥法》一书宋代之后亡佚，王谟《汉魏遗书钞》所辑贺琛《谥法》是今所见唯一辑本，其功不可没。王谟将“诸书所引《谥法》为旧《谥法》所无，及文有异同者，并以入贺琛书”④。这一说法看似有泛化之感，但细考王氏引文，便可发现，王氏所辑贺琛《新谥法》条目大体可信。现将王氏所辑贺琛《谥法》与前代谥法著作相比较便可发现，贺氏《谥法》对前代同类著作既有继承，亦多创新。

王谟辑《新谥法》时，有意识剔除与周公《谥法解》（即《逸周书·谥法解》）等前代谥法著作相同条目。因此，此类情况不是很多，但依然可找出

---

① 王应麟：《玉海》卷54，《文渊阁四库全书》，台湾商务印书馆1986年影印本，第944册，第447页下栏。

② 晁公武：《郡斋读书志》卷1，《文渊阁四库全书》，台湾商务印书馆1986年影印本，第674册，第171页上栏。

③ 汪受宽：《谥法研究》，上海古籍出版社1995年版，第245页。

④ 王谟：《谥法序录》，王谟《汉魏遗书钞》，《续修四库全书》，上海古籍出版社2002年影印本，第1199册，第686页下栏。

一些例子，如“清白守节曰贞”“慈惠亲受曰孝”“博闻多能曰宪”等。贺琛《谥法》中有不少条目，与前代《谥法》条目大意相同，只不过有个别字差异，可能源于流传过程中传写之误。这样的例子不少。如“在国遭难曰闵”（《经典释文》卷十五引）。《逸周书·谥法解》中关于此有4条：“在国逢难曰愍，使民折伤曰愍，在国连忧曰愍，祸乱方作曰愍”。[①] 贺氏此条不过是对“在国逢难”稍作了修改罢了。再如“夙夜勤事曰敬”（《左传正义》闵公元年注引）。《逸周书·谥法解》中有4条：“夙夜警戒曰敬，夙夜恭事曰敬，象方益平曰敬，合善法典曰敬”。[②] 贺氏“夙夜勤事”显然是对“夙夜恭事”的修改。这样的例子有不少。

有些谥字虽见于《谥法解》等前代著述，但贺氏《谥法》增加了新条目。如“胜敌克乱曰庄”（《经典释文》卷十五引）。《逸周书·谥法解》中“庄”字有5条：“兵早亟作曰庄，睿通克服曰庄，死于原野曰庄，屡征杀伐曰，武而不遂曰庄。”[③] 而贺氏又增加了新意。再如“忠信接礼曰文”（《经典释文》卷十六注引）。《逸周书·谥法解》：“经纬天地曰文，道德博厚曰文，学勤好问曰文，慈惠爱民曰文，愍民惠礼曰文，锡民爵位曰文。”[④]于众多条目之外，贺氏《新谥法》又增加了一条。这样的例子很多。

贺氏《谥法》中收录了一些谥字，不见于《谥法解》等前代著述，可能是新出谥字。如，“贱而得爱曰嬖”（《经典释文》卷五），“经典不易曰祁”（《左传正义》庄公六年），“行见中外曰显，受禄于天曰显，百辟惟刑曰显”“思虑深远曰慎”“贵贤亲亲曰仁”“景物四方曰世”“武而不遂曰壮”“不醉而怒曰奰”“色取行违曰闻”“言行相违曰僭”“怠礼败度曰纵”“俭啬无德曰褊”等。

有时，大意相同，但贺氏《谥法》所用谥字却不同于前代。如苏洵《谥法》卷四：“睦于兄弟曰友”。新改。旧《法》：有孝而无友。贺琛以友为朋

---

① 黄怀信等撰：《逸周书汇校集注》，上海古籍出版社1995年版，第729—730页。
② 同上书，第716—717页。
③ 同上书，第712—714页。
④ 同上书，第678—680页。

友之友，易之云耳。[①] 按：此条不见于《逸周书·谥法解》及《独断》。苏氏所言表明，旧《谥法》当为"睦于兄弟曰孝"，而贺琛改为"友"。

如上所说，在继承的基础上，贺氏《谥法》补充了不少新条目。不仅如此，贺氏《谥法》之"新"更多表现在思想、特征等方面。

首先是所收谥字条目众多。最早的谥法著作《谥法解》所收条目不过百条左右。蔡邕《独断》所收帝王谥仅46条。据《郡斋读书志》卷一记载，沈约《谥例》"凡七百九十四条"[②]。因其集谥字众多，故被誉为"集解式的谥字总集"[③]。可是与之相比，贺琛《谥法》所收谥字更多。《郡斋读书志》卷一："贺琛又加妇人谥二百三十八条"[④]。《玉海·艺文志》亦云"其条比沈约《谥例》颇多"[⑤]。这样，贺琛《谥法》所收谥字条目总计千余条。可见，贺琛《谥法》在数量上远超此前同类著作，颇具集大成的意味。

其次是将妇谥单列。如上所说，在沈约《谥例》的基础上，"贺琛又加妇人谥二百三十八条"[⑥]。这显然是一个很重要的突破与创举。尽管春秋时期便有加谥后夫人之举，但毕竟不太普遍。自东汉以来，诸皇后皆有谥号，这在《三国志》《后汉书》《晋书》等正史中皆有明确记载。如《三国志·魏书·后妃传》中便有武宣卞皇后、文昭甄皇后、文德郭皇后、明悼毛皇后、明元郭皇后等，这些"宣""昭""德""悼""元"等显然都是谥号。这些谥号与男性相同，显然是共用的。当然也有一些妇人专用的谥号，如"贱而得爱曰嬖"（《经典释文》卷五）等。有些谥号，用于男性和用于女性时内涵所指可能并不相同。正因如此，实有将妇谥与男谥加以区分的必要。正因如此，

---

① 苏洵：《谥法》卷4，《文渊阁四库全书》，台湾商务印书馆1986年影印本，第646册，第917页上栏。

② 晁公武：《郡斋读书志》卷1，《文渊阁四库全书》，台湾商务印书馆1986年影印本，第674册，第171页上栏。

③ 汪受宽：《谥法研究》，上海古籍出版社1995年版，第244页。

④ 晁公武：《郡斋读书志》卷1，《文渊阁四库全书》，台湾商务印书馆1986年影印本，第674册，第171页上栏。

⑤ 王应麟：《玉海》卷54，《文渊阁四库全书》，台湾商务印书馆1986年影印本，第944册，第447页下栏。

⑥ 晁公武：《郡斋读书志》卷1，《文渊阁四库全书》，台湾商务印书馆1986年影印本，第674册，第171页上栏。

贺琛《谥法》率先适应时代的需要，开创独列妇谥之先例。遗憾的是，这一做法并没有为后世所继承，如苏洵《谥法》中并未单独罗列妇谥。

最后，浓郁的时代气息。随着时代发展，一些旧谥号必然会退出历史舞台。如《谥法解》："执应八方曰侯。"这显然只适合于诸侯混战的战国时期，那些称霸四方的霸主可以加以此谥，但进入大一统的封建帝国之后，显然不可能出现这样的霸主。再如，"辟土服远曰桓""内处宾服曰正"等，亦是如此。与此同时，随着时代发展，也产生了一些新谥号，如"忠信接礼曰文"。这显然是汉代以来重儒家教化的结果。再如，"受禄于天曰显""民和神福曰成"等，显然是汉代君权神授、天人合一等思想的产物。再如，"温柔恕恭曰康""贵贤亲亲曰仁""中和纯淑曰德""温和圣善曰懿"等，显然都是儒家教化盛行之后的产物。贺琛将这些新出条目都收入其所撰《谥法》，显然适应了时代发展之需要，同时也体现出浓郁的时代气息。

总之，不管是在体系上，还是在内容上，贺琛《谥法》颇有胜出前人之处，故不仅当时被予以施行，而且对后世影响深远，后世同类著作多受其影响。

第三节　宗教思想

早在越国时期，越地各类原始宗教信仰便很盛行，到了汉代以后，越地巫鬼信仰盛行。东晋以后，随着政治中心的南迁，文化和学术的重心也随之南迁，会稽成为当时文化重镇之一。佛教、道教思想在会稽得到了很快的发展，产生了众多高僧、名道，并产生了一系列影响深远的学术经典。

一　魏伯阳《周易参同契》

魏氏是汉晋时期会稽世家大族①，魏朗及魏伯阳是早期魏氏家族的代表人

① 刘淑芬认为《世说新语》中所言"会稽四族"指的是孔、魏、虞、谢。参见刘淑芬《六朝会稽士族》，刘淑芬《六朝的城市与社会》，台湾学生书局1992年版，第258页。

物。魏朗，“八俊”之一，东汉后期著名学者，因党祸致死，曾著有《魏子》一书，《后汉书·党锢列传》有传。魏伯阳乃魏朗之子。魏伯阳（约151—221），名翔，字伯阳，号云牙子，会稽上虞（今浙江绍兴）人，约生于东汉桓帝末。汉灵帝建宁二年（169），其父魏朗因党祸被迫自杀，魏伯阳被迫隐遁山林。后信奉道教，修炼之余，潜心于炼丹之学，著《周易参同契》一书。除此之外，尚著有《五相类》。约卒于汉献帝末。① 葛洪《神仙传》有魏伯阳传，重点记载其炼丹成仙之事。《周易参同契》（后简称《参同契》）历来为修道之士所重，为之作注者甚多②，著名注本有后蜀彭晓的《周易参同契分章通真义》和朱熹的《周易参同契考异》等。《五相类后序》：“《参同契》者，敷陈梗概，不能纯一，泛滥而说，纤微未备，阔略仿佛，今更撰录，补塞遗脱，润色幽深，钩援相连。旨意等齐，所趋不悖，故复作此，命《五相类》。”③ 可见，《五相类》是《参同契》的补充，故可并而论之。

“参”，三也，指周易、黄老、炉火。契，书契也。“周易参同契”意指将黄老、炼丹与周易三者兼融为一的书。《五相类》云：“太《易》情性，各如其度。黄老用究，较而可御。炉火之事，真有所据。三道由一，俱出径路。”④《参同契》上篇：“上察河图文，下序地形流，中稽于人心，参同考三才。”⑤《参同契后序》对此有更为明确的表达：“歌咏大易，三圣遗言……引内养性，黄老自然……配以伏食……罗列三条，枝茎相连，同出异名，皆由一门。”⑥《周易参同契》是一部讲述炼丹的著作，素有“万古丹经王”之称。全书以周易与人事理论运用于炼丹术之中，试图将天地、人事与炼丹合一，从而实现炼出灵丹之目的。

---

① 参见萧汉明、郭东升《〈周易参同契〉研究》，上海文艺出版社2001年版，第13—14页。

② 《周易参同契集释》一书收录注本十一种。《周易参同契集释》，中央编译出版社2015年标点本。

③ 萧汉明、郭东升：《〈周易参同契〉研究》，上海文艺出版社2001年版，第296页。

④ 朱熹撰：《周易参同契考异》，《周易参同契集释》，中央编译出版社2015年标点本，第137页。本章所引《五相类》皆引自此本，为了节省篇幅，后不再一一注明。

⑤ 朱熹撰：《周易参同契考异》，《周易参同契集释》，中央编译出版社2015年标点本，第121页。本章所引《周易参同契》皆引自此本，为了节省篇幅，后不再一一注明。

⑥ 萧汉明、郭东升：《〈周易参同契〉研究》，上海文艺出版社2001年版，第266—267页。

（一）《易》学理论

《周易参同契》的理论基础和框架源于《周易》。全书开篇便以《易》卦构建了一个宇宙模式。

> 天地设位，而《易》行乎其中矣。天地者，乾坤也；设位者，列阴阳配合之位也。《易》谓坎、离。坎、离者，乾、坤二用。二用无爻位，周流行六虚。往来既不定，上下亦无常。幽潜沦匿，升降化于中。包囊万物，为道纪纲。（《参同契》上篇）
>
> 乾坤者，《易》之门户，众卦之父母。坎离匡郭，运毂正轴。牝牡四卦，以为橐籥。覆冒阴阳之道，犹工御者。执御辔，准绳墨，随轨辙。处中以制外，数在律历纪。月节有五六，经纬奉日使。兼并为六十，刚柔有表里。（《参同契》上篇）
>
> 乾刚坤柔，配合相包。阳禀阴受，雌雄相须，须以造化，精气乃舒。坎离冠首，光耀垂敷。（《五相类》）

乾坤象征天地定位，坤内乾外，坎离为框郭，以此四卦为骨架构建了一个阴阳运行的宇宙模式。①

如上所说，纳甲法始于西汉京房。京房之后，纳甲法盛行。《参同契》将纳甲法配以月相，形成月相纳甲说。《参同契》上篇："日月相激薄，常存晦朔间，水盛坎侵阳，火衰离昼昏。"《参同契》上篇："三日出为爽，震庚受西方。八日兑受丁，上弦平如绳。十五乾体就，盛满甲东方……十六转受统，巽辛见平明。艮直于丙南，下弦二十三。坤乙三十日，东北丧其朋。节尽相禅与，继体复生龙，壬癸配甲乙，乾坤括始终。"《五相类》："坎戊月精，离己日光，日月为易，刚柔相合""黄钟建子，兆乃滋亨……丑之大吕，结正低昂……辐凑于寅，运移趋时。渐历大壮，侠列卯门……井底寒泉，午主蕤宾。"

---

① 模式图可参见萧汉明、郭东升《〈周易参同契〉研究》，上海文艺出版社2001年版，第69页。

魏伯阳还将地支纳入八卦之中。《参同契》上篇："日辰为期度，动静有早晚，春夏据内体，从子到辰巳，秋冬当外用，自午讫戌亥。"有时干支亦合而用之。《五相类》："四者混沌，径入虚无，六十卦周，张布为舆。龙马就驾，明君御时。屯以子甲，蒙用寅戌，余六十卦，各自有日。聊陈两象，未能究悉，圣人揆度，参序元基。"

（二）黄老养生理论

炼丹旨在成仙长寿，故其必须顾及人之生理。于是养生等理论亦大量融于《参同契》之中。

魏伯阳倡导养生延年。《五相类》："将欲养性，延年却期，审思始末，当虑其先。人所禀躯，体本一无，元精云布，因气托初。阴阳为度，魂魄所居。阳神日魂，阴神月魄。魂之与魄，互为室宅。性主处内，立置鄞鄂，情主营外，筑垣城郭。城郭完全，人民乃生，当斯之时，情合乾坤。"《参同契后序》："引内养性，黄老自然，含德之厚，归根反元，近在我形，不离己身，抱一毋舍，可以长存。"①

魏伯阳还强调节欲，人达到养生之目的。《五相类》："男女相须，含吐以滋，雄雌错杂，以类相求。故男动外施，女静内藏，过度淫节，为女所拘，魄以检魂，不得淫奢。不寒不暑，进退得时，各得其和，俱吐证符。内以养己，安静虚无，原本隐明，内照形躯。闭塞其兑，筑固灵株，三光陆沉，温养子珠，视之不见，近而易求。"《五相类》："含精养神，通德三元，津液腠理，筋骨致坚。众邪辟除，正气常存，累积长久，化形而仙。"又《五相类》："动静有常，奉其绳墨，四时顺宜，与气相得……刚柔断矣，不相涉入，五行守界，不妄盈缩。"

（三）内外炼丹术

炼丹有外丹与内丹之分。《参同契》是一部炼丹之书，其不仅讲内丹，

① 萧汉明、郭东升：《〈周易参同契〉研究》，上海文艺出版社2001年版，第266页。

亦讲外丹，“奠定了中国内外丹学的理论基础”①。《参同契》将易与养生相融合，实现了天人合一。在此基础上，作者努力将这些理论运用于炼丹术中。

《参同契》中篇：“欲知服食法，事约而不烦。若胡粉投火中，色坏还为铅。冰雪得温汤，解释成太玄。金以沙为主，禀和于水银。变化由其真，终始自相因。”此处言及丹药及丹药变化。魏伯阳主张服食应同类。《参同契》上篇：“欲作服食仙，宜以同类者。”炼丹应注意药剂的调配。《五相类》：“药物非种，名类不同，分剂参差，失其纪纲，虽黄帝临炉，太乙执火，八公捣炼，淮南调合……终不可得。”

《五相类》：“五金之主，北方河车，故铅外黑，内怀金华，被褐怀玉，外为狂夫。采之类白，造之则朱，炼为表卫，白里贞居。方圆径寸，混而相扶。”此处讲的是丹药颜色的变化。炼丹的原材料是白色的，炼成的丹则为赤色，将丹捣碎便可发现丹实外赤内白。

《参同契》对炼丹过程多有所描述，上篇云：“金入于猛火，色不夺精光……金来归性初，乃得称还丹……捣治并合之，驰入赤色门，固塞其际会，务令致完坚。炎火张于下，昼夜声正勤。始文使可修，终竟武乃陈。候视加谨慎，审察调寒温。周旋十二节，节尽更亲观。气索命将绝，休死亡魂魄，色转更为紫，赫然成还丹。粉提以一丸，刀圭最为神……以金为堤防，水火乃优游。金数十有五，水数亦如之。临炉定铢两，五分水有余。二者以为真，金重如本初。其三遂不入，火二与之俱。二物相含受，变化状若神。下有太阳气，伏蒸须臾间。先液而后凝，号曰黄舆焉。”黄舆，即龙虎大还丹。

《五相类》对炼丹亦有所描述：“男白女赤，金火相拘，则水定火，五行之初，上善若水，清而无瑕。道之形象，真其难图，变而分布，各自独居。类如鸡子，白黑相扶，纵横一寸，形为始初。四肢五脏，筋骨乃俱。弥历十月，脱出其胞，骨弱可卷，骨滑若饴。”

炼成的仙丹有长寿、还童之效。《参同契》上篇：“巨胜尚延年，还丹可

① 马宗军：《〈周易参同契〉研究》，齐鲁书社2013年版，第368页。

入口。金性不败朽，故为万物宝，术士服食之，寿命得长久……金砂入五内，雾散若风雨，薰蒸达四肢，颜色悦泽好。发白更生黑，齿落出旧所。老翁复丁壮，耆妪成姹女，改形免世厄，号之曰真人。”

内丹术是一种内修术，源于行气、导引等养生术。它以人的身体为鼎炉，以精气为药物，通过修炼，使精气不散，从而达到长生的目的。内丹术源远流长，汉代《太平经》中便有内丹术，《参同契》中亦多有所描述。《参同契》上篇：“阴阳相吞食，交感道自然……子午数合三，戊己号称五，三五既谐和，八石正纲纪。上闭则称有，下闭则称无。无者以奉上，上有神德居，此两孔窍法，吟气亦相须。”此描述的是内丹功法。再如，《五相类》：“惟昔圣贤，怀玄抱真，伏炼九鼎，化洽无形。含精养神，通德三元，清液腠理，筋骨致坚。众邪辟除，正气常存，累积长久，变形而仙。”

炼内丹的最高境界为凝神还虚。《参同契》中篇：“离气内营卫，坎亦不用聪，兑合不用谈，希言顺鸿濛。三者既关健，缓体处空房，委志归虚无，无念以为常。证难以推移，心专不纵横，寝寐神相抱，觉悟候存亡。颜容浸以润，骨凶益坚强，排除众阴邪，然后立正阳。修之不辍休，蒸气云雨行，淫淫若春泽，液液像解冰。从头流达足，究竟复上升，往来洞无极，怫怫被容中。反者道之验，弱者德之柄，耘锄宿污秽，细微得调畅。浊者清之路，昏久则昭明。”

总而言之，魏伯阳将《易》学理论与黄老养生理论融入炼丹术之中，以期炼出仙丹，达到长寿成仙之目的，《易》学是其炼丹理论的基础，养生理论是内丹理论的支柱，外丹术则是作者的理想追求。

二　谢灵运《辨宗论》

谢灵运（385—433），小名客儿，祖籍陈郡阳夏（今河南太康），出生于会稽上虞（今浙江上虞），谢玄之孙，袭封康乐公，后世多称他为谢康乐。《宋书》及《南史》有传。谢灵运是南朝时期著名的山水诗人，其一生创作了大量的艺术性很高的山水诗，开创山水诗派。谢灵运笃信佛教，曾要求加入东林寺慧远创立的莲社，未能如愿。谢灵运曾重译《大般涅槃经》，撰《辨宗论》以倡导顿悟说。

竺道生（355—434），东晋著名高僧，鸠摩罗什高足之一。竺道生依据经义提出，“人人皆有佛性”“一阐提皆可成佛”，倡导大顿悟说。竺道生此说与简本《泥洹经》相左，因而受到了众多高僧的攻击，甚至将其逐出空门。当时谢灵运撰《辨宗论》一文，主挺道生之说，主张顿悟之说。后足本《大般涅槃经》译出之后，人们才发现竺道生之说早已见于佛经，不禁感叹竺道生之先悟。

“宗”，宗极也，即“体也”。谢灵运《辨宗论》“旨在辨求宗之悟”；“此论盖在辨体之方，易言之即成佛之道或作圣之道也”。①

> 释氏之论，圣道虽远，积学能至，累尽鉴生，不应渐悟。孔氏之论，圣道既妙，虽颜殆庶，体无鉴周，理归一极。有新论道士，以为寂鉴微妙，不容阶级，积学无限，何为自绝？今去释氏之渐悟，而取其能至，去孔氏之殆庶，而取其一极。一极异渐悟，能至非殆庶。故理之所去，虽合各取，然其离孔、释远矣。余谓二谈救物之言，道家之唱，得意之说。敢以折中自许，窃谓新论为然，聊答下意，迟有所悟。②

佛教主张圣可至，但须积学而至；儒学主张圣不可至，但又主张，理归于一极。于是谢灵运取二者之长，将佛学“能至”与儒学“一极”合而为一，“一极异渐悟，能至非殆庶”，圣人可不积累而至，即顿悟之说。新论“虽合各取”“离孔、释远矣”，但较旧说为优。因此谢灵运“敢以折中自许”，主张新说，“谓新论为然”。

谢灵运之说遭到了众人的辩驳，与之相来往辩答的有法勖、僧维、慧骥、竺法纲、慧琳、王休元（卫军）等。在与众人辩驳之中，谢灵运对自己的主

① 汤用彤：《谢灵运〈辨宗论〉书后》，汤用彤《魏晋玄学论稿》，上海古籍出版社 2001 年版，第 103 页。

② 严可均辑：《全宋文》，商务印书馆 1999 年标点本，第 313 页。

张作了进一步的阐释。

在《答法勖问》中，谢灵运辨析了孔、释之异。“二教不同者，随方应物，所化地异也。大而校之，华民易于见理，难於受教，故闭其累学，而开其一极；夷人易于受教，难于见理，故闭其顿了，而开其渐悟。渐悟虽可至，昧顿了之实；一极虽知寄，绝累学之冀。良由华人悟理无渐，而诬道无学，夷人悟理有学，而诬道有渐。是故权实虽同，其用各异。”① 谢灵运认为因华、夷有异，故孔、释施教不同；虽华夷有别，但理一不二，终归一极。《答慧琳问》：“孔虽曰语上，而云圣无阶级。释虽曰一合，而云物有佛性。物有佛性，其道有归，所疑者渐教。圣无阶级，其理可贵，所疑者殆庶。岂二圣异途，将地使之然?”②

谢灵运认为渐修可以向道，但不可致道；故若要至道，须由“宗极”直入，方可了义。《答慧驎问》：“累起因心，心触成累。累恒触者心日昏，教为用者心日伏。伏累弥久，至于灭累，然灭之时，在累伏之后也。伏累灭累，貌同实异，不可不察。灭累之体，物我同忘，有无壹观。伏累之状，他己异情，空实殊见，殊实空，异己他者，入于滞矣；壹无有，同我物者，出于照也。”③ “伏累”谓渐修，“灭累”指顿悟。谢灵运认为二者“貌同实异”，伏累须在灭累之后。伏累之时，依然“他己异情，空实殊见”，并未达到物我合一，空实合一。而灭累时，则“壹有无，同我物”，人与万物合为一体。故唯有顿悟才能究竟了义。

谢灵运认为，顿悟为了义，但渐修亦不可全废。《答僧维问》：“由教而信，则有日进之功；非渐所明，则无入照之分”；“夫累既未尽，无不可得；尽累之弊，始可得无耳。累尽则无，诚如符契，将除其累，要须傍教。在有之时，学而非悟，悟在有表，托学以至。但阶级教愚之谈，一悟得意之论矣”。④

谢灵运《辨宗论》在思想史上具有极其深远的意义。汤用彤先生云：“自

---

① 严可均辑：《全宋文》，商务印书馆1999年标点本，第314页。
② 同上书，第317页。
③ 同上书，第315页。
④ 同上书，第314页。

生公（道生）以后，超凡入圣，当下即是，不须远求，因而玄远之学乃转一新方向，由禅宗而下接宋明之学，此中虽经过久长，然生公立此新义实此变迁之大关键也。康乐承生公之说作《辨宗论》，提示当时学说二大传统之不同，而指明新论乃二说之调和。其作用不啻在宣告圣人之可至，而为伊川谓‘学’乃以至圣人学说之先河。则此论在历史上有甚重要之意义盖可知矣。”①

三 慧皎《高僧传》

慧皎（497—554），会稽上虞（今浙江绍兴）人。其精通佛学内外经典，住绍兴嘉祥寺。慧皎勤于讲学与著述，春秋讲学弘法，秋冬撰文著述，著有《涅槃义疏》和《梵网经疏》，尤以《高僧传》闻名于后世。唐代道宣《续高僧传·义解篇》有传。

慧皎有感于当时传世的各种《僧传》有诸多不足之处，遂广为搜罗，重撰《高僧传》。《续高僧传·慧皎传》：“以唱公所撰《名僧》，颇多浮沉，因遂开例成广，著《高僧传》十四卷。”② 在《高僧传序录》中，慧皎逐一罗列了诸家僧传之不足，或“各竞举一方，不通今古”，或“务存一善，不及余行”，或“多所遗削”，于是“尝以暇日，遇览群作。辄搜检杂录数十余家，及晋、宋、齐、梁春秋书史，秦、赵、燕、凉荒朝伪历，地理杂篇，孤文片记，并博咨故老，广访先达，校其有无，取其同异”。③ 全书始于东汉明帝永平十年（67），终于梁武帝天监十八年（519），凡453载，正传收录257人，附见二百余人，共计四百余人。依据传主之德业，分为十例：一曰译经，二曰义解，三曰神异，四曰习禅，五曰明律，六曰遗身，七曰诵经，八曰兴福，九曰经师，十曰唱导。

---

① 汤用彤：《谢灵运〈辨宗论〉书后》，汤用彤《魏晋玄学论稿》，上海古籍出版社2001年版，第109页。

② 道宣撰：《续高僧传》卷6，《续修四库全书》，上海古籍出版社2002年影印本，第1281册，第568页上栏。

③ 释慧皎撰，汤用彤校注：《高僧传》，中华书局1992年版，第524页。

对于门类排序，慧皎在《高僧传序录》中作了说明：

> 法流东土，盖由传译之勋。或逾越沙险，或泛漾洪波。皆忘形殉道，委命弘法，震旦开明，一焉是赖，兹德可崇，故列之篇首。至若慧解开神，则道兼万亿；通感适化，则强暴以绥；靖念安禅，则功行森茂；弘赞昆尼，则禁行清洁；忘形遗体，则矜吝革心；歌诵法言，则幽显含庆；树兴福善，则遗像可传。凡此八科，并以轨迹不同，化洽殊异，而皆德效四依，功在三业，故为群经之所称美，众圣之所褒述……其转读宣唱，虽源出非远，然而应机悟俗，实有偏功。故齐、宋杂记，咸条列秀者。今之所取，必其制用超绝，及有一分通感，乃编之传末。如或异者，非所存焉。①

佛经传入，实赖经译，故译经置于卷首。译经、义解等八科皆“德效四衣，功在三业”，故广加收录。至于“经师”和“唱导”则仅有“偏功”，故择其秀者而录之。可见，慧皎是依据各门类僧侣对佛学的贡献来排列次序的。

不仅如此，功德亦影响到各门类收录人数及人物传记的详略。全书共十四卷，目录标明各卷所录正传和附见人数。全书“译经”三卷，正传35人，附见30人。“义解”五卷，正传101人，附见90人。“神异”两卷，正传20人，附见12人。第十一卷收录“习禅”和“明律”。“习禅”正传21人，附见11人；“明律”正传13人，附见8人。第十二卷收录“亡身”② 和“诵经”。“亡身”正传收录11人，附见4人。“诵经”正传收录21人，附见11人。第十三卷收录“兴福”和“经师”。“兴福”正传收录14人，附见3人。“经师”正传收录11人，附见23人。第十四卷收录“唱导”，正传收录10人，附见7人。

现将各门类所占卷数以及所收人数列表如下：

---

① 释慧皎撰，汤用彤校注：《高僧传》，中华书局1992年版，第524—525页。

② 《序录》作“遗身”，而《目录》和正文皆作“亡身”。

《高僧传》各门类卷数及人数一览表

	译经	义解	神异	习禅	明律	亡身	诵经	兴福	经师	唱导
卷数	3	5	2	1/2	1/2	1/2	1/2	1/2	1/2	1/2①
正传人数	35	101	20	21	13	11	21	14	11	10
附见人数	30	90	12	11	8	4	11	3	23	7
总计人数	65	191	32	32	21	15	33	17	34	17

从上表可以看出，“译经”和“义解”以及“神异”共十卷，三种占了总卷数2/3以上。“习禅”“明律”“亡身”“诵经”和“兴福”皆各占半卷。置于末尾的“经师”和“唱导”亦各占半卷。从卷数多少可见慧皎对各门类的重视了。

在《序录》结尾，慧皎对自己编撰原则作了些补充说明：“凡十科所叙，皆散在众记。今止删聚一处，故述而无作。俾夫披览于一本之内，可兼诸要。其有繁辞虚赞，或德不及称者，一皆省略。故述六代贤异，止为十三卷，并序录合十四轴，号曰《高僧传》。”② 作者强调僧侣之德，强调叙事之精练与真实，且本书是作者据已有材料加工整理而成的，故是“述而无作”。

慧皎《高僧传》的另一特点是每一门类末尾有论有赞。《后序》云：“及夫讨核源流，商榷取舍，皆列诸赞论，备之后文。而论所著辞，微意恒体，始标大意，类犹前序，夫辩时人，事同后议。若间施前后，如谓烦杂。故总布一科之末，通称为论。”③“论”往往先述本科之重要性，次述本科发展变迁，对重要人物（特别是立传人物）作简要评析，最后对其意义作简要论说，并阐此科之意义。如《译经论》：“论曰：传译之功尚矣，固无得而称

① “唱导”与《序录》合为一卷，故计作半卷。

② 释慧皎撰，汤用彤校注：《高僧传》，中华书局1992年版，第525页。

③ 同上。

焉……及（汉明帝）通梦金人，遣使西域，乃有摄摩腾、竺法兰怀道来化……爰至安清、支谶康会、竺护等，并异世一时，继踵弘赞……属有支谦、聂承远、竺佛念、释宝云、竺叔兰、无罗叉等……其后鸠摩罗什，硕学钩深，神鉴奥远，历游中土，备悉方言……时有生、融、影、睿、严、观、恒、肇，皆领悟言前……又世高、无谶、法祖、法祚等，并理思淹通……间有竺法度者……窃惟正法渊广，数盈八亿，传译所得，卷止千余……若能贯采禅律，融治经论，虽复祇树息荫，玄风尚扇，娑罗变叶，佛性犹彰，远报能仁之恩，近称传译之德，傥获身命，宁不勗与!”① 其他各类之后“论”亦多如此。

“论”之后有赞语，皆四言韵语。《译经》：“赞曰：‘频婆揜唱，叠教攸陈，五乘竟转，八万弥纶。周星曜魄，汉梦通神。腾、兰、谶、什，殉道来臻，慈云徙荫，慧永传津，俾夫季末，方树洪因。’”② 此体例显然来自《史记》等正史，现略举一例。因“经师”和“唱导”二类仅有“偏功”故有论而无赞。

陈垣《中国佛教史籍概论》认为：“此书之作，实为一部汉、魏、六朝之高隐传，不徒详于僧家事迹而已”“后之作者，都不能越其轨范”。③ 慧皎《高僧传》为后世僧传确立了体例，以后各家僧传在体例上都遵照慧皎体例，如唐代道宣《续高僧传》，宋代赞宁《宋高僧传》等，唯分类略有出入，此足见《高僧传》在佛教史上的重要地位和深远影响。当然，由于某种原因，《高僧传》亦有一些不足之处。陈垣云：“惜为时地所限，详于江左诸僧，所谓‘伪魏僧’仅得四人，此固有待于统一后之续作也。”④ 其所言甚是。

① 释慧皎撰，汤用彤校注：《高僧传》，中华书局1992年版，第141—143页。
② 同上书，第143页。
③ 陈垣：《中国佛教史籍概论》，中华书局1962年版，第24页。
④ 同上。

第四节　民间信仰

古越国时，越地便有多种民间信仰，如图腾信仰、鬼神信仰、巫术信仰等。到了秦汉后，越地虽不断开化，各类信仰却依然盛行。

一　鬼神信仰

越人尚禨，迷信鬼神。到了汉代越人依然迷信鬼神。《论衡·论死》："世谓死人为鬼，有知，能害人。"越地淫祭之风依然盛行。《后汉书·第五伦传》：

> 会稽俗多淫祀，好卜筮。民常以牛祭神，百姓财产以之困匮，其自食牛肉而不以荐祠者，发病且死先为牛鸣，前后郡将莫敢禁。伦到官，移书属县，晓告百姓。其巫祝有依托鬼神诈怖愚民，皆案论之。有妄屠牛者，吏辄行罚。民初颇恐惧，或祝诅妄言，伦案之愈急，后遂断绝，百姓以安。

《论衡·祀义》："世信祭祀，以为祭祀者必有福，不祭祀者必有祸。是以病作卜祟，祟得修祀，祀毕意解，意解病已。执意以为祭祀之助，勉奉不绝。谓死人有知，鬼神饮食，犹相宾客，宾客悦喜，报主人恩矣。"

《论衡·解除》中对驱逐疫鬼之法有所记载：

> 解逐之法，缘古逐疫之礼也。昔颛顼氏有子三人，生而皆亡。一居江水为虐鬼，一居若水为魍魉，一居欧隅之间，主疫病人。故岁终事毕，驱逐疫鬼，因以送陈、迎新、内吉也。世相仿效，故有解除。

除了疫鬼之外，凡是给人们带来祸害灾异的怪魅都在驱除之列，如疾疫、鬼魅、妖怪等。这种驱鬼仪式往往称为"傩"或"大傩"。司马彪《续汉书·礼仪志中》对“大傩”有详细的记载。当然这种浩大的驱鬼场面显然非民间所有，民间此类仪式可能简单得多，但其功用却是一致的。

越地多水，故水神信仰极其盛行。著名孝女曹娥之父便是迎水神溺亡的。《后汉书·列女传·曹娥传》：“孝女曹娥者，会稽上虞人也。父盱，能弦歌，为巫祝。汉安二年五月五日，于县江泝涛婆娑迎神，溺死，不得尸骸。”《搜神记》中记载了水神责人之事。《搜神记》卷十：“会稽谢奉与永嘉太守郭伯猷善。谢忽梦郭与人于浙江上争樗蒲钱，因为水神所责，堕水而死，已营理郭凶事。及觉，即往郭许……因说所梦。郭闻之怅然，云：‘吾昨夜亦梦与人争钱，如卿所梦，何期太的的也！’须臾如厕，便倒气绝。”①《搜神后记》卷五记载了蒋神故事：“会稽鄮县东野有女子姓吴，字望子，路忽见一贵人，俨然端坐，即蒋侯像也。因掷两橘与之。数数形见，遂隆情好。望子心有所欲，辄空中得之。常思脍，一双鲤自空而至。”②《续齐谐》中记载了赵文韶遇神姑之事：“会稽赵文韶，为东宫扶侍……既明，文韶出，偶至清溪庙歇，神坐上见碗，甚疑；而委悉之屏风后，则琉璃匕在焉，箜篌带缚如故。祠庙中惟女姑神像，青衣婢立在前，细视之，皆夜所见者，于是遂绝。”③

魏晋之后，越地神仙信仰盛行，出现了不少遇仙故事。《搜神后记》卷一记载了袁相、根硕入山遇仙女的故事：“会稽剡县民袁相、根硕二人猎，经深山重岭甚多，见一群山羊六七头，逐之……羊径有山穴如门，豁然而过。既入，内甚平敞，草木皆香。有一小屋，二女子住其中，年皆十五六，容色甚美，著青衣……二人思归，潜去归路……于是乃归。”④《幽明录》记载了刘晨、阮肇入天台山遇仙女的故事，颇类于此。

南北朝志怪小说记载了不少鬼魂显信的故事，会稽亦多此类故事。《搜神后记》卷六记载了朱弼显灵之事：“会稽朱弼为王国郎中令，营立第舍，未成而卒。同郡谢子木代其事，以弼死亡，乃簿书多张功费，长百余万，以其赃

① 上海古籍出版社编：《汉魏六朝笔记小说大观》，上海古籍出版社1999年标点本，第355页。
② 同上书，第461页。
③ 同上书，第1009页。
④ 同上书，第442—443页。

诬弼，而实自入。子木夜寝，忽闻有人道弼姓字者。俄顷而到子木堂前，谓之曰：‘卿以枯骨腐肉专可得诬，当以某日夜更典对证。’言终，忽然不见。”①《异苑》记载会稽女鬼救夫的故事：“晋时会稽严猛妇出采薪，为虎所害。后一年，猛行至蒿中，忽见妇云：‘君今日行，必遭不善。我当相免也。’既而俱前。忽逢一虎，跳踉向猛。猛妇举手指扮，状如遮护。须臾，有一胡人荷戟而过。妇因指之，虎即击胡。婿乃得免。”②

《搜神后记》卷六记载了两则会稽凡男遇女鬼的故事。会稽句章人夜遇亡女陈阿登，诸暨县吏吴详遇亡女张姑子。《幽明录》中记载了贺思令遇嵇康鬼魂一事。

> 会稽贺思令善弹琴，尝夜在月中坐，临风抚奏。忽有一人，形器甚伟，著械，有惨色。至其中庭称善，便与共语。自云是嵇中散，谓贺云：“君下手极快，但于古法未合。”因授以《广陵散》。贺因得之，于今不绝。③

《搜神后记》卷六记载了高僧竺法师亡魂显灵一事：

> 沙门竺法师，会稽人也，与北中郎王坦之周旋甚厚。每共论死生罪福报应之事茫昧难明，因便共要，若有先死者，当相报语。后经年，王于庙中忽见法师来，曰：“贫道以某月日命故，罪福皆不虚，应若影响。檀越惟当勤修道德，以升跻神明耳。先与君要，先死者相报，故来相语。”言讫，忽然不见。坦之寻亦卒。④

这样的例子还有不少。可见，汉魏六朝时期，越地鬼神信仰较以前更为发达，鬼神直接出现在人们视野之中，直接与人相交往，于是出现了大量的

① 上海古籍出版社编：《汉魏六朝笔记小说大观》，上海古籍出版社1999年标点本，第469页。
② 同上书，第647页。
③ 同上书，第734页。
④ 同上书，第470页。

人与神、人与鬼交往的故事。

二　巫觋信仰

早在春秋时代，越地巫术便很盛行，古越地以“巫”命名的地名不少，如巫里、巫山等，并且越王勾践曾葬巫于江中以祸吴船。到了汉代，因受汉武帝重用，越巫兴盛一时，此后越巫逐渐回归民间，在民众中广泛流传，并产生了巨大的社会影响。

古人认为鬼是隐形的，一般人无法窥见其形体，只有巫觋能视其形，并与其交往。《论衡·实知》：“鬼神用巫之口告人。”《论衡·论死》：“世间死者，令生人殄，而用其言，及巫叩元弦，下死人魂，因巫口谈”。这便是民间所说的“关落阴”，即借巫祝之身，与死者进行交谈。

人们往往认为鬼能为祸福，既能保佑人，也能戕害人。当鬼祸害人时，人们往往借助巫将其驱逐。《晋书·隐逸列传·夏统传》：“夏统字仲御，会稽永兴人也……其从父敬宁祠先人，迎女巫章丹、陈珠二人，并有国色，庄服甚丽，善歌舞，又有隐形匿影。甲夜之初，撞钟击鼓，间以丝竹，丹、珠乃拔刀破舌，吞刀吐火，云雾杳冥，流光电发……归责诸人曰……”可见至两晋时期，越地女巫下神之风依然盛行。

越巫以法术而闻名于世。嵇含《南方草木状》卷中：“枫人，五岭之间多枫木，岁久则生瘤瘿，一夕遇暴雷骤雨，其树赘暗长三五尺，谓之枫人。越巫取之作术，有通神之验。取之不以法，则能化去。”① 所谓“厌胜”指的是巫者借助某种手段战胜或解除灾祸，从而获得平安吉祥的一种巫术。越巫颇长于“厌胜”之术。《汉书·郊祀志下》：“上（汉武帝）还，以柏梁灾故，受计甘泉……勇之乃曰：‘粤俗有火灾，复起屋，必以大，用胜服之。’于是作建章宫，度为千门万户。”《汉书·武帝纪》颜师古注引文颖曰：“越巫名勇，谓帝曰越国有火灾即复大起宫室以厌胜之，故帝作建章宫。”② 张衡《西

---

① 上海古籍出版社编：《汉魏六朝笔记小说大观》，上海古籍出版社 1999 年标点本，第 260 页。
② 班固：《汉书》，中华书局 1962 年标点本，第 199 页。

京赋》："柏梁既灾，越巫陈方。建章是经，用厌火祥。营宇之制，事兼未央。"李善注："'兼'，犹'倍'也。所以顺巫言也。"①《太平御览》卷188引《唐会要》："汉柏梁殿灾，后越巫言海中有鱼，虬尾似鸱，激浪即降雨。遂作其象于屋，以厌火祥。"② 由此可见，越巫试图以能降雨之鱼的图纹来消除火灾。这种做法是否有效值得怀疑。《三国志·魏书·高堂隆传》："臣闻西京柏梁既灾，越巫陈方，建章是经，以厌火祥；乃夷越之巫所为，非圣贤之明训也。《五行志》曰：'柏梁灾，其后有江充巫蛊卫太子事。'如《志》之言，越巫建章无所厌也。"③

越地盛行解土术。"解"，便是解除、解脱的意思，所谓"解土"便是借助巫术解除因动土而触犯"土神"所招致的灾祸。对此《论衡·解除》有较详细的记载：

> 世间缮治宅舍，凿地掘土，功成作毕，解谢土神，名曰"解土"。为土偶人，以像鬼形，令巫祝延，以解土神。已祭之后，心快意喜，谓鬼神解谢，殃祸除去。

在此，王充描述的是比较正规的解土巫术。有时，一些解土仪式则比较简单。钟离意，会稽山阴人，东汉时期颇有政绩的官吏。《后汉书·钟离意传》注引《东观记》：

> 意在堂邑，为政爱利，轻刑慎罚，抚循百姓如赤子。初到县，市无屋，意出奉钱帅人作屋，人赍茅竹，或持材木，争起趋作，浃日而成。功作既毕，为解土，祝曰："兴工役者令，百姓无事。如有祸祟，令自当之。"人皆大悦。④

① 萧统编，李善注：《文选》，上海古籍出版社1986年标点本，第57页。
② 李昉编：《太平御览》卷188，中华书局1960年影印本，第1册，第912页上栏。
③ 陈寿撰，裴松之注：《三国志》，中华书局1971年标点本，第710页。
④ 范晔：《后汉书》，中华书局1965年标点本，第1411页。

钟离意自己进行解土，显然是一种非正式的仪式。由此可见，这类巫术在越地比较盛行。

《论衡·调时》记载了破岁月禁忌法术："见食之家，作起厌胜，以五行之物，悬金木水火。假令岁、月食西家，西家悬金；岁、月食东家，东宜悬炭。设祭祀以除其凶，或空亡徙以辟其殃。"

祝，即咒祝，是巫术之一种。从文献记载来看，越巫擅长于诅祝，而且这种巫术产生得很早。《越绝书·外传记地传》："江东中巫葬者，越神巫无杜子孙也。死，勾践于中江而葬之。巫神，欲使覆祸吴人船。"这便是以巫者诅祝害人的较早记载。汉武帝颇重越巫，与越巫善诅密切相关。《汉书·郊祀志》："丁夫人、洛阳虞初等以方祠诅匈奴、大宛焉。"颜师古注引应劭曰："丁夫人，其先丁复，本越人，封阳都侯，夫人其后，以诅军为功。"① 可见，丁夫人便是越巫。这一记载亦见于《汉书·西域传》。再如《风俗通义》记载了越巫祝董仲舒一事：

> 武帝时迷于鬼神，尤信越巫，董仲舒数以为言。武帝欲验其道，令巫诅仲舒；仲舒朝服南面，诵咏经论，不能伤害，而巫者忽死。②

这便是典型的巫以诅祝害人的例子。据记载，越祝始于山鸟。《博物志》卷三："越地深山鸟，如鸠，青色，名曰冶鸟……越人谓此鸟为越祝之祖。"③《论衡·言毒》："故楚、越之人，促急捷疾，与人谈言，口唾射人，则人脤胎，肿而为创。南郡极热之地，其人祝树树枯，唾鸟鸟坠。巫咸能以祝延人之疾、愈人之祸者，生于江南，含烈气也。"

越祝亦可治病。《太平御览》卷七四二《疾病部五》引谢承《后汉书》："（妫）皓母炙疮发脓，皓祝而愈之。"④葛洪《神仙传》中有刘纲夫妇斗祝的

---

① 班固：《汉书》，中华书局1962年标点本，第1246页。

② 应劭撰，王利器校注：《风俗通义校注》，中华书局1981年版，第423页。

③ 上海古籍出版社编：《汉魏六朝笔记小说大观》，上海古籍出版社1999年标点本，第196—197页。

④ 李昉编：《太平御览》卷742，中华书局1960年影印本，第4册，第3291页上栏。

故事。《神仙传·樊夫人》："樊夫人者，刘纲之妻也。纲字伯鸾，仕为上虞令，亦有道术，能檄召鬼神……庭中两株树，夫妻各咒一株，使之相斗击，良久，纲所咒者不胜，数走出于篱外。"①

孝女曹娥亦通巫术。《幽明录》："曹娥父溺死，娥见瓜浮，得尸。"②《搜神记》卷三载会稽严卿以巫术破灾之事：

会稽严卿，善卜筮。乡人魏序欲东行，荒年多抄盗，令卿筮之。卿曰："君慎不可东行，必遭暴害，而非劫也。"序不信。卿曰："既必不停，宜有以禳之。可索西郭外独母家白雄狗，系着船前。"求索，止得驳狗，无白者。卿曰："驳者亦足。然犹恨其色不纯。当余小毒，止及六畜辈耳。无所复忧。"序行半路，狗忽然作声甚急，有如人打之者。比视已死，吐黑血斗余。其夕，序墅上白鹅数头，无故自死。序家无恙。③

《南齐书》卷五十五《孝义传》载孝女以巫术治病一事：

又诸暨东洿里屠氏女，父失明，母痼疾，亲戚相弃，乡里不容。女移父母远住苎罗，昼樵采，夜纺绩，以供养。父母俱卒，亲营殡葬，负土成坟。忽闻空中有声云："汝至性可重，山神欲相驱使。汝可为人治病，必得大富。"女谓是妖魅，弗敢从，遂得病。积时，邻舍人有中溪蜮毒者，女试治之，自觉病便差，遂以巫道为人治疾，无不愈。家产日益，乡里多欲娶之，以无兄弟，誓守坟墓不肯嫁，为山贼劫杀。

《搜神记》卷十五有贺瑀因疾得巫术的记载：

会稽贺瑀，字彦琚，曾得疾，不知人，惟心下温。死三日。复苏，云："吏将上天，见官府。入曲房，房中有层架。其上层有印，中层有剑，使瑀

① 滕修展等注译：《列仙传、神仙传注译》，百花文艺出版社 1996 年版，第 307 页。
② 上海古籍出版社编：《汉魏六朝笔记小说大观》，上海古籍出版社 1999 年标点本，第 698 页。
③ 同上书，第 302 页。

唯意所取。而短不及上层，取剑以出。门吏问何得，曰得剑。吏曰：‘恨不得印，可策百神。剑，惟得使社公耳。’”疾愈。果有鬼来，称社公。①

六朝时期，会稽道教盛行，出现了一些长于巫术的道士。道士杜子恭长于法术。《晋书》卷一百《孙恩传》：“师事钱塘杜子恭。而子恭有秘术，尝就人借瓜刀，其主求之，子恭曰：‘当即相还耳。’既而刀主行嘉兴，有鱼跃入船中，破鱼得瓜刀。其为神效往往如此。”

从以上可以看出，汉魏六朝时期，越地巫觋信仰盛行，越巫往往以术高而闻名于世。

三　卜筮信仰

因为鬼神信仰和巫觋信仰的盛行，导致了越地卜筮之风盛行。

巫有沟通神灵、先卜凶吉之职能。占卜起源很早，其形式是多元的。如上所说，在上古时期，巫的政治地位很高，占卜往往与政治密切相关。随着巫回归民间，各类占卜在民间盛传。

众所周知，商人以龟骨占卜，周人以蓍草占卜，而越巫占卜之法更为奇特。越巫长于鸡卜。《史记·封禅书》：“是时（汉武帝元封二年）既灭两越，越人勇之乃言：‘越人俗鬼，而其祠皆见鬼，数有效。昔东瓯王敬鬼，寿百十六岁。后世怠慢，故衰耗。’乃令越巫立越祝祠，安台无坛，亦祠天神上帝百鬼，而以鸡卜。上信之，越祠鸡卜始用。”《史记·孝武本纪》裴骃《集解》引《汉书音义》曰：“持鸡骨卜，如鼠卜。”② 张守节《史记正义》：“鸡卜法用鸡一，狗一，生，祝愿讫，即杀鸡狗煮熟，又祭，独取鸡两眼，骨上自有孔裂，似人物形则吉，不足则凶。今岭南犹此法也。”③《汉书·郊祀志下》：“粤祠鸡卜自此始用。”颜师古注引李奇曰：“持鸡骨卜，如鼠卜。”④ 后世鸡

① 上海古籍出版社编：《汉魏六朝笔记小说大观》，上海古籍出版社1999年标点本，第391页。
② 司马迁：《史记》，中华书局1959年标点本，第478页。
③ 司马迁：《史记》，中华书局1959年标点本，第478页。
④ 班固：《汉书》，中华书局1962年标点本，第1241页。

卜形式丰富多样，除鸡骨卜外，还有鸡蛋卜、鸡脏卜等。

在汉代，越地卜筮非常盛行。世人多认为巫者能先卜凶吉。《论衡·是应》："巫知吉凶，占人祸福，无不然者"。《论衡·卜筮》："俗信卜筮。谓卜者问天，筮者问地，蓍神龟灵，兆数报应，故舍人议而就卜筮，违可否而信吉凶。"因此，鸡卜在民间比较盛行。对于巫之辞，王充多有所批判。《论衡·订鬼》："是以实巫之辞，无所因据，其吉凶自从口出，若童之谣矣。童谣口自言，巫辞意自出。"

除了巫之外，越地多术士，这些术士多善占卜。东汉谢夷吾便以精于占卜而闻名。《后汉书·方术传·谢夷吾传》：

> （谢夷吾）白（第五）伦曰："窃以占候，知长当死。近三十日，远不过六十日，游魂假息，非刑所加，故不收也。"……敕其子曰："汉末当乱，必有发掘露骸之祸。"使悬棺下葬，墓不起坟。

汉代之后，依附于佛教和道教的卜筮术盛行，民间卜筮术逐渐衰微，越地卜筮术亦是如此，今存相关资料较少，故较难窥测当时之原貌。

四 民间禁忌

自古民间多禁忌，近期出土不少秦汉日书，足见民间各种禁忌的盛行。越地多信鬼神，亦多民间禁忌。

早在原始社会，由于受到交感巫术等影响，人们把偶然的不幸或灾异归于某种原因，从而形成某种禁忌，再托之神灵，以强化这些禁忌。《论衡·四讳》："夫忌讳非一，必托之神怪，若设以死亡，然后世人信用畏避。"王充《论衡》一书对越地民间禁忌多有所记载。

自先秦以来，择时信仰盛行于世，这在近期出土的各种日书中得到证明。越地时日信仰亦较为盛行。《论衡·讥日》："世俗既信岁时，而又信日。举事若病、死、灾、患，大则谓之犯触岁、月，小则谓之不避日禁。岁、月之传既用，日禁之书亦行。"不仅墓葬、祭祀需择日，起宅、盖屋需择日，甚至日常之举，如沐浴、裁衣等亦需择日。《论衡》一书提到的与择日有关的书籍多种，有《葬历》《沐书》以及祭祀之历、裁衣之书、工伎之书、学书等。不仅讳日，人们还讳月。越人讳举正月、五月子。《论衡·四讳》："以为正月、五月子杀父与母，不得举也。已举之，父母祸死，则信而谓之真矣。"此类信仰多是人们心理作用的结果，并无道理可言。《论衡·讥日》："举事曰凶，人畏凶有效；曰吉，人冀吉有验。祸福自至，则述前之吉凶，以相戒惧。此日禁所以累世不疑，惑者所以连年不悟也。"

除了择日之外，越地还盛行讳太岁、讳西宅、讳刑徒、讳乳子妇等。人们动土忌太岁。《论衡·调时》："世俗起土兴功，岁、月有所食，所食之地，必有死者。假令太岁在子，岁食在酉，正月建寅，月食于巳，子、寅地兴功，则酉、巳之家见食矣。"人们忌西边益宅。《论衡·四讳》："西益宅谓之不祥，不祥必有死亡。相惧以此，故世莫敢西益宅。"刑徒往往与罪恶联系在一起，于是人们往往忌见刑徒，以免惹晦气。《论衡·四讳》："讳被刑为徒，不上丘墓……连相放效，至或于被刑，父母死，不送葬；若至墓侧，不敢临葬；甚失至于不行吊丧，见佗人之柩。"古今中外，关于女性的禁忌比较多，越人则有忌乳子妇。《论衡·四讳》："讳妇人乳子，以为不吉。将举吉事，入山林，远行，度川泽者，皆不与之交通。乳子之家，亦忌恶之，丘墓庐道畔，逾月乃入，恶之甚也。"

从以上分析可以看出，越地民间禁忌虽多源于前代，但亦逐渐形成地方特色。这些禁忌虽多出于人们对长期生活经验的总结，但今天看来，这些禁忌多不具有科学性，多是原始神灵信仰的产物。

简而言之，越人信鬼神，汉魏六朝时期，越地鬼神信仰、巫卜信仰依然非常盛行。随着灵物信仰的泛化，各类民间禁忌广为流行。

第四章　唐宋时期思想信仰

经过魏晋南北朝的发展，到了隋唐时期，中国佛教进入鼎盛时期，不仅教派众多，名僧辈出，而且创作出大量的佛教经典。自东晋以来，会稽一直是南方的文化重镇。隋唐时期，佛教在会稽得到了较快的发展。一方面，一些大德高僧居会稽弘法，如吉藏等；另一方面，会稽本土亦产生了不少高僧名流，如澄观等。在佛、道等宗教的影响之下，一方面越地民间信仰宗教色彩越发浓郁，另一方面原始信仰依然较为盛行。这使得越地民间信仰呈现出多元化色彩。

第一节　虞世南思想

虞世南（558—638），字伯施，越州余姚（今浙江余姚）人，初唐著名的书法家、文学家、史学家。会稽虞氏是六朝时期江东著名的世家大族，人才辈出，有虞翻、虞预等。虞世南入仕较早。陈后主时，虞世南为西阳王友。陈灭亡后，虞世南与其兄虞世基一起至隋都长安，名重一时。隋时，虞世南多次受诏参与礼乐制定。其兄虞世基被害时，虞世南愿以身代之。隋亡后，虞世南先从宇文化及，后为窦建德所获，被任命为黄门侍郎。窦建德败，虞世南为秦王府参军，后为弘文馆学士。李世民即位，虞世南转为著作郎，兼弘文馆学士等。贞观五年（631），参与编撰《群书治要》。贞观七年（633），虞世南转任秘书监，赐爵永兴县子。唐太宗非常赏识其才学，称其德行、忠直、博学、文词、书翰为五绝。虞世南亦时常借机进行劝谏。贞观十二年（638）卒于长安，年八十一岁。虞世南原有诗文集30卷，但早已散失不全。民国时期，张寿镛辑成《虞秘监集》四卷，收入《四明丛书》。胡洪军、胡遐所撰《虞世南诗文集》（浙江古籍出版社2002年版）是目前较好的校注本。虞世南长于书法，与欧阳询、褚遂良、薛稷并称初唐书法四大家。其书法继承二王之神韵，外柔内刚，笔致圆融冲和而又遒劲有力。其书法代表作有《孔子庙堂碑》《破邪论》《汝南公主墓志铭》《摹兰亭序》等，书论著作有《书旨述》《笔髓论》等。

一　《北堂书钞》

隋炀帝时，虽其兄虞世基权重一时，但虞世南过于耿直，故为秘书郎多年不迁。《新唐书·虞世南传》："大业中，累至秘书郎。炀帝虽爱其才，然疾峭正，弗甚用，为七品十年不徙。"在此期间，虞世南潜心于著述。《隋书·文学列传·虞绰传》："大业初，（虞绰）转为秘书学士，奉诏与秘书郎虞世南、著作佐郎庾自直等撰《长洲玉镜》等书十余部。"《北史·虞绰传》有相同记载。《长洲玉镜》早佚。为秘书郎期间，虞世南在秘书省后堂摘抄群书中可资文用者，为《北堂书钞》173卷。晁公武《郡斋读书志》："《北堂书抄》一百七十三卷，唐虞世南撰。世南仕隋为秘书郎时，钞经史百家之事以备用，分八十部，八百一类。北堂者，省之后堂、世南钞书之所也。"①《中兴馆阁书目》和《宋史·艺文志》著录160卷，可能该书传至宋代便已非全帙。②

《北堂书钞》是今存最早的大型类书之一，其无论在编撰体系方面，还是在内容的丰富性方面，都达到了很高的成就。

---

① 晁公武：《郡斋读书志》卷2，《文渊阁四库全书》，台湾商务印书馆1986年影印本，第674册，第400页下栏。

② 《北堂书钞》今存多种版本，清代南海孔氏三十有三万卷堂影印宋本是今存较好的版本，故文所引皆以此本为据。虞世南：《北堂书钞》，学苑出版社2003年影印本。此本共分1、2两册，或分上下栏，或不分。

（一）内容广泛，部类条理清理

今本《北堂书钞》160 卷，共分为 19 部。帝王部 22 卷 75 类，后妃部 4 卷 26 类，政术部 16 卷 46 类，刑法部 3 卷 13 类，封爵部 3 卷 14 类，设官部 31 卷 182 类，礼仪部 15 卷 42 类，艺文部 10 卷 56 类，乐部 8 卷 29 类，武功部 14 卷 61 类，衣冠部 3 卷 30 类，仪饰部 2 卷 15 类，服饰部 5 卷 86 类，舟部 2 卷 22 类，车部 3 卷 25 类，酒食部 7 卷 60 类，天部 4 卷 25 类，岁时部 4 卷 28 类，地部 4 卷 16 类，共 19 部，851 类。从上述部类可以看出，《北堂书钞》以帝王为总纲，由上而下依次展开。自“政术”至“礼仪”，皆与帝王政治有关。自“艺文”至“武功”可以说是政治的外围。“衣冠”至“酒食”，则与生活相涉。“天部”“岁时部”及“地部”置于卷末，以与开篇照应，形成“天人合一”之模式。此后类书的部类划分与《北堂书钞》大同小异，但排序与《北堂书钞》略有不同。稍晚编成的类书，如《艺文类聚》《初学记》以及宋代的《太平御览》等，皆将“天部”“岁时部”“地部”置于“帝王”之前，即置于卷首。

《北堂书钞》各部内部的各门类亦井然有序。各部开篇先从总体上对本部类的情况进行介绍，接着标出本类子目。如“帝王部”，先是“帝王总载”，次为“帝系”，接下来大体依据从生到死的次序排列。先是“诞载”“奇表”“征应”“福禄”等，后次以德行，如“帝德”“孝德”“睦亲”等，再次之行为，如“纳谏”“赦宥”“责躬”等，再次之以评价，如“守文”“中兴”等，后再次以缺失，如“猜忌”“微行”“恩信”“奢侈”等，最后以“太子”“霸”作结，对前面作补充。可见各部不仅内容丰富，而且条理清晰，有条不紊。

（二）以条目为纲，事文兼采

各子目以下，则以词条为纲，以词目为核心，将相关内容罗列其下。例如《帝王部·诞载》依时间先后罗列了大量感生神话传说：“天命玄鸟降而生商”“产于危辰”“履帝武敏”“电绕枢星”“星流华渚”“履大人迹”“白气贯月”“姚氏感枢星”“修已感流星”“感龙而生”“感蛇而生”“女登感神”

“庆都感龙”“梦日入怀”“梦月入怀”“梦大人”“梦长人”等。《北堂书钞》往往于条目之下引以原文。如《政术部·荐贤》：“三年一贡士”注：“《仪礼》云：‘缥二束帛五，诸侯三年一贡士，国之治道，三年成也。’”“贡之天朝”注：“虞预《晋书》云：‘何桢为弘农郡，上书荐处士杨器修子，仕为郡吏’。”[①]“贡之宰相”注云：“荀爽《与郭叔都书》云：陈季方才德秀出，超世逸群，金相玉质，文章虎变，遂贡之宰相。”“荐之宰相”注：“《赵穆别传》云：汲郡赵君平，年三十七，四荐之宰府，不就。元康二年，太守羊伊以为四科之贡宜尽国美，遂扶舁激喻，以光荣举君才门寒素，奏充诏书，宜进品三。”[②] 可见《北堂书钞》事与文兼采，而不像《艺文类聚》仅载文章。《北堂书钞》摘录时，或有断章取义，或有首尾不连贯，故引用时需要核以出处或其他文献。

（三）注明出处，加案语以补充

《北堂书钞》往往在所引事或文后面注明出处。对于较常见文献，虞世南往往仅注明书名，如《帝王部·武功》：“载缵武功”下注“毛”，表明出自《毛诗》；“无忘武功”下注《春秋》；“皇矣汉祖聪明神武”下注《汉书》。[③] 对于一些文人著作，往往注明篇名。如“武皇之兴，神武盖天”下注“曹植《魏德论》云”。[④] 又如《帝王部·赏赐》：“夫赏赐者以悦下使众”注“桓范《世要论》”。[⑤]《帝王部·微行》：“便旋闾阎，周观郊隧”注：“张衡《西京赋》”。[⑥]《北堂书钞》有时未注明出处，仅注书名，使读者不易查找，如《书》《易》《汉书》等。有时还会加按语以补充说明。如《政术部·赋敛》：“庶士交正，底慎财赋”注：“《尚书·禹贡篇》注云：庶士交正，谓壤坟垆也；底慎者，财货。贡赋，言取有节也。”“所说于民，轻重之法”注：“《吕

① 虞世南：《北堂书钞》卷33，学苑出版社2003年影印本，第1册，第265页。
② 同上书，第266页。
③ 虞世南：《北堂书钞》卷13，学苑出版社2003年影印本，第1册，第169页。
④ 虞世南：《北堂书钞》卷21，学苑出版社2003年影印本，第1册，第169页。
⑤ 虞世南：《北堂书钞》卷19，学苑出版社2003年影印本，第1册，第200页。
⑥ 虞世南：《北堂书钞》卷20，学苑出版社2003年影印本，第1册，第206页。

氏春秋》云：为来岁受朔日，与诸侯所说于民，轻重之法，贡赋之数。”①

总而言之，虞世南以一人之力编成巨著《北堂书钞》，其功之伟，实为罕见。唐时，虞世南又参与《群书治要》的编撰。《群书治要》共50卷，辑录经史子书中有关治国兴衰之文，始上古，终晋代，凡采经书12种，10卷；史书8种，20卷；子书7种，20卷。

二 《帝王略论》

虞世南也是一位史学家，曾撰《帝王略论》。据学者研究，《帝王略论》“盖在秦府时”② 所撰。《新唐书·艺文志》著录《帝王略论》5卷。此书早佚，唐人马总《通历》以及赵蕤《长短经》多有引用，敦煌文献中有《帝王论》残卷，今有整理本。

（一）对话体史评

从今存佚文来看，《帝王略论》是一部通史性的著作，全书以时代为序，其记事上起包羲，下至隋灭亡；其评论则上起夏禹，下至隋文帝。在书写形式方面，全书以“公子”与“先生”对话形式构成，短则一次对话，长则多次对话。如《太戊》：公子曰：“成汤之德，何者为首？”先生曰：“仁人也。”公子曰：“何谓仁人？”先生曰：“若夫解三面之网则翔飞被其泽……此之谓也。”③ 有时则以“或曰”与“虞世南曰”的对话展开。如《伪新莽》：

> 或曰：“观伪新王莽，谦恭礼让，岂非一代之名士乎？至作相居尊，骄淫暴虐，何先后相背甚乎？虞世南曰：“王莽天资惨酷，诈伪人也。未达之前，循名求誉；得志之后，矜能傲物，饰情既尽，而本质存焉。愎谏自高，卒不改寤，海内冤酷，为光武之驱除焉。”

---

① 虞世南：《北堂书钞》卷31，学苑出版社2003年影印本，第1册，第253页。

② 瞿林东：《唐代史学论稿》，北京师范大学出版社1989年版，第132页。

③ 陈虎译注：《帝王略论》，中华书局2008年版，第11页。本节所引《帝王略论》皆据此本，后不再一一注明。

论东汉君主、三国君主等皆用此形式。

以前史评，或为论赞，或为专文，《帝王略论》则全为对话体。对此学者评价较高，“《帝王略论》是用一问一答的新颖形式撰写的最早的一部有关历史评论专书”①。

（二）历史对比论证

《帝王略论》一书用得最多的是历史对比，作者往往在对比中实现褒贬的目的。《帝王略论》一书经常将不同朝代君主进行对比。如在论汉代君主时，将汉代诸帝与周代诸帝作比。《太宗文皇帝与世宗景皇帝》：

> 公子曰：“班固云：‘周云成、康，汉称文、景。’斯言当乎？”先生曰：“成、康、承文、武遗迹，以周、召为相，化笃厚之氓，因积仁之德，疾风偃草，未足为逾。至如汉祖开基，日不暇给，亡嬴之弊犹有存者，凿颠抽胁尚行于世。太宗体慈仁恕，式遵玄默，涤秦、项之酷烈，反轩、昊之淳风，几致刑厝，斯为难矣。若使不溺新垣之说，无取邓通之梦，懔懔乎几近于王道。景帝之拟周康，则尚惭德。”

在此，作者将汉代文帝、景帝与周代成、康二帝进行对比，认为文帝之功高，而景帝则不如也。再如，《孝昭皇帝》：

> 公子曰：“汉昭帝、周成王俱以幼年并有令闻，孰者为贤？”先生曰：“二人之德，前代已有论矣。”公子曰：“愿闻。”“斯论者以为周成王者，武王之子，文王之孙，周公之兄子也，有累世圣人之贤，其聪睿不足怪也。至如昭帝，父非武王，祖非文王，叔非周旦；而卓然不群，风智如此，且成王疑周公以流言，昭帝明霍光之无罪，此之优劣，相去远矣。”

作者从不同的时代背景以及行动来对比成王与昭帝的优劣。这样的例子还很多。

---

① 陈虎：《帝王略论·前言》，陈虎译注《帝王略论》，中华书局1982年版，第5页。

有时，作者将同朝代不同君主进行对比。《孝宣皇帝》：

> 公子曰："汉宣帝政事明察，其光武之俦与？先生曰："汉宣起自闾阎，知民疾苦，是以留心听政，擢用贤良。原其循名责实，峻法严令，盖流出于申、韩也。元帝为太子，尝谏帝，以为持法太严。帝作色曰：'我汉家以霸、王之道杂之，奈何纯任德化，用害政乎?'由此观之，知其度量不远矣。古语云：'图王不成，弊犹足霸；图霸不成，弊将如何?'光武仁义，图王之君也；宣帝刑名，图霸之主也。今以相辈，恐非其伦。"

作者从各方面将汉宣帝与光武帝对比，从而得出宣帝为图霸之主，光武为图王之君。《厉王》将幽王与厉王对比。《三国君主》则将曹操、孙权与刘备三人进行对比。从以上可以看出，《帝王略论》常以对比之法，对人物优劣进行评价。

（三）褒德贬昏

《帝王略论》借论古帝王政治得失以追述往古兴亡之道为宗旨，故全书对贤德之君多加赞颂。德是《帝王略论》评价君主的重要标准。《夏禹》：

> 公子曰："夏禹之德，何以不逮于尧、舜?"先生曰："……三代德衰，功用始显。闻夫夏后之世，敷九土，乘四载，达万国，定九州，刊木导川，其勤至矣。故《左传》云：'微禹之功，吾其鱼乎!'帝王之功，莫此为盛。"

作者对禹的功德作了大力赞颂。又如《太戊》：

> 公子曰："成汤之德，何者为首?"先生曰："仁人也。"公子曰："何谓仁人?"先生曰："若夫解三面之网则翔飞被其泽，剪发为牺牲则黔首蒙其惠，仁人之利不亦远乎！是以《易》云：'君子居其室，出其言，善则千里之外应之，况其迩者乎?'此之谓矣。"

对于暴君、昏君，作者则大力批判。如《纣》：

> “彼二人（桀、纣）者……及身居南面，血气方刚，富有区中，制御万物，威若雷霆，势逾风火。怒则伏尸百万，喜则赏逾千室。加以丝竹管弦乱其听，粉黛罗绮惑其情，驰骋弋猎侠其心，阿谀谄媚从其欲。偃息于九重之内，沉湎于酒色之间……安得不绝亡者哉？”

作者对夏桀和商纣的荒淫暴政作了大力批判。再如《海昏侯》：

> 昌邑蕃国之嗣，擢居元首。朽索驭奔，犹惧不克。况乃身服苴斩，梓宫在殡，裸身嬉逐，曾未三旬。沉湎昏纵如斯之甚，若使遂享中国，肆其狂暴，则夏癸、商辛未足比也。

作者在此对海昏侯的荒淫昏庸作了深刻批判。

总而言之，《帝王略论》是一部对话体史论著作，作者赞颂德政贤君，批判暴政昏君，以史为鉴，为唐代君主治世提供了借鉴。

第二节　吉藏思想

隋唐时期，中国出现了大乘八大宗派，三论宗便是其中之一。所谓“三论”指的是印度中观学派代表人龙树所撰的《中论》《十二门论》和其弟子提婆所撰的《百论》。三论学最早由鸠摩罗什传入中土，其门下高僧，如僧肇、僧睿、僧导等皆擅长三论。后经魏武帝灭法，三论学遂趋式微。此后三论学兴起于南朝，金陵为当时三论学中心。吉藏大师在继承前贤理论的基础上，创立了三论宗。

吉藏（549—623），俗姓安氏，祖籍安息人。其祖父避仇而迁居南海，后迁金陵，吉藏出生于金陵。幼年，父引之见真谛，真谛为之命名吉藏。吉藏七岁出家，十四岁习《百论》，十九岁始讲法。陈亡后，吉藏避乱居越州（今绍兴）嘉祥寺，长达十五年之久，故世人又尊其为嘉祥大师。杨广治理南方时，请其居扬州慧日寺。杨广继位后，于京都建日严寺，使吉藏居之。唐兴，吉藏被唐高祖征为“十大德”之一。唐高祖武德六年（623）卒于长安延兴寺，年七十五岁。唐道宣《续高僧传》卷十三有传。吉藏一生著述甚丰，合为三十八部百余卷，今存二十七部①，其著作以三论学为主，重要者有《三论玄义》《大乘玄论》《三论略章》《二谛章》《二谛义》等。居会稽嘉祥寺是吉藏思想的成熟时期，其三论学思想“发展成熟于会稽”②。居会稽期间，吉藏一方面大力弘法，广收门徒；另一方面勤于著述，为三论宗的开创奠定了坚实的基础。

一　判教理论

所谓判教，就是将佛教分为不同类型。中国判教始于鸠摩罗什弟子慧观，其将佛教分为二教五时。二教指的是顿教和渐教。渐教又分为五时：三乘别教、三乘通教、抑扬教、同归教和常住教。吉藏不同意慧观的判教主张，于是提出二藏三轮的判教主张。二藏指的是声闻藏（小乘佛教）和菩萨藏（大乘佛教）。《中观论疏》卷一：“立二藏名者，此是立教名也。夫立教之意，正为禀教之人，缘觉不禀教，声闻禀教，故名声闻藏。菩萨禀教，佛不禀教，故名菩萨藏。”也就是说，二藏是依据闻教人来划分的。三轮即三转法轮。法轮是说佛法像转轮圣王的“轮宝”一样，可以摧破众生的烦恼。转法轮意谓佛的说法。三法轮是指根本法轮，枝末法轮、摄末归本法轮。《中观论疏》卷一：“如《法华经》总序，十方诸佛及释迦一化，凡有三轮。一根本法轮，谓一乘教也；二枝末法轮之教，众生不堪闻一，故于一佛乘分别说三，三从一起，故称枝末也。三摄末归本，会彼三乘，同归一极。此之三门，无教不收，无理不摄，如空之含万像，若海之纳百川。”可见这三法轮具有极大的容纳力，将所有的说法与义理皆收入其中。吉藏三论理论源于其师法朗，但又略有不同。

---

① 详情参见汤用彤《隋唐佛教史稿》，中华书局1982年版，第122—123页。

② 董平：《浙江思想学术史——从王充到王国维》，中国社会科学出版社2005年版，第70页。

二　二谛义

吉藏三论学的核心是诸法性空，其基本的理论则有二谛义、八不说、中道观等。二谛指的是俗谛与真谛。俗谛，又称世谛或世俗谛，即世俗人的关于现象的错误的看法。凡人认为诸法皆为实有。真谛，亦称胜义谛、第一义谛，指一切诸法本无自性的真理性观念。这才是正确的看法，具有真理性。《中论·观四谛品》："诸佛依二谛，为众生说法，一以世俗谛，二第一义谛；若人不能知，分别于二谛，则于深佛法，不知真实义。"① 真、俗二谛是相互对待而又相互依存的，故不可离散。《三论玄义》云："因缘假者，如空、有二谛，有不自有，因空故有，空不自空，因有故空。故空、有是因缘假义也。"② 空和有是相互依存的，皆不可脱离对方而存在。正因假有与真实是密不可分的，故执于俗谛的"有"，不可得诸法之实相，但拘于真谛的"空"，亦不可得诸法之实相；只有将二者结合，遵从非真非假、非不真非不假的中道观，才能既不离于真、俗二谛，亦不偏于真、俗二边，方可实现对诸法实相的认知。吉藏又立四重二谛说，对二谛说作了进一步的深化与发展。《大乘玄论》卷一："他但以有为世谛，空为真谛。今明：若有若空，皆是世谛；非空非有，始名真谛。三者空有为二，非空有为不二。二与二不，皆是世谛；非二非不二，方名为真谛。四者，此三种二谛，皆是教门，说此三门，为令悟不三，无所依得，始名为理。"吉藏二谛理论很好地厘清了有、空之间的辩证关系，为其中道说奠定了基础。

三　八不说

佛教一般将世界现象的现有概括为缘起论。三论宗主张"一切皆空"，认为万物皆为因缘和合的产物，万物都依赖于他物而不具有自主性。在缘起方面，三论宗反对缘起问题上的各种偏见，主张八不说。《中论·观破因缘品》：

---

① 龙树：《中论》卷4，《中华大藏经》，中华书局1987年影印本，第28册，第893页中栏。

② 吉藏著，韩廷杰校释：《三论玄义校释》，中华书局1987年版，第237页。

“不生亦不灭，不常亦不断，不一亦不异，不来亦不出。能说是因缘，善灭诸戏论。我稽首礼佛，诸说中第一。”[①] 此即“八不中道”。缘起论一般认为诸法因缘和合而生，也因缘散而灭。这种理解往往将“生”和“灭”理解为实有，显然与缘起说不相合。吉藏认为生灭、常断、一异、来出皆出于偏见邪执，不符合真正的缘起法。因此只有“八不”，方转入中道正观。三论宗认为“八不”中最为重要的是“不生”。《中论·观破因缘品》：“诸法不自生，亦不从他生，不共不无因，是故知无生。”[②] 一切事物非自生，非他生，亦非自己与他物共生，故称没有生（不生）。可见，三论宗是通过一系列的否定来达到“空”的目的。

四　中道实相

“二谛”“八不”不过是明中道实相的手段，“初就八不明中道，后就二谛明中道”（《大乘玄论》卷一），最终的目标是实现中道实相。

三论宗极重视“中”。《大乘玄论》卷五：“通论《三论》，皆得显中。”《中论·观四谛品》：“众因缘生法，我说即是空，亦为是假名，亦是中道义。”[③] 龙树认为一切因缘和合而生的万物本质都是空的，因而又可称为“假名”，也可以说是“中道”。中道，离于空假二边。《中观论疏》卷一：“三者因缘是中道义，即此因缘离于二边，故名为中道。”中道也可以通过二来表达，《大乘玄论》卷一：“不二而二，二谛理明；二而不二，中道义立。”

何为实相？《大乘玄论》卷四释论：“如《释论》中说，虚空非有非无，言语道断，心行处灭，即是实相。”实相本无名相。《中观论疏》卷三：“为众生故，强名相说。”诸法性空的原因在于“无自性”。“自性”指永恒的、真实不变的实体性存在。“中道实相”是指宇宙的最高的真理，最为真实的存在。三论宗认为“中道”是世界万事万物的真实相状，所以称为“中道实

① 龙树：《中论》卷1，《中华大藏经》，中华书局1987年影印本，第28册，第835页下栏。
② 龙树：《中论》卷1，《中华大藏经》，中华书局1987年影印本，第28册，第837页上栏。
③ 龙树：《中论》卷4，《中华大藏经》，中华书局1987年影印本，第28册，第894页上栏。

相”，故吉藏认为“中道”和“实相”是两个概念，但本质无所区别，所以说“二是假名，不二为中道，中道即实相”（《中观论疏》卷一）。吉藏主张二谛合明中道。《大乘玄论》卷二：“二谛合中道者，有为世谛，有生有灭；空为真谛，不生不灭……故非生灭非不生灭，名二谛合明中道也。”

吉藏大师等对“中道实相”作了大量阐释，其主旨是说明诸法皆空，但他们又将“中道实相”与“八不”“不二”等联系起来，甚至等同起来，这使“中道实相”反倒变得更为玄秘而不可琢磨了。

由于吉藏德高名重，并且对三论宗理论颇多创制，故使三论宗盛行一时。贞观之后，由于受到天台宗、法相宗，特别是禅宗的冲击，三论宗逐渐趋向衰微，直至消亡。

第三节　澄观思想

初唐时，法藏（643—712）创立华严宗。华严宗以《华严经》为根本经典，因以得名。法藏大师曾被武则天封为“贤首”（本为菩萨名），故华严宗又被称为贤首宗。华严宗以法界缘起为基本思想，故又被称为法界宗。

《华严经》虽早在东晋时便被译出，但并没有受到人们重视。唐初译经盛行，《华严经》被重新译出，有力地促进了人们对《华严经》的重视。到了隋唐时期，佛教逐渐走上本土化道路，各家宗派相继创立。智者创立天台宗，吉藏创立三论宗，玄奘创立法相宗。在武则天的扶持下，法藏融以《华严经》为主体，同时融合天台、法相、三论等教派的理论，形成华严宗理论体系。开始时，华严宗理论不是很完善，影响也不是很大。完善华严宗理论，并使之名声大振的却是数十年之后的一代高僧澄观。

澄观（738—839），俗姓夏侯氏，越州山阴（今浙江绍兴）人。澄观生于法藏卒后二十余年，二人之间并无师承关系，只不过澄观带来华严宗的中兴，故被后世尊为华严第四祖。赞宁《宋高僧传》卷五有传，另有续法《法界宗五祖略记》中有《四祖清凉国师传》，后者更详尽。

澄观于十一岁出家，二十岁受具足戒。他早先从霈禅师，习《法华经》，又四处拜师学法。先曾从金陵栖霞寺醴律师习律学，后从玄壁法师习“关河三论”。代宗大历年间，至瓦官寺习《大乘起信论》《大般涅槃经》，至杭州天竺寺从法诜大师习《华严经》。大历十年（775），至苏州从湛然大师习天台观止，后又从牛头山慧忠、径山道钦以及洛阳无名禅师等习禅学。可见澄观是非常博学的。他不仅精通律学、禅学，而且广泛涉猎天台宗、三论宗等诸家佛学。正因如此，他能取各家之长，以融于华严学，从而有力地促进了华严学的发展。大历十一年（776），澄观居五台山大华严寺，专讲《华严经》。他不满于旧疏之烦琐，遂重撰新疏，历四载完成《大方广佛华严经疏》二十卷。《四十华严》译出之后，他又奉诏撰《贞元新译华严经疏》二十卷。德宗贞元十五年（799）赐号“清凉国师”。卒于文宗开成四年（839），年102岁。

澄观一生勤于著述，著有《华严经疏》六十卷、《华严经随疏演义钞》九十卷①、《贞元新译华严经疏》十卷、《华严法界玄镜》一卷、《华严经略策》一卷、《新经七处九会颂释章》一卷、《三圣圆融观门》一卷、《华严经入法界品十八问答》一卷、《五蕴观》一卷等。②

在继承法藏学说的基础上，澄观对华严说作了不少深入阐释，有力地推动了华严说的发展。

一　判教理论

在判教方面，华严三祖法藏主张五教十宗说，认为教相有五：小、始、终、顿、圆。小教属小乘，始、终、顿、圆均属大乘。十宗：一我法俱有宗，二法有我无宗，三法无去来宗，四现通假实宗，五俗妄真实宗，六诸法但名

① 《华严经疏》和《华严经疏演义钞》后合为《华严经钞》一百五十卷，是《华严经》注疏中一部最重要的著作。参见石峻等编《中国佛教思想资料选编》第二卷第二册，中华书局1983年版，第323页。

② 详情参见汤用彤《隋唐佛教史稿》，中华书局1982年版，第172页。

宗，七一切皆空宗，八真德不空宗，九相想俱绝宗，十圆明具德宗。其中前六宗属小乘教，七一切皆空宗当大乘始教，八真德不空宗当终教，九相想俱绝宗为顿教，十圆明俱德宗为圆教。法藏认为华严宗为最高层次的圆教。法藏此种判教标准颇不一致，故其弟子慧苑作《续华严经略疏刊定记》时，便对法藏的一些理论提出了异议。澄观在《华严经疏钞悬谈》中对慧苑观点进行了批判，以维护法藏学说的地位。在《华严经疏序》中澄观就法藏立“顿教”的原因作了解说，认为“天台所以不立者，以四教中皆一绝言故。今乃开者，顿显绝言，别为一类，离念机故。即顺禅宗。”澄观认为，天台化法四教中无顿教，是因为时无禅宗之兴；而法藏开立顿教时，禅宗已兴盛。澄观之说使法藏理论得到维护，从而强化了其宗派的凝聚力。澄观将禅法引入教化，开启禅教合一之先河。

二　法界缘起说

华严宗讲法界缘起，以性相圆融，理事无碍为其根本义。华严宗认为世间一切诸法均由真如法性或一真法性所生，故又称性起缘起。法藏认为无尽之法相均为一真法性之展开，此性体为“自性清净圆明体”，故一真法性便是纯善而不染于恶的。天台宗认为性起通于染净，佛性亦有染恶。澄观受其影响，主张“如来不断性恶”的观点。《大方广佛华严经疏序》：“真妄交彻，即凡心而见佛心；事理双修，依本智而求佛智。”① 澄观疏抄释云：“如波与湿，无有不湿之波，无有离波之湿，亦合言即圣心而见凡心，如湿中见波，故如来不断性恶，又佛心中有众生等。”澄观认为一心法性不仅是“真源”，也是“妄源”。“凡厥生灵，皆含佛智”，一切众生皆“性含智海，识洞真空”，只因迷本追末，故不能识真如性。“迷现量则惑苦纷然，悟真性则空明廓彻；虽即心即佛，唯证者方知。”② 可见，澄观一方面吸纳了天台宗的理

① 澄观：《大方广佛华严经疏》卷1，《中华大藏经》，中华书局1987年影印本，第85册，第482页上栏。

② 续法：《四祖清凉国师传》，石峻等编《中国佛教思想资料选编》第二卷第二册，中华书局1983年标点本，第383页。

论，对华严宗的性起说有修正与发展；另一方面融会禅宗即心即佛理论，体现了其禅教合一的努力。

三　四法界说

华严初祖杜顺曾作《华严法界观门》一文，将《华严经》的主要思想概括为三观：真空观、理事无碍观、周遍含容观。澄观在《华严法界玄境》中，对杜顺的“三观”理论作了发展，并提出“四法界”说。四法界：一事法界，二理法界，三理事无碍法界，四事事无碍法界。事法界即现象世界。澄观云：“事法名界，界则分义，无尽差别之分齐故。”理法界即本体世界。澄观云：“理法名界，界即性义，无尽事法同一性故。”理事无碍法界主要阐明理性与事相之间相即相入、互为依存的圆融关系。事事无碍法界，是华严宗所追求的最高境界。澄观云：“第四法界，亦具二义，性融于事，一一事法不坏其相，如性融通重重无尽故。”① 事事无碍法界实乃是对理法界和理事无碍法界两者的统摄。所谓“四法界”，其最终实现即是一真法界，亦即一心法界。故澄观云：“法界者，是总相也。包事包理，及无障碍，皆可轨持，具于性分。”②“法界者，一切众生身心之本体也。从本已来，灵明廓彻，广大虚寂，唯一真境而已。”③

四　广取众家之长

澄观在广泛吸纳各派学说的基础之上，完善和发展了华严学说，使华严派再次中兴。澄观反对三教合一，但其对儒家思想又多加采纳。《华严经疏》释“成就如是无量功德”云：“成就下，总结多门，无德而称也。”澄观疏钞云：“无德而称等者，此借《论语·泰伯》篇言。”此乃引儒释经。澄观对天

---

① 澄观：《华严法界玄境》，石峻等编《中国佛教思想资料选编》第二卷第二册，中华书局1983年标点本，第325页。

② 澄观：《大华严法略策》，石峻等编《中国佛教思想资料选编》第二卷第二册，中华书局1983年标点本，第352页。

③ 续法：《四祖清凉国师传》，石峻等编《中国佛教思想资料选编》第二卷第二册，中华书局1983年标点本，第383页。

台宗理论亦多加吸纳。如上所言，其“如来不断性恶”便是源自天台学“性具善恶”说。他还采纳天台宗的“一念三千”之说，提出“一心法界说”，即“总该万有，即是一心；心融万有，便成四种法界”。他吸收了南禅即心即佛理论，“迷现量则惑苦纷然，悟真性则空明廓彻。虽即心即佛，惟证者方知。”① 正是如此，他使华严宗理论变得更完善与圆融，得到了更多教徒的信从而兴盛一时。

第四节　慧忠与良价思想

到了盛唐时期，禅宗分为南北二家。安史之乱之后，倡导顿悟的南禅逐渐盛行于世。中晚唐时期，会稽出现了不少知名禅师，慧忠和良价便是其中代表。

一　南阳慧忠

慧忠（？—775），越州诸暨（今浙江绍兴）人，俗姓冉氏，法名慧忠，世称南阳慧忠国师，谥号大证禅师。他自幼出家，少而好学，求学四方，博通经律。曾受业于慧能，与青原行思、南岳怀让、荷泽神会、永嘉玄觉并称为慧能门下五大宗匠。辞别慧能后，其在南阳白崖山党子谷隐居四十余年，故世称南阳国师。其一生受到唐玄宗、肃宗和代宗礼遇。唐玄宗闻其名，征之，居龙兴寺。安史之乱时，其离开京师，隐居山林。安史之乱后，肃宗征其到洛阳，居于千福寺禅院。代宗继位，使之居光宅寺，长达十年之久。慧忠说禅，主要是随机说法，显示了禅风在说法风格上的变化。《祖堂集》《宋高僧传》《景德传灯录》《五灯会元》等皆有传。

慧忠云：“禅宗学者，应遵佛语。一乘了义，契自心源。”② 故其较少大

① 续法：《四祖清凉国师传》，石峻等编《中国佛教思想资料选编》第二卷第二册，中华书局1983年标点本，第383页。

② 普济著，苏渊雷点校：《五灯会元》，中华书局1984年版，第99页。

段说教，好以比喻来表达自己的佛学理论。

（一）佛性论

自南北朝以来，佛性论是大乘佛教诸派论辩的一个重要话题。竺道生提出“人人皆有佛性”“一阐提皆可成佛”。到了隋唐时代，一些佛教宗派将佛性论推广至无情之物，认为无情草木、瓦石等皆有佛性。如天台宗九祖谌然认为“无情有性”“一草一木，一砾一尘、各一佛性各一因果具足缘了”。[①]后来一些禅宗学派亦接受此说，认为“青青翠竹尽是真如，郁郁黄花无非般若”[②]。此类说法遭到神会等高僧的批判。慧忠则不然，其认为世界一切万物皆是毗卢遮那佛的佛身，皆有佛性。慧忠云：“墙壁、瓦砾、无情之物，并是古佛心”，并进而阐释道：“众生迷时，结性成心；众生悟时，释心成性”[③]，心与性并无区别。《华严经》：“三界唯心，万法唯识”；“三界所有法，一切唯心造”。无情之物，亦在三界之中，故亦当有佛性。不仅如此，他还认为无情之物亦可说法。慧忠云：“无情说法，汝若闻时方闻无情说法，缘他无情始得闻我说法，汝但问取无情说法去。”[④] 在理论上，慧忠坚持无情可以说法，但他又承认自己也没有听过无情说法。

（二）见闻觉知之性

有僧侣认为“见闻觉知”（人们平常意识和精神活动）即是心（心性）。对此慧忠作了批判。他认为此类说法歪曲了佛教的原意。其云：“只如菩提、涅槃、真如、佛性，名异体同；真心、妄心、佛智、世智，名同体异。缘南方错将妄心言是真心，认贼为子，有取世智称为佛智，犹如鱼目而乱明珠，不可雷同，事须甄别。”[⑤] 并认为此类错误在于没有真正认识到一切皆空的道理，他主张“身心一如”，身心皆为佛性，皆为空寂不可得。

---

① 湛然：《金刚錍》，石峻等编《中国佛教思想资料选编》第二卷第一册，中华书局 1983 年标点本，第 232，239 页。

② 静、筠禅僧编：《祖堂集》，中州古籍出版社 2001 年标点本，119 页。

③ 同上书，117 页。

④ 同上书，113—114 页。

⑤ 道原：《景德传灯录》卷 28，《中华大藏经》，中华书局 1987 年影印本，第 74 册，第 353 页下栏。

（三）无心可用

慧忠的正面禅观，重在“无心”。《南阳慧忠国师语录》中，禅客问：“出家本拟求佛，未审如何用心即得？”师曰：“无心可用，即得成佛。”曰：“无心可用，阿谁成佛？”师曰：“无心自成，佛亦无心。”① 慧忠认为，从成佛修道至穿衣吃饭，都当以无心对待，这就是“无物自在”，也就是“佛与众生，一时放却，当处解脱”“善恶不思，自见佛性”。②

二　洞山良价

到了中晚唐时，南禅逐渐分化，出现了五家七宗，曹洞宗是南禅中的重要宗派，其开创者便是良价。良价（807—869），越州诸暨（今浙江绍兴）人，俗姓俞氏。他少从马祖道一弟子灵默禅师，后云游四方，先后受业于普愿禅师、昙晟大师等人。其曾与昙晟大师讨论“无情说法”。良价问曰：“无情说法，甚么人得闻？”严曰：“无情得闻。”师曰：“和尚闻否？”严曰：“我若闻，汝即不闻吾说法也……我说法汝尚不闻，岂况无情说法乎？”③ 后居江西宜丰洞山弘法，故世称洞山良价。后其弟子曹山本寂（840—901）广倡洞山之法，并形成一宗派。“又得曹山深明的旨，妙唱嘉猷。道合君臣，偏正回互。由是洞上玄风，播于天下。故诸方宗匠，咸共推尊之，曰‘曹洞宗’。”④《祖堂集》《宋高僧传》《景德传灯录》《五灯会元》等有传。

良价说法旨在明“即事而真”。为了阐释其旨，其创立“君臣五位”说。

> 师（本寂）因僧问五位君臣旨诀，师曰：“正位即空界，本来无物。偏位即色界，有万象形。正中偏者，背理就事。偏中正者，舍事入理。兼带者，冥应众缘，不堕诸有，非染非净，非正非偏，故曰虚玄大道、无著

① 道原撰：《景德传灯录》卷28，《中华大藏经》，中华书局1987年影印本，第74册，第353页下栏—354页上栏。

② 普济著，苏渊雷点校：《五灯会元》，中华书局1981年版，第99、100页。

③ 同上书，第778页。

④ 语风圆信、郭凝之编：《瑞州洞山良介禅师语录》，上海古籍出版社编《禅宗语录辑要》，上海古籍出版社1992年影印本，第26页中栏。

真宗。从上先德，推此一位，最妙最玄，当详审辨明。君为正位，臣为偏位；臣向君，是偏中正；君视臣，是正中偏；君臣道合是兼带语。”①

良价将君臣、偏正与佛法空色相互比附，以阐释空色之关系。正位、君位代表空界，即是真如，为理。偏位、臣位代表色界，即是现象，为事。不可堕于一方，唯有君臣道合的兼带语，方是不离二边而又共摄二边，为不二之中道，“虚玄大道，无著真宗”。可见，良价以更为形象的君臣、偏正关系来阐释不二中道，是对三论宗中道实相说更为形象的阐释，此解说带有浓郁的儒学印记，足见儒学对佛学的影响了。

第五节　民间信仰

越人好巫鬼由来已久，至秦汉以后，依然如此。到了隋唐时期，由于受到佛教和道教的影响，越地民间信仰发生了不少变化：一方面以佛道为主体的宗教信仰极为盛行，佛寺、道观遍布名山、街巷；另一方面，深受传统巫鬼信仰影响，人格神信仰变得越来越普遍。

一　宗教信仰

魏晋南朝时期，道教在会稽得到了快速发展，出现了魏伯阳等高道，也出现了众多得道仙人。《嘉泰会稽志》卷十五：

虞翁生，会稽人，受仙人介君食日精法，以吴时隐狼五山，兼行云气回形之道，精思积久，形体更少如童子。后乘云升天。②

严青，会稽人，遇神人授素书一卷，曰：“汝骨应得长生。”青言：

① 郭凝之编：《抚州曹山本寂禅师语录》，上海古籍出版社编《禅宗语录辑要》，上海古籍出版社 1992 年影印本，第 42 下栏—43 页上栏。

② 施宿撰：《嘉泰会稽志》卷 15，《文渊阁四库全书》，台湾商务印书馆 1986 年影印本，第 486 册，第 334 页上栏。

“我不识书，当奈何?”神人曰：“不须读也，但以洁器盛之置高处耳。”并教服石髓法。受之，无他佳器，惟有饮壶，乃用以盛所授书，眼便见其左右常有数十人侍之。治病救患，但以所授书到其人家，所病便愈。百姓尊奉之，后断谷不食一年，入小霍山仙矣。①

唐宋时期，越中道教依然颇为盛行。据《嘉泰会稽志》记载，越州有道观14座，其中府城有天庆观、报恩光孝观、天长观、开元观，会稽县有告成观、龙瑞宫、千秋观，嵊县有金庭观、桃源观，诸暨有乾明观，余姚有广福观、祠宇观，上虞有天庆观，新昌有鼓山真圣观。由于民间有大量在家道士，真正住观的道士并不多，故道观数量并不多。

南北朝时期，佛教在越地得到了较快的传播，出现了一批著名的高僧，如慧皎等。到了隋唐时期，会稽成为佛教的一个重镇，不仅名僧众多，而且出现了吉藏、慧可等著名大师。《宋高僧传》记载隋唐时期高僧共518人，其中有俗籍或国籍者355人，浙江籍共69人，绍兴地区最多，共19人（绍兴12人，诸暨7人）。② 民间佛教信仰也很盛行。洪迈《夷坚志·支志丁》卷二《范之纲妻》：“会稽士人范之纲，居于城中，壮岁下世。有两子，能谨畏治生，日以给足。其母早夜焚香，敬祷天地百神，旦诵经五十过。凡十余年，未尝少辍。”③ 到了宋代，佛教在越地更为盛行。据南宋人施宿《嘉泰会稽志》卷七记载，宋代会稽佛教信仰极其盛行，大小佛寺多达300余座，著名的有开元寺、禹迹寺、大善寺、戒珠寺、能仁寺等。另有戒坛3处，接待11处，施水7处。史籍中对越僧的活动多有所记载。《东轩笔录》卷七：“越州僧愿成客京师，能为符篆咒。时王雱幼子夜啼，用神咒而止。”④《嘉泰会稽志》卷十五：

释弘明，会稽山阴人，止云门寺，诵《法华经》，瓶水自满，有童子

① 施宿撰：《嘉泰会稽志》卷15，《文渊阁四库全书》，台湾商务印书馆1986年影印本，第486册，第335页下栏。

② 参见陈华文等撰《浙江民俗史》，杭州出版社2008年版，第168页。

③ 洪迈撰，何卓点校：《夷坚志》，中华书局1981年版，第981页。

④ 魏泰：《东轩笔录》，上海古籍出版社编《宋元笔记小说大观》，上海古籍出版社2001年标点本，第2729页。

> 自天而下供使。虎无时入室，自卧起。尝有一小儿来听经，明为说法，俄不见。又有山精来指笑，明捉得以带系之，久不得脱，曰："放我，我不敢复来。"于是释之。后住永兴绍玄寺，又住柏林寺。①
>
> 释道慧，余姚人，读《远公传》，慕其为人，遊庐山，卜居西林三年。王式辨三相义，慧诘难之，词句焕显。又就学猛公，猛讲诚实，为张融所难，使慧当之挫其锋气，融大服，褚澄、谢超宗皆加敬焉。②

可见，唐宋时期，越地宗教信仰依然比较盛行。

二　鬼神信仰

自先秦以来，越地鬼神信仰盛行，鬼神祭祀盛行。《嘉泰会稽志》卷一："故其民至今勤于身，俭于家，奉祭祀，力沟洫，乃有禹之遗风焉。"③宋人田锡《太平令贾昭伟考词》："江南岁多不稔，农鲜服勤，信卜筮而佞鬼神，弃耕桑而从网罟。是以民无土著，家无积储。"④ 上自州县，下至闾巷村落，无不各有神祠。每当迎神之时，人们从四面八方赶来，"男女聚观，淫奔酣斗，夫不暇及耕，妇不暇及织，而一惟淫鬼之玩"。⑤

社神信仰始于先秦，秦汉以后社神祭祀变得更为地方化。施宿《嘉泰会稽志》卷一："古者诸侯建国，各有社稷，虽曹滕郝莒五十里之国，皆与齐晋符。不独诸侯也，有民人则有社稷矣。故一邑之小亦有之，鲁之费，楚之丰，皆邑之有社者也。而国朝之制，县社稷祠祭与郡等，会稽八邑皆有社稷焉。"⑥

---

① 施宿撰：《嘉泰会稽志》卷16，《文渊阁四库全书》，台湾商务印书馆1986年影印本，第486册，第337页上栏—下栏。

② 同上书，第336下栏—337页上栏。

③ 施宿撰：《嘉泰会稽志》卷1，《文渊阁四库全书》，台湾商务印书馆1986年影印本，第486册，第12页下栏。

④ 曾枣庄、刘琳等编：《全宋文》，上海辞书出版社、安徽教育出版社2006年标点本，第5册，第216页。

⑤ 陈淳：《上赵寺丞论淫祀》，《北溪大全集》，《文渊阁四库全书》，台湾商务印务馆1986年影印本，第1168册，第852页上栏。

⑥ 施宿撰：《嘉泰会稽志》卷1，《文渊阁四库全书》，台湾商务印书馆1986年影印本，第486册，第18页下栏。

越人祭防风始于汉代。《国语·鲁语下》有孔子识防风骨的记载。贺循《会稽记》:“防风氏其身长三丈，刑者不及，乃筑高塘刑之，故曰刑塘。”①《述异记》:“俗云，祭防风，奏防风古乐，截竹长三尺，吹之如狗嗥，三人被发而舞。”② 会稽有防风庙，庙在县东北二十五里，禹诛防风氏，此其遗迹。到了后世，防风地位下降，逐渐变成野鬼。《太平广记》卷三百二十三：

会稽郡常有大鬼，长数丈，腰大数十围，高冠玄服。郡将吉凶，先于雷门示忧喜之兆。谢氏一族，忧喜必告。谢弘道未遭母艰数月，鬼晨夕来临。及后将转吏部尚书，拊掌三节舞，自大门至中庭，寻而迁问至。谢道欣遭重艰，至离塘行墓地。往向夜，见离塘有双炬。须臾，火忽入水中，仍舒长数十丈，色白如练。稍稍渐还赤，散成数百炬，追逐车从而行。悉见火中有鬼，甚长大，头如五石箩，其状如大醉者，左右小鬼共扶之。是年孙恩作乱，会稽大小，莫不翼戴。时以为欣之所见，乱之征也。禹会诸侯会稽，防风之鬼也。③

越地多山神庙。《嘉泰会稽志》卷六：“绪山庙在县西二百五十步，祀典始于东晋。咸康中有江都李泳者作记，谓徽宗皇帝常梦禁中火，有神人扑灭已雨。奏曰：‘臣越之余姚绪山神。’黎明内廷果火。会雨而止。上异之，有旨下本道访求，遂赐应梦之号。泳，字子永，御史中丞定之曾孙，诸父仕多通显，其说宜不敢妄云。”④ 越地盛行龙王信仰，各地多龙王庙。诸暨县有龙王庙、白龙堂、五泄龙堂。上虞县有顺胜龙王庙。越地有魔母信仰，认为其掌生育。唐代越州宝林寺中便有专为祈子而设的魔母堂，“越中士女求男女者，必报验焉”⑤。

---

① 刘纬毅：《汉唐方志辑佚》，北京图书馆出版社 1997 年版，第 106 页。

② 郑樵撰：《通志》卷 3 上，中华书局 1987 年影印本，第 1 册，第 40 页上栏。

③ 李昉等编：《太平广记》卷 333，中华书局 1961 排印本，第 7 册，第 2563—2564 页。

④ 施宿撰：《嘉泰会稽志》卷 6，《文渊阁四库全书》，台湾商务印书馆 1986 年影印本，第 486 册，第 113 页上栏。

⑤ 李昉等编：《太平广记》卷 41，中华书局 1961 年排印本，第 1 册，第 259 页。

越地盛行巫术，典籍中还有不少关于鬼巫术的记载。《夷坚志·乙志》卷十九："江浙之俗信巫鬼，相传人死则其魂复还，以其日测之，某日当至，则尽室出避于外，曰'避煞'。命壮仆或僧守其庐，布灰于地。明日，视其迹，云受生为人为异物矣。"①

三　人神信仰

越地泛神信仰盛行，民间盛行祭祀各类人神。

（一）城隍

城隍是一种有名有姓的土地神，其大约产生于南北朝时期，到了唐代已广泛流行于各地。② 赵与时《宾退录》卷八："州县城隍庙，莫详事始……今其（城隍）祠几遍天下，朝家或锡庙额，或颁封爵；未命者，或袭邻郡之称，或承流俗所传，郡异而县不同。至于神之姓名，则又迁就附会，各指一人，神何言哉……绍兴府为庞玉，实庞坚四世祖，事具《唐书·忠义传》，盖尝历越州总管。"③《嘉泰会稽志》卷六对会稽城隍信仰作了详细的描述：

> 城隍显宁庙在子城内卧龙山之西南，自昔纪载皆云：神姓庞，讳玉。按《唐书·忠义传》实庞坚四世祖也。京兆泾阳人，魁梧有力，明兵法。仕隋为监门直阁。李密据洛口，寖逼东都，王以關中锐兵属，王世充击之，百战不衄。炀帝崩，乃率万骑归唐。时唐室新造，诸将起于行伍，高祖以王隋之旧臣，久宿卫，习朝廷制度，拜领军武卫二大将军，俾为诸将模矱。秦王尤所亲倚，常从征伐。……初，王镇越，惠泽在民。既卒，邦人追怀之，祠以为城隍神。④

---

① 洪迈撰，何卓点校：《夷坚志》，中华书局1981年版，第352页。

② 参见贾二强《唐宋民间信仰》，福建人民出版社2002年版，第98页。

③ 赵与时：《宾退录》，上海古籍出版社编《宋元笔记小说大观》，上海古籍出版社2001年标点本，第4222—4224页。

④ 施宿撰：《嘉泰会稽志》卷6，《文渊阁四库全书》，台湾商务印书馆1986年影印本，第486册，第103页上栏—下栏。

陆游《宁德县重修城隍庙记》："故自唐以来，郡县皆祭城隍，至今世尤谨，守令谒见，其仪在他神祠上。社稷虽尊，特以令式从事，至祈禳报赛，独城隍而已，则其礼顾不重与！"① 这些足见时人对城隍之重视了。

（二）五通神

五通神，源出佛教。五通，为佛教修行达到的五种神力。早在南北朝时期，便已有五通神之说。直至唐代，五通神依然在佛门内活动，到了宋代，五通神信仰广泛流传于民间。② 越地五通神信仰极为盛行。田汝成《西湖游览余志》卷二十六《幽怪传疑》："杭人最信五通神……杭人之信五通，自宋已然矣。"③《夷坚志·支志景》载有独脚五通神故事。

> 方子张为会稽仓官，僦民室作廨舍，庖中炊饭熟，婢举甑时，忽三分失其一，已而淆馔异然……子张异焉，谋徙居以避他祸。偶步至邻家，望小室内一龛帐极华洁，试往视，正画一巨脚，略无相貌。扣其人，但窘挠不答，若无所措，乃悟常日盗饭者此也。郡士姚县尉，精法箓，善治鬼。语之故，姚曰："是名独脚五通，盖魈类也。君欲治之乎？"子张曰："幸不为大过，无用深惩，只令绝迹无相犯足矣。"姚为飞符约敕之，自此寂不至。④

五通神性淫，好奸淫妇女。《夷坚志·丁志》卷17《江南木客》：

> 大江以南地多山，而俗机鬼，其神怪甚佹异，多依岩石树木为丛祠，村村有之。二浙江东曰"五通"……尤喜淫，或为士大夫美男子，或随人心所喜慕而化形，或止见本形，或者如猴猱，如龙，如虾蟆，体相不一，皆矫捷劲健，冷若冰铁。阳道壮伟，妇女遭之者，率厌若不堪，羸

---

① 陆游：《渭南文集》，《陆游全集》，中华书局1976年排印本，第5册，第2128页。

② 参见贾二强《唐宋民间信仰》，福建人民出版社2002年版，第347—348页。

③ 田汝成：《西湖游览余志》，《文渊阁四库全书》，台湾商务印书馆1986年影印本，第585册，第632页上栏，632页下栏。

④ 洪迈撰，何卓点校：《夷坚志》，中华书局1981年版，第890页。

悴无色，精神奄然。①

故官吏对五通庙多加以禁毁。姚宽《西溪丛语》卷上："《绍兴和旨楼》：绍兴府轩亭临街大楼，五通神据之，土人敬事，翟公巽帅越，尽去其神，改为酒楼。"②

（三）紫姑

紫姑最早见于《异苑》。《异苑》卷五：

> 世有紫姑者，古来相传云是人家妾，为大姑所嫉，每以秽事相次役。正月十五日感激而死，故世人以其日作其形，夜于厕间或猪栏边迎之……奠设酒果，亦觉貌辉辉有色，即跳躞不住。能占众事，卜未来蚕桑。又善射钓，好则大舞，恶便仰眠。③

紫姑原为民间小人物，但其故事很快在民间流传开来。善卜，故后世紫姑化为占卜神。宋时越地多有紫姑扶箕作诗之事，多具浓郁的文人化气息。周密《齐东野语》卷十六《降仙》："绍兴斜桥客邸有请紫姑者，命橹为题，诗云……"④ 大诗人陆游曾作《箕卜》咏民间迎紫姑一事。

> 孟春百草灵，古俗迎紫姑，厨中取竹箕，冒以妇裙襦。竖子夹扶持，插笔祝其书。俄若有物凭，对答不须臾。岂必考中否，一笑聊相误。诗章亦间作，酒食随所须。兴阑忽辞去，谁能执其祛。⑤

（四）天后（妈祖）

天妃，又称娘妈，天后，圣母。台湾和福建称妈祖。妈祖最早的文献是

① 洪迈撰，何卓点校：《夷坚志》，中华书局1981年版，第695—696页。

② 姚宽撰，孔凡礼点校：《西溪丛语》，中华书局1993年版，第35页。

③ 刘敬叔：《异苑》，上海古籍出版社编《汉魏六朝笔记小说大观》，上海古籍出版社1999年标点本，第638页。

④ 周密：《齐东野语》，上海古籍出版社编《宋元笔记小说大观》，上海古籍出版社2001年标点本，第5633页。

⑤ 陆游著，钱仲联校注：《剑南诗稿校注》，上海古籍出版社2005年版，第6册，第2979页。

南宋廖鹏飞于高宗绍兴二十年（1150）所写的《圣墩祖庙重建顺济庙记》，云："世传通天神女也，姓林氏，湄洲屿人。初以巫祝为事，能预知人祸福……"相传妈祖姓林，名默娘，福建莆田湄州人，终身未嫁，以巫祝为事。湄州多海事，于是妈祖逐渐成为航海人的保护神。绍兴市唯一的妈祖庙"天后宫娘娘庙"位于绍兴市上虞区道墟街道联浦村，以前叫蛭浦村。蛭浦的天后宫娘娘庙始建的年代不详，约始建于晚宋。每年的三月二十三日妈祖娘娘生日这天，是三天庙会中最热闹的日子。

会稽人神庙众多，除了舜、禹、越王、陶朱公、文种、秦始皇、项羽以外，尚有多位有政绩的会稽太守，如马臻等。《嘉泰会稽志》卷六云："始皇崩，邑人刻木为像祀之，配食夏禹。后汉太守王朗弃其像江中，像乃泝流而上，人以为异，复立庙。唐叶天师焚之。开元十九年县尉吴励之再建，庆历五年知县寇中舍毁之，改作回车院，今院侧仍有小庙存。"① 山阴县有项羽庙，庙在县南十五里项里溪上，以亚父范曾配食，不知其始岁月，傍有聚落数十户，岁时奉祀。

另还有众多祭祀功臣、孝子、孝女的祠庙。如府城精忠庙，纪念抗金卫士唐琦；府城懋孝庙，纪念孝子蔡定；上虞朱娥孝女庙，纪念孝女朱四女。②

从以上分析可以看出，到了唐宋时期，越地民间信仰变得更加复杂多元化。传统神灵信仰，如社神、防风神信仰等，逐渐趋于衰微。受到佛教、道教神灵信仰的影响，民间诸神信仰变得极其发达。城隍、五通神、紫姑等信仰变得越发带有越地气息，人神信仰日渐复杂多元。除了历史人物、功臣英烈之外，贤子、孝女等亦成为民间祭祀对象。一句话，多元化和本土化是这一时期民间信仰的主要特色。

---

① 施宿撰：《嘉泰会稽志》卷6，《文渊阁四库全书》，台湾商务印书馆1986年影印本，第486册，第110页下栏。

② 以上资料皆见于施宿《嘉泰会稽志》和张淏《宝庆会稽志》。

第五章　王阳明思想

自隋唐以来，儒学不断受到释、道二教的冲击。为了维护儒学的正统地位，宋代儒学大师吸收释、道二教之思想，创立了新儒学——理学。北宋理学的代表人物有周敦颐、张载、程颐和程颢等，南宋的朱熹则是理学的集大成者。与程朱理学相对立的便是陆九渊的心学。由于各种原因，陆九渊的心学在当时的影响较为有限。到了明代，王阳明积极倡导心学，使得心学成为明代最重要的学术思潮。王阳明之后，阳明学遍布各地，形成了不同的流派。

第一节　王阳明生平

王阳明（1472—1529），名守仁，字伯安，祖籍山阴，出生于绍兴府余姚（今浙江余姚）。清嘉庆《山阴县志》载："守仁本山阴人，迁居余姚，后仍还本籍，其故居在山阴东光相坊谢公桥之后，祠亦在焉。"王阳明自号阳明子，故时人多称其为阳明先生，后世多称其为王阳明。王阳明"立德、立功、立言皆踞绝顶"①，可谓中国古代"三不朽"之杰出代表。

余姚王氏源出山西太原，秦汉之际，一支迁于山东。东晋初期，王氏南迁建康。王导、王敦兄弟为东晋王朝的建立与稳定立下大功，于是王氏一跃成为六朝时期最著名的家族之一。北宋时期，王氏一支迁于余杭，后王补之、王辅

① 王士禛：《池北偶谈》，中华书局1982年标点本，第201页。

之迁居上虞，两世后王季迁至余姚，于是世居余姚，王阳明便出生于余姚。①

王阳明祖父王伦是当时有名的隐士，有著作行世。其父王华（1446—1522），因常读书于余姚龙泉山，人称龙山先生。王华为明宪宗成化十七年（1481）状元，授翰林院修撰，后官至南京吏部尚书。王华一生正直，且勤于著述，著有《诸书杂录》二十卷、《龙山稿》十五卷、《垣南草堂稿》十卷等。《年谱》云："龙山公常思山阴山水佳丽，又为先世故居，复自姚徙越城之光相坊居之。"②《年谱》不载王华迁山阴具体时间。《年谱》又云："十有七年辛丑，先生十岁，皆在越。"《年谱》中多次记载王阳明"在越"，唯有此处言"皆在越"。学者考察《年谱》后指出，"越城已是阳明的居处，故用'在'；而余姚是阳明的故乡，故用'归'"③。"在越"表明王阳明某年在越（绍兴），而"皆在越"则表明近几年在越。故有学者认为，"这似乎表明在成化十七年之前，王华即已徙居山阴，其迁居的时间或当在成化十二年至十七年之间"④。此说颇有道理。《年谱》："五年壬子，先生二十一岁，在越。举浙江乡试。"可见，王华有故居在山阴，为了方便乡试，他提前由余姚返回到山阴。王华于明宪宗成化十七年（1481）中状元，其参加浙江乡试当在成化十六年（1480）秋。故笔者认为，为了方便成化十六年的浙江乡试，王华当于成化十五年（1479），或者更早便迁居山阴了。王华迁居山阴，王阳明亦随父前往，故《年谱》云"皆在越"。

王阳明原本山阴人，自余姚迁回山阴后，王阳明便以山阴为家乡。王华中状元之后，任职京师，王阳明亦随之居京。明孝宗弘治元年（1488），王阳明回越，主要是为了迎娶诸氏，后一直居余姚。弘治五年（1492）王阳明归越，主要是为了参加浙江乡试，惜次年（1493）春，会试下第。落第后，王阳明回余姚，结诗社于龙泉寺。据《年谱》，此后数年，王阳明一直寓居京

---

① 详情参见钱明《儒学正脉——王守仁传》，浙江人民出版社 2006 年版，第 2—11 页。

② 吴光等编校：《王阳明全集》，上海古籍出版社 2015 年标点本，第 1000 页。本书所引《年谱》皆引自本书，后不再一一注明。

③ 钱明：《儒学正脉——王守仁传》，浙江人民出版社 2006 年版，第 136 页。

④ 参见董平《王阳明的生活世界》，中国人民大学出版社 2009 年版，第 7 页注释②。

师。弘治十二年（1499），王阳明中进士，于是任职于京师。

弘治十五年（1502）八月，王阳明告病归越，筑室阳明洞中，行导引术。阳明洞天在会稽山支脉宛委山龙端宫西侧①，离越城数十里。修行阳明洞天时，王阳明与越中王思舆、王琥、许璋等多有交往，多有出世之念。其终不能作断，于是次年养病于钱塘西湖，继而复思用世，遂归京为官。

武宗正德元年（1506），时为兵部主事的王阳明因上书救戴铣，得罪权贵刘瑾，被系下狱。旋贬为贵州龙场驿驿丞。正德三年（1508）春，王阳明到达龙场驿。龙场生存环境恶劣，王阳明“日夜端居澄默，以求静一”。夜中忽大悟：“始知圣人之道，吾性自足，向之求理于事物者误也”（《年谱》）。此即所谓“龙场悟道”。是年，王阳明始论知行合一，创立龙岗书院，宣讲其思想。两年（1510）后，王阳明迁江西庐陵知县。不久归，亦为官。又两年（1512）后，入南京为官。期间，王阳明编定《朱子晚年定论》，以调和其心学与朱子学之间的矛盾。正德十一年（1516），迁都察院左佥都御史，巡抚南、赣、汀、漳等处。其间，王阳明平定横水、左溪、桶冈等地动乱。正德十四年（1519），王阳明以其高超计谋，很快平定宁王朱宸豪叛乱。因奸小谗言，王阳明不仅未获奖赏，反倒有性命之忧。正德十六年（1521）六月，武宗崩后，世宗继位，王阳明被封为新建伯，以奖赏其平乱之功。

正德十六年，王阳明还越，归余姚省祖茔。同年十月被封为新建伯，王阳明上疏辞之。世宗嘉靖元年（1522）二月，父龙山公卒，王阳明服丧越中。嘉靖四年（1525），夫人诸氏卒。自正德十六年还越，直至嘉靖六年（1527）九月，王阳明一直居于越，从事讲学、论道等活动。薛侃《寄冷塘书》：“先师还越，积六载兴起，友朋数百人。”其高足钱德洪对王阳明晚年越中讲学盛况有所记载：

> 先生初归越时，朋友踪迹尚寥落，既后，四方来游者日进。癸未年已后，环先生而居者比屋，如天妃、光相诸刹，每当一室，常合食者数

① 参见钱明《儒学正脉——王守仁传》，浙江人民出版社2006年版，第133页。

十人；夜无卧处，更相就席；歌声彻昏旦……先生每临讲座，前后左右环坐而听者，常不下数百人，送往迎来，月无虚日；至有在侍更岁，不能遍记其姓名者……尝闻之同门先辈曰："南都以前，朋友从游者虽众，未有如在越之盛者。"①

嘉靖四年（1525），王阳明门人立阳明书院，书院在越城西郭门内光相桥之东。可见，晚年在越时，王阳明全身心投入到讲学事业中，从而使绍兴成为当时重要的学术中心。

嘉靖六年（1527）五月，朝廷命王阳明兼都察院左都御史，出征广西思恩、田州之乱。出征之前，九月初八夜，王阳明与两大弟子钱德洪、王畿相聚论学于天泉桥上，王阳明提出四句教。此即著名的"天泉证道"。嘉靖七年（1528），王阳明平定思、田叛乱，并且顺势平定了八寨、断藤峡等地山贼。之后，王阳明辞归。因平定叛乱操劳过度，原本体弱的王阳明疾病急剧恶化，于该年十一月二十九日（1529年1月9日）道卒于江西南安。

从以上分析可以看出，王阳明原本山阴人，虽出生于余姚，但幼时很早便迁回山阴居住，后来王阳明一直将山阴作为主要居住地，因此，余姚是王阳明的故乡，而山阴才是王阳明的家乡。早年，王阳明曾修行于阳明洞天。晚年，王阳明长期居越讲学。因此，"绍兴则可以说是王阳明思想的发端与成熟之地（所谓'首善之地'与'所操益熟'之地）""绍兴的地域文化对阳明学派的形成与发展具有更直接的催化作用"。②

第二节　心性说

王阳明学说体系博大，内容精深，"心即理""致良知""知行合一"等

---

① 王阳明：《传习录》，吴光等编校《王阳明全集》，上海古籍出版社2012年标点本，第103页。本书所引王阳明著作文章皆引自此本，后不再一一注明。

② 钱明：《儒学正脉——王守仁传》，浙江人民出版社2006年版，第138、148页。

乃其学说最为核心的三大理论。

程、朱理学以“理”为本体与核心，而陆九渊则提出以“心”为核心，即心学。王阳明继承了陆九渊的心学，并对心性论作了大量的发展。

一　心之本体

道家以“道”为本体，程、朱理学以“理”为本体，而王阳明则以“心”为本体。王阳明认为心为人之主宰。

王阳明认为心为天地之主宰。《传习录上》：“所谓汝心，却是那能视听言动的，这个便是性，便是天理……这心之本体，原只是个天理，原无非礼，这个便是汝之真己。这个真己，是躯壳的主宰。”《传习录下》对心的主宰地位作了更为详细的论说：

> 心者身之主宰，目虽视而所以视者心也，耳虽听而所以听者心也，口与四肢虽言动而所以言动者心也。故欲修身在于体当自家心体，常令廓然大公，无有些子不正处。主宰一正，则发窍于目，自无非礼之视；发窍于耳，自无非礼之听；发窍于口与四肢，自无非礼之言动：此便是修身在正其心。然至善者，心之本体也。心之本体，那有不善？如今要正心，本体上何处用得功？必就心之发动处才可著力也。心之发动不能无不善，故须就此处著力，便是在诚意。

自古以来，人们便认为人为天地之心。《礼记·礼运》：“故人者，天地之心也。”故王阳明认为心为天地之主宰。

> 先生曰：“你看这个天地中间，甚么是天地的心？”对曰：“尝闻人是天地的心。”（《传习录下》）
>
> 人者，天地万物之心也；心者，天地万物之主也。人即天，言心则天地万物皆举之矣，而又亲切简易。（《答季明德》）

不仅如此，王阳明还认为心高于天地万物。《紫阳书院集序》：“是故君子之学，惟求得其心，虽至于位天地，育万物，未有出于吾心之外也。”

心为何能为天地万物之主呢？主要在于心能感通天地万物。《传习录下》：“心不是一块血肉，凡知觉处便是心，如耳目之知视听，手足之知痛痒，此知觉便是心也。”又云：

> 先生曰：“你看这个天地中间，甚么是天地的心？”对曰：“尝闻人是天地之心。”曰：“人又甚么教做心？”对曰：“只是一个灵明。”“可知充天塞地中间，只有这个灵明，人只为形体自间隔了。我的灵明，便是天地鬼神的主宰。天没有我的灵明，谁去仰他高？地没有有我的灵明，谁去俯他深？鬼神没有我的灵明，谁去辩他吉凶灾祥？天地鬼神万物离却我的灵明，便没有天地鬼神万物了。”

人们因感知而认知天地万物，但天地万物并不因人的感知而存在。王阳明以此为基础，进而将心提升到本体的高度，认为心为天地万物之主宰，显然有众多不合理之处。正如钱穆先生在《阳明良知学述评》中所言：“阳明始言良知，重在工夫上。后言良知，又重在本体上。以良知言工夫，是紧切的。以良知言本体，则入于渺茫中去了。”①

二　心与理

“在整个宋明理学中，‘心’与‘理’间的关系是基本哲学问题之一……就心学传统而言，心——理关系更是全部体系的核心。”②至于心与理之关系，宋儒发表了不同见解。朱熹认为理是形而上的，其在心中是作为“性”而存在的，故心可以管制理。《大学或问》卷二：“人之所以为学，心与理而已矣。心虽主乎一身，而其体之虚灵足以管乎天下之理。理虽散在万物，而其用之微妙实不外乎一人之心。”③ 陆九渊则提出“心即理”一说。陆

① 钱穆：《中国学术思想史论丛》（七），东大图书有限公司1979年版，第83页。
② 陈来：《有无之境——王阳明哲学的精神》，生活·读书·新知三联书社2009年版，第22页。
③ 朱熹：《四书或问》，《文渊阁四库全书》，台湾商务印书馆1980年影印本，第197册，第234页上栏。

九渊《与曾宅之》：“盖心，一心也；理，一理也。至当归一，精义无二，此心此理，实不容有二。故夫子曰：‘吾道一以贯之。’”① 陆九渊《与李宰》：“人皆有是心，心皆具是理，心即理也。”② 正如学者所说，“陆氏所说的心即理，是心与理的同一，而不是合一……心和理纯是异名同实。心就是理，理就是心，只是为着方便，才有心和理的不同称呼。”③

王阳明继承陆氏说，认为心即理。《传习录上》：

> 先生曰：“心即理也。天下又有心外之事，心外之理乎？”爱曰：“如事父之孝，事君之忠，交友之信，治民之仁，其间有许多理在，恐亦不可不察。”先生叹曰：“此说之蔽久矣，岂一语所能悟？今姑就所问者言之：且如事父，不成去父上求个孝的理？事君，不成去君上求个忠的理？交友治民，不成去友上、民上求个信与仁的理？都只在此心。心即理也。此心无私欲之蔽，即是天理，不须外面添一分。以此纯乎天理之心，发之事父便是孝，发之事君便是忠，发之交友治民便是信为仁。只在此心去人欲、存天理上用功便是。”

王阳明认为，天下无心外之理。一切具体行动不过是心与理的具体表现。心即理，故理不外于心，并对割裂心理为二的做法作了批判。

> 夫物理不外于吾心，外吾心而求物理，无物理矣；遗物理而求吾心，吾心又何物邪……夫外心以求物理，是以有暗而不达之处，此告子“义外”之说，孟子所以谓之不知义也……不可外心以求仁，不可外心以求义，独可外心以求理乎……夫万事万物之理不外于吾心，而必曰穷天下之理，是殆以吾心之良知为未足，而必外求于天下之广以裨补增益之，是犹析心与理而为二也。(《传习录中·答顾东桥书》)
>
> 此心在物则为理……要来外面做得好看，却与心全不相干。分心与

① 《陆九渊集》，中华书局1980年标点本，第4—5页。

② 同上书，第149页。

③ 张祥浩：《王守仁评传》，南京大学出版社1993年版，第408页。

理为二。(《传习录下》)

理也者，心之条理也。是理也……千变万化，至不可穷竭，而莫非发于吾之一心。故以端庄静一为养心，而以学问思辨为穷理者，析心与理为二矣。(《书诸阳伯卷》)

心即理，理不外于心，故当求理于心。王阳明龙场悟道后便深明此理。《年谱》:“因念:‘圣人处此，更有何道?’忽中夜大悟格物致知之旨，寤寐中若人语之者，不觉呼跃，从者皆惊。始知圣人之道，吾性自足，向之求理于事物者误也。”

王阳明“心即理”内涵广泛，“守仁的所谓心即理，不仅是指事理，而且也指物理……故守仁的心即理，是囊括伦理物理而言。”① 《传习录中·答顾东桥书》:“心一而已。以其全体恻怛而言谓之仁，以其得宜而言谓之义，以其条理而言谓之理。”又如《与王纯甫》:

夫在物为理，处物为义，在性为善，因所指而异其名，实皆吾之心也。心外无物，心外无事，心外无义，心外无善。吾心之处事物，纯乎天理而无人伪之杂，谓之善，非在事物之有定所之可求也。处物为义，是吾心之得其宜也，义非在外可袭而取也。格者，格此也;致者，致此也。必曰事事物物上求个至善，是离而二之也。

王阳明认为心是形而上的，可以表现为仁、义、善等。

可见，王阳明的“心”并不同于朱熹的“心”，也不同于陆九渊的“心”。正如陈来先生所言，“可以毫不夸张地说，‘心即是理’或‘心外无理’是阳明伦理学的第一原理，集中体现了心学自孟子以来的伦理哲学。”②

三 心与物

程、朱理学以“理”为本体，万物不过是理的体现，其不外乎心。陆九

① 张祥浩:《王守仁评传》，南京大学出版社 1993 年版，第 411 页。
② 陈来:《有无之境——王阳明哲学的精神》，生活·读书·新知三联书店 2009 年版，第 22 页。

渊则将心与物等同起来，“宇宙便是吾心，吾心便是宇宙”①。王阳明比陆九渊走得更远，并明确提出无心外之理、无心外之物的主张。

王阳明认为，物是事，人是事的主体，故物不能离人、离心。

> 物即事也。如意用于事亲，即事亲为一物；意用于治民，即治民为一物；意用于读书，即读书为一物；意用于听讼，即听讼为一物。凡意之所用无有无物者，有是意即有是物，无是意即无是物矣。物非意之用乎？（《传习录中·答顾东桥书》）
>
> 身之主宰便是心，心之所发便是意，意之本体便是知，意之所在便是物……所以某说无心外之理，无心外之物。（《传习录上》）

王阳明曾举了两个现实例子对心外无物作了论证。

> 先生游南镇，一友指岩中花树问曰：“天下无心外之物。如此花树，在深山中自开自落，于我心亦何相关？”先生曰：“你未看此花时，此花与汝心同归于寂。你来看此花时，则此花颜色一时明白起来。便知此花不在你的心外。”（《传习录下》）
>
> “天没有我的灵明，谁去仰他高？地没有我的灵明，谁去俯他深？鬼神没有我的灵明，谁去辨他吉凶灾祥？天地鬼神万物离却我的灵明，便没有天地鬼神万物了。我的灵明离却天地鬼神万物，亦没有我的灵明。如此，便是一气流通的，如何与他间隔得？”又问：“天地鬼神万物，千古见在，何没了我的灵明，便俱无了？”曰：“今看死的人，他这些精灵游散了，他的天地万物尚在何处？”（《传习录下》）

王阳明认为，外物没有被人感知，其与人无关，可以无视其存在；外物只有被人感知，它才能因我而存在。王阳明此说与英国哲学家贝克莱“存在即被感知”说很相似。

---

① 陆九渊：《杂著》，《陆九渊集》，中华书局1980年标点本，第273页。

> 天上的星辰，地上的山川景物，宇宙中所含的一切物体，在人心灵以外都无独立的存在；它们的存在就在于其为人心灵所感知。①

王阳明继而提出“人心与物同体”。《传习录下》：

> 问：“人心与物同体，如吾身原是血气流通的，所以谓之同体。若于人便异体了，禽兽草木益远矣，而何谓之同体？”先生曰：“你只在感应之几上看，岂但禽兽草木，虽天地也与我同体的，鬼神也与我同体的。”……“天地鬼神万物离却我的灵明，便没有天地鬼神万物了。我的灵明离却天地鬼神万物，亦没有我的灵明。如此，便是一气流通的，如何与他间隔得？”

王阳明此说，显然夸大了人心的作用，从而陷入了主观唯心主义。王阳明此类说法不过是为了强调心的作用，其实他并没有完全否定外物的客观存在。如《南冈说》云：“故观夫南冈之崖石，则诚崖石尔矣；观夫南冈之溪谷，则诚溪谷尔矣；观夫南冈之峰峦岩壑，则诚峰峦岩壑尔矣。是皆实理之诚物，而非有所虚假文饰，以伪为于其间。”② 在此其肯定了南冈的客观存在性。

四　心与性

《礼记·中庸》云：“喜怒哀乐之未发，谓之中；发而皆中节，谓之和。”宋儒对“已发”与“未发”作了更多阐释。胡宏认为“未发只可言性，已发乃可言心”。朱熹晚年认为“未发就是指思虑未萌时的内心状态，是静；已发则是指思虑已萌的状态，是动”③。王阳明早年接受了二程的“心为已发，性为未发”的思想。《答汪石潭内翰》：“夫喜怒哀乐，情也，既曰不可，谓未发矣。喜怒哀乐之未发，则是指其本性而言，性也……喜怒哀乐之与思与知

---

① 贝克莱：《人类知识原理》，商务印书馆2010年版，第22页。

② 吴光等编校：《王阳明全集》，上海古籍出版社2012年版，第749页。

③ 陈来：《有无之境——王阳明哲学的精神》，生活·读书·新知三联书店2009年版，第76页。

觉，皆心之所发。心统性情。性，心体也；情，心用也。”王阳明认为未发为性，所发为心之所发，故心统性情。

但更多时候，王阳明将心与性统一起来，认为心即性，心之本体是性。《传习录上》：

> 心即性，性即理。
>
> 心之体性也，性即理也。
>
> 所谓汝心，却是那能视听言动的，这个便是性，便是天理。
>
> 心之本体原自不动。心之本体即是性，性即是理，性元不动，理元不动。集义是复其心之本体。

王阳明甚至认为，忠、孝等道德规范都是“一性”的不同具体表现。《传习录上》：

> 性一而已。自其形体也谓之天，主宰也谓之帝，流行也谓之命，赋于人也谓之性，主于身也谓之心。心之发也，遇父便谓之孝，遇君便谓之忠，自此以往，名至于无穷，只一性而已。

他继而认为尽心便是尽性。

> 性是心之体，天是性之原，尽心即是尽性。(《传习录上》)
>
> 夫心之体，性也；性之原，天也。能尽其心，是能尽其性矣。(《传习录中·答顾东桥书》)

总而言之，王阳明将心与性合一，心是形而上的，性是形而下的，并将各种规范以性的形式纳入心之中，从而实现了心的主体性地位与形而上的地位。

第三节　致良知

《大学》提出致知说，孟子提出良知说，二程、朱熹、陆九渊等宋儒对良知说作了不少论述。在继承的基础之上，王阳明提出“致良知”说，完成其“哲学发展的最后的形态”①，对中晚明哲学思潮产生了很大的影响。

一　良知说

王阳明对良知极其重视。《年谱》：“乃遗书守益曰：‘近来信得“致良知”三字，真圣门正法眼藏。’……我此良知二字，实千古圣圣相传一点滴骨血也。”《传习录中·答欧阳崇一》：“良知之外，别无知矣。故‘致良知’是学问大头脑，是圣人教人第一义。”《书朱守乾卷》：“是良知也者，是所谓‘天下之大本’也。”

王阳明的良知说主要源于孟子。孟子提出良知良能说。《孟子·尽心上》：“人之所不学而能者，其良能也；所不虑而知者，其良知也。孩提之童，无不知爱其亲者；及其长也，无不知敬其兄也。亲亲，仁也；敬长，义也。无他，达之天下也。”孟子认为良知良能是人天生具有的道德感，这是人区别于禽兽之所在。王阳明全面继承了孟子的良知说。《万松书院记》：“是固所谓不虑而知，其良知也；不学而能，其良能也。孩提之童，无不知爱其亲者也。”《书朱守乾卷》：“夫良知者，即所谓‘是非之心，人皆有之’，不待学而有，不待虑而得者也。人孰无是良知乎？”可见，王阳明良知说与孟子之说无二。

（一）良知特性

王阳明对“良知”极为重视。钱德洪《刻文录叙说》：“先生尝曰：‘吾“良知”二字，自龙场已后，便已不出此意，只是点此二字不出，与学者言，

① 陈来：《有无之境——王阳明哲学的精神》，生活·读书·新知三联书店2009年版，第180页。

费却多少辞说，今幸见出此意，一语之下，洞见全体，真是痛快，不觉手舞足蹈。'"①"良知"二字广泛见于王阳明著作之中，在继承的基础之上，王阳明对"良知"的特征作了较为全面的论说。王阳明认为良知是普遍存在的，自古至今，无论圣贤、众愚，皆有良知。

> 性无不善，故知无不良，良知即是未发之中，即是廓然大公，寂然不动之本体，人人之所同具者也。(《传习录中·答陆原静书》)
>
> 夫良知即是道，良知之在人心，不但圣贤，虽常人亦无不如此。(《传习录中·答陆原静书》)
>
> 良知之在人心，无间于圣愚，天下古今之所同也。(《答聂文蔚》)
>
> 人孰无是良知乎？独有不能致之耳。自圣人以至于愚人，自一人之心，以达于四海之远，自千古以至于万代之后，无有不同。(《书朱守乾卷》)

他甚至认为强盗等恶人亦不泯良知。《传习录下》："良知在人，随你如何，不能泯灭，虽强盗亦自知不当为盗，唤他作贼，他还忸怩。"民间流传王阳明以良知说盗贼的故事，便是很好的证明。

王阳明不仅认为人人皆有良知，而且认为良知是与生俱来的，是无法失去的。

> 是非之心，不虑而知，不学而能，所谓良知也。(《传习录中·答聂文蔚》)
>
> 良知只是一个，随他发见流行处，当下具足，更无去求，不须假借。(《传习录中·答聂文蔚》)
>
> 知是心之本体，心自然会知：见父自然知孝，见兄自然知弟，见孺子入井自然知恻隐，此便是良知，不假外求。若良知之发，更无私意障碍，即所谓"充其恻隐之心，而仁不可胜用矣"。(《传习录上》)

---

① 吴光等编校：《王阳明全集》，上海古籍出版社2012年标点本，第1307页。

王阳明进而认为，圣与愚的区别在于良知是否为物欲所遮蔽，以及受物欲遮蔽的程度。

> 人孰无根？良知即是天植灵根，自生生不息；但著了私累，把此根戕贼蔽塞，不得发生耳。(《传习录下》)
>
> 先生曰："知是理之灵处。就其主宰处说，便谓之心；就其禀赋处说，便谓之性。孩提之童，无不知爱其亲，无不知敬其兄，只是这个灵能不为私欲遮隔，充拓得尽。"(《传习录上》)

王阳明此说与佛教宣扬的"迷则众生悟则佛"之说颇为类似。

王阳明还认为良知具有直觉性，往往是人的本质的自觉流露。《传习录上》："知是心之本体。心自然会知：见父自然知孝，见兄自然知弟，见孺子入井自然知恻隐。此便是良知，不假外求。"

由此可见，王阳明一方面继承了孟子的良知说，另一方面又吸纳了佛教理论，使其对良知特性有更为深刻的认知。

（二）良知地位

王阳明非常重视良知，并将其提升至主宰的地位。王阳明曾用一个生动的比喻对此作了解说。《传习录拾遗》："良知犹主人翁，私欲犹豪奴悍婢。主人翁沉疴在床，奴婢便敢擅作威福，家不可以言齐矣。"① 王阳明认为良知是人之主宰。

> 良知不由见闻而有，而见闻莫非良知之用，故良知不滞于见闻，而亦不离于见闻。孔子曰："吾有知乎哉？无知也。"良知之外，别无知矣。(《传习录中·答欧阳宗一》)
>
> 盖吾之耳而非良知，则不能以听矣，又何有于聪？目而非良知，则不能以视矣，又何有于明？心而非良知，则不能以思与觉矣，又何有于

① 吴光等编校：《王阳明全集》，上海古籍出版社2012年标点本，第961页。

睿知？（《答南元善》）

王阳明认为良知是见闻的头脑和主宰，见闻不过是良知之用，故良知高于见闻及具体事物等。

（三）良知内涵

“良知”一词广泛见于王阳明著述之中，“关于良知的概念内涵，则阳明自己曾做过多层次的界定”①，故其内涵具有多重性。

王阳明认为良知即天理。

> 故良知即是天理。（《传习录中·答欧阳崇一》）
>
> 吾心之良知，即所谓天理也。（《传习录中·答顾东桥书》）

王阳明认为良知是是非之心。

> 是非之心，不虑而知，不学而能，所谓良知也。（《传习录中·答聂文蔚》）
>
> 良知者，孟子所谓“是非之心，人皆有之”者也。（《大学问》）
>
> 夫良知者，即所谓“是非之心，人皆有之”，不待学而有，不待虑而得者也。（《书朱守乾卷》）

王阳明认为良知是至善。

> 善即是良知，言良知则使人尤为易晓，故区区近有“心之良知是谓圣”之说。（《答季明德》）
>
> 天命之性，粹然至善。其灵昭不昧者，皆其至善之发见，是皆明德之本体，而所谓良知者也。（《亲民堂记》）

王阳明认为良知是睿智。

---

① 董平：《浙江思想学术史——从王充到王国维》，中国社会科学出版社2005年版，第226页。

> 盖吾良知之体，本自聪明睿智，本自宽裕温柔。(《答南元善》)

王阳明认为良知是自信。

> 君子学以为己，未尝虞人之欺己也，恒不自欺其良知而已；未尝虞人之不信己也，恒自信其良知而已。(《传习录中·答欧阳崇一》)

可见，王阳明对良知作了多维度的深刻阐释，正如学者所说，王阳明“将良知进一步深化为本体概念，并以良知本体涵盖本体论、知识论与道德论，最终以良知的自我实现参赞天地之化育。良知说的提出，标志着阳明整个心学逻辑结构的最终完成”①。

二　致良知

倡导良知，只是手段，而致良知才是王阳明良知说的目的所在。王阳明《寄正宪男手墨二卷》：“吾平生讲学，只是‘至良知’三字。”《年谱》：正德十六年（1521），“是年先生始揭致良知之教”。此后，王阳明讲学，便以“致良知”为核心。

《论语·子张》：“君子学以致其道。”皇侃注：“致，至也。”朱熹注：“致，极也。”② 《大学》：“致知在格物。”朱熹注：“致，推极也。知，犹识也。推极吾之知识，欲其所知无不尽也。”③ 致，至、极也。王阳明亦多承此说。《大学问》：“欲诚其意者，必在于致知焉。至者，至也，如云‘丧致乎哀’之致。《易》言‘知至至之’，‘知至’者，知也；‘至之’者，致也。”

王阳明亦多训“致”为“至、极”。《与陆原静》：“孰无是良知乎？但不能致之耳。《易》谓‘知至，至之’，知至者，知也；至之者，致知也。”王阳明“致良知”之“致”亦是此意。《传习录中·答顾东桥书》云：“夫学、问、思、辨、笃行之功，虽其困勉至于一人己百，而扩充之极，至于尽性知

---

① 董平：《浙江思想学术史——从王充到王国维》，中国社会科学出版社2005年版，第227页。

② 朱熹：《四书章句集注》，中华书局1983年标点本，第189页。

③ 同上书，第4页。

天，亦不过致吾心之良知而已。”《传习录上》：“后儒不明圣学，不知就自己心地良知良能上体认扩充，却去求知其所不知，求能其所不能。”

王阳明的致良知，便是扩充自己的良知，并推广良知。

> 然知得善，却不依这个良知便做去，知得不善，却不依这个良知便不去做，则这个良知便遮蔽了，是不能致知也。吾心良知既不能扩充到底，则善虽知好，不能著实好了；恶虽知恶，不能著实恶了，如何得意诚？（《传习录下》）

可见，所谓致良知便是将良知扩充到底。

致良知是一个过程，王阳明对此过程作了不少阐释。如上所说，良知是先天具有的，但往往易被后天恶习所遮蔽，致良知，首先应当除其遮蔽等。

> 即心之良知更无障碍，得以充塞流行，便是致其知。（《传习录上》）
>
> 若无有物欲牵蔽，但循著良知发用流行将去，即无不是道。但在常人多为物欲牵蔽，不能循得良知。（《传习录中·答陆原静书》）

学者认为，王阳明“致良知”的“致”另一含义是“做”或“为”①，是非常有道理的。《大学问》：“良知所知之善，虽诚欲好之矣，苟不即其意之所在之物而实有以为之，则是物有未格，而好之之意犹为未诚也。”“行之”“为”便是强调致良知之功夫。倡导知行合一的王阳明更强调后者，“致良知思想的另一基本意义是依良知而行，这是阳明更为强调的一面”②。

> 以是而言，可以知“致知”之必在于行，而不行不可以为“致知”也明矣。（《传习录中·答顾东桥书》）
>
> 如知其为善也，致其知为善之知而必为之，则知至矣……决而行之

① 杨国荣：《心学之思——王阳明哲学的阐释》，中国人民大学出版社2009年版，第125页。

② 陈来：《有无之境——王阳明哲学的精神》，生活·读书·新知三联书店2009年版，第203页。

者，致知之谓也。此吾所谓知行合一者也。(《书朱守谐卷》)

孰无是良知乎？但不能致之耳。《易》谓“知至，至之”，知至者，知也；至之者，致知也。此知行之所以一也。近世格物致知之说，只一知字尚未有下落，若致字工夫，全不曾道著矣，此知行所以二也。(《与陆原静》)

宣讲致良知思想时，王阳明非常强调“行”“做”，并且对“行”作了很高的评价。《书朱守乾卷》：“人孰无是良知乎？独有不能致之耳……是良知也者，是所谓‘天下之大本’也。致是良知而行，则所谓‘天下之达道’也。”可见，所谓致良知，便是倡导将良知扩充，推广到人们日常行动中去，落实于各种具体的行为之中。

以上分析表明，“守仁所说致良知之‘致’，不仅有扩充良知本体的单向意义，而且有从本体到功夫，以功夫复本体的双重意义。”①

第四节　知行说

与致良知关系非常密切的便是知行说。良知是人天生具有的一种本然之知，致良知的目的就是使这种本然走向自然，将其扩充至行为之中。因此“从心学的内在结构看，知行学说可以视为致良知说的逻辑展开”②。知行关系是理学探讨的一个重要论题，也是王阳明学说的重要组成部分之一。

一　知与行

知与行是古代儒学讨论的一对重要范畴。简而言之，知，指认知；行，指行动。不同时代的儒师，所用知行含义略有不同。宋代理学家，如二程、

① 张祥浩：《王守仁评传》，南京大学出版社1993年版，第361页。
② 杨国荣：《心学之思——王阳明哲学的阐释》，中国人民大学出版社2009年版，第141页。

朱熹等，都非常强调知、行，但王阳明哲学中的知、行与宋儒有所不同。“在阳明哲学，知的意义仅指意识或主观形态的知，是一个纯粹主观性的范畴，在这点上其范围要比宋儒来得狭小。相反，行的范畴在阳明哲学则较宋儒的使用来得宽泛，一方面行可以用指人的一切行为，另一方面……还可以包括人的心理行为。”①

王阳明的“知”主要是指道德之知，即良知。而“行”则包括行动与心动。一方面，王阳明努力将“心动”纳入“行”之中，反复强调念头、欲望就是行之始，就是行。

> 我今说个“知行合一”，正要人晓得一念发动处，便即是行了。(《传习录下》)
>
> 夫人必有欲食之心然后知食。欲食之心即是意，即是行之始矣。食味之美恶必待入口而后知，岂有不待人入口而已先知食味之美恶者邪？必有欲行之心，然后知路。欲行之心即是意，即是行之始矣。路岐之险夷必待身亲履历而后知，岂有不待身亲履历而已先知路岐之险夷者邪？(《传习录下·答顾东桥书》)

另一方面，王阳明又努力将“行”纳入“知”之中。王阳明认为“行”为“知”之始，不“行”不足以为“知”。

> 真知即所以为行，不行不足谓之知。(《传习录中·答顾东桥书》)
>
> 知其如何而为温凊之节，则必实致其温凊之功，而后吾之知始至；知其如何而为奉养之宜，则必实致其奉养之力，而后吾之知始至。如是乃可以为致知耳。(《书诸阳伯卷》)

王阳明提出“知之真切笃实处即是行”的主张。

---

① 陈来：《有无之境——王阳明哲学的精神》，生活·读书·新知三联书店 2009 年版，第 107 页。

若谓学问思辨之，然后去行，却如何悬空先去学问思辨得？行时又如何去得个学问思辨的事？行之明觉精察处，便是知；知之真切笃实处，便是行。若行而不能精察明觉，便是冥行，便是“学而不思则罔”，所以必须说个知；知而不能真切笃实，便是妄想，便是“思而不学则殆”，所以必须说个行；元来只是一个工夫。(《答友人问》)

盖学之不能以无疑，则有问，问即学也，即行也；又不能无疑，则有思，思即学也，即行也；又不能无疑，则有辨，辨即学也，即行也。(《传习录中·答顾东桥书》)

简而言之，王阳明纳“行”入“知”，其目标在于强调“知”的行动性，反对俗儒空谈而不行的知；王阳明认为“行”也是“知”，其目的在于强调在“行”中深化和提升“知”。可见，王阳明所言“知”和“行”与宋儒不同，其行知合一理论便是基于此而建立的。

二　知行合一宗旨

据《年谱》，王阳明于龙场悟道次年（1509）主贵阳书院时提出知行合一说，得到了当地学子的高度好评。《年谱》：“是年先生始论知行合一。始席元山提督学政，问朱陆同异之辨。先生不语朱陆之学，而告之以其所悟……往复数四，豁然大悟，谓‘圣人之学复睹于今日；朱陆异同，各有得失，无事辩诘，求之吾性本自明也。’”其实知行合一说是王阳明长期对现实生活体悟的结果。《书林司训卷》：

士皆巧文博词以饰诈，相规以伪，相轧以利，外冠裳而内禽兽，而犹或自以为从事于圣贤之学。如是而欲挽而复之三代，呜呼其难哉！吾为此惧，揭知行合一之说，订致知格物之谬，思有以正人心，息邪说，以求明先圣之学，庶几君子闻大道之要，小人蒙至治之泽。

可见，王阳明是有感于现实士人道德败坏、世风愈下，于是提出知行合一说以救时弊。在后来的一些文章中，王阳明亦多次论及此。

某今说知行合一，虽亦是就今时补偏救弊说，然知行体段亦本来如是。(《答友人问》)

此虽吃紧救弊而发，然知行之体本来如是，非以己意抑扬其间，姑为是说以苟一时之效者也。(《传习录中·答顾东桥书》)

不仅如此，王阳明还就知行相分的一些弊病作了论说。知行相分，使得人们知而不行，见善不迁，愈失愈远。《与道通书》：

"知行合一"之说，专为近世学者分知行为两事，必欲先用知之之功而后行，遂致终身不行，故不得已而为此补偏救弊之言。学者不能著体履，而又牵制缠绕于言语之间，愈失而愈远矣。

知行相分，使得人们恶念不断，过而不改，良知不明。《传习录下》：

今人学问，只因知行分作两件，故有一念发动，虽是不善，然却未曾行，便不去禁止。我今说个"知行合一"，正要人晓得一念发动处，便即是行了。发动处有不善，就将这个不善的念克倒了。须要彻根彻底，不使那一念不善潜伏在胸中。此是我立言宗旨。

王阳明倡导知行合一的根本目的在于力行，反对空言。

今人却就将知行分作两件去做，以为必先知了然后能行。我如今且去讲习讨论做知的工夫，待知得真了方去做行的工夫，故遂终身不行，亦遂终身不知。此不是小病痛，其来已非一日矣。某今说个知行合一，正是对病的药，又不是某凿空杜撰，知行本体原是如此，今若知得宗旨，即说两个亦不妨，亦只是一个。若不会宗旨，便说一个，亦济得甚事？(《传习录上》)

若头脑处见得分明，见得原是一个头脑，则虽把知行分作两个说，毕竟将来做那一个工夫，则始或未便融会，终所谓百虑而一致矣。若头

> 脑见得不分明，原看做两个了，则虽把知行合作一个说，亦恐终未有凑泊处，况又分作两截去做，则是从头至尾更没讨下落处也。（《答友人问》）

简而言之，王阳明认为各种社会弊端皆由知行相分而造成的，于是积极倡导知行合一，希望以此来挽救时弊。

三　知行合一

王阳明的知行合一有多重内涵，其在文章著述中从多角度对此进行了阐释。

王阳明认为知是行的主意，行是知的功夫。《传习录上》："某尝说知是行的主意，行是知的功夫；知是行之始，行是知之成。若会得时，只说一个知，已自有行在；只说一个行，已自有知在。"

王阳明认为知为行之始，行是知之成。《传习录上》："知者行之始，行者知之成：圣学只一个功夫，知行不可分作两事。"

王阳明认为未有学而不行者，不行不可以为学。

> 夫学问思辨行皆所以为学，未有学而不行者也。如言学孝，则必服劳奉养，躬行孝道，然后谓之学，岂徒悬空口耳讲说，而遂可以谓之学孝乎？学射则必张弓挟矢，引满中的；学书则必伸纸执笔，操觚染翰；尽天下之学无有不行而可以言学者，则学之始固已即是行矣……天下岂有不行而学者邪？岂有不行而遂可谓之穷理者邪……是故知不行之不可以为学，则知不行之不可以为穷理矣；知不行之不可以为穷理，则知知行之合一并进而不可以分为两节事矣。（《传习录中·答顾东桥书》）
>
> 以是而言，可以知"知致"之必在于行，而不行之不可以为"致知"也明矣。知行合一之体，不益较然矣乎？（《传习录中·答顾东桥书》）

王阳明认为，知行不可分离。

圣学只一个功夫，知行不可分作两事。(《传习录上》)

知之真切笃实处，即是行；行之明觉精察处，即是知：知行工本不可离。只为后世学者分作两截用功，失却知行本体，故有合一并进之说。(《传习录中·答顾东桥书》)

知行原是两个字说一个工夫，这一个工夫须著此两个字，方说得完全无弊病。若头脑处见得分明，见得原是一个头脑，则虽把知行分作两个说，毕竟将来做那一个工夫。(《答友人问》)

王阳明主张学行并进，知行合一。《传习录下》：

门人问曰："知行如何得合一？且如《中庸》，言'博学之'，又说个'笃行之'，分明知行是两件。"先生曰："博学只是事事学存此天理，笃行只是学之不已之意。"又问："《易》'学以聚之'，又言'仁以行之'，此是如何？"先生曰："也是如此。事事去学存此天理，则此心更无放失时，故曰：'学以聚之。'然常常学存此天理，更无私欲间断，此即是此心不息处，故曰'仁以行之'。"又问："孔子言'知及之，仁不能守之'，知行却是两个了。"先生曰："说'及之'，已是行了，但不能常常行，已为私欲间断，便是'仁不能守'。"

总而言之，王阳明多角度地探讨了知行合一的方式、方法和意义等，这些对后世阳明学的发展有着深刻的影响。

第五节　天泉证道

明世宗嘉靖六年（1527），在出征广西思恩、田州之前，王阳明与其两大弟子钱德洪、王畿相聚论学于天泉桥上，王阳明提出四句教，此即著名的天泉证道。天泉证道是王阳明思想的新发展，四句教是王阳明晚年思想的总结。

关于天泉证道和四句教，早期的文献记载便有差异，阳明弟子理解不一，后世学者更是众说纷纭。

一　天泉证道

天泉证道见载于《传习录》、《年谱》以及《王龙溪全集》，但三者大同而略有小异。《传习录下》：

> 丁亥年九月，先生起复征思、田。将命行时，德洪与汝中论学。汝中举先生教言曰："无善无恶是心之体，有善有恶是意之动，知善知恶是良知，为善去恶是格物。"德洪曰："此意如何?"汝中曰："此恐未是究竟话头。若说心体是无善无恶，意亦是无善无恶的意，知亦是无善无恶的知，物是无善无恶的物矣。若说意有善恶，毕竟心体还有善恶在。"德洪曰："心体是天命之性，原是无善无恶的。但人有习心，意念上见有善恶在。格、致、诚、正、修，此正是复那性体功夫。若原无善恶。功夫亦不消说矣。"是夕侍坐天泉桥，各举请正。先生曰："我今将行，正要你们来讲破此意。二君之见正好相资为用，不可各执一边。我这里接人原有此二种：利根之人，直从本源上悟入，人心本体原是明莹无滞的，原是个未发之中。利根之人一悟本体，即是功夫，人己内外，一齐俱透了。其次不免有习心在，本体受蔽，故且教在意念上实落为善去恶。功夫熟后，渣滓去得尽时，本体亦明尽了。汝中之见，是我这里接利根人的；德洪之见，是我这里为其次立法的。二君相取为用，则中人上下皆可引入于道。若各执一边，眼前便有失人，便于道体各有未尽。"既而曰："已后与朋友讲学，切不可失了我的宗旨：无善无恶是心之体，有善有恶是意之动，知善知恶是良知，为善去恶是格物。只依我这话头随人指点，自没病痛。此原是彻上彻下功夫。利根之人，世亦难遇，本体功夫，一悟尽透。此颜子、明道所不敢承当，岂可轻易望人！人有习心，不教他在良知上实用为善去恶功夫，只去悬空想个本体，一切事为俱不着实，不过养成一个虚寂。此个病痛不是小小，不可不早说破。"是日德

洪、汝中俱有省。

王阳明的《年谱》由钱德洪、王畿、邹守益、欧阳德等弟子历经数十年，于嘉靖四十二年（1563）编撰而成，其完成上距王阳明去世不过数十年，因此其记载较为可信。《年谱》对天泉证道记载与《传习录》大体相同。《传习录》中天泉证道为钱德洪所记，而《年谱》为王阳明众多弟子所合撰，且经多人审核，因此，从某种角度而言，《年谱》较《传习录》更为公正可信。《稽山承语》第二十五条：

杨文澄问，意有善恶，诚之将何稽？师（阳明）曰：无善无恶者心也，有善有恶者意也，知善知恶者良知也，为善去恶者格物也。曰：意固有善恶乎？曰：意者心之发，本自有善而无恶，惟动于私欲而后恶也。惟良知自知之，故学问之要曰致良知。①

据《年谱》，钱德洪与王畿论学时，王畿质疑了四教句的首句“无善无恶是心之体”，二人不能决，于是请教于王阳明。此表明四句教早在天泉证道之前便提出了。王畿有疑惑，请教于王阳明，王阳明方有“正要二君有此一问”。《传习录下》中，将王阳明的解说混为一体，而《年谱》中，将王阳明的解说分而述之。

先生喜曰：“正要二君有此一问！我今将行，朋友中更无有论证及此者，二君之见正好相取，不可相病。汝中须用德洪功夫，德洪须透汝中本体。二君相取为益，吾学更无遗念矣。”

德洪请问。先生曰：“有只是你自有，良知本体原来无有，本体只是太虚。太虚之中，日月星辰，风雨露雷，阴霾饐气，何物不有？而又何一物得为太虚之障？人心本体亦复如是。太虚无形，一过而化，亦何费纤毫气力？德洪功夫须要如此，便是合得本体功夫。”

① 转引自彭国翔《良知学的展开——王龙溪与中晚明的阳明学》，生活·读书·新知三联书店2005年版，第178页。

畿请问。先生曰："汝中见得此意，只好默默自修，不可执以接人。上根之人，世亦难遇。一悟本体，即见功夫，物我内外，一齐尽透，此颜子、明道不敢承当，岂可轻易望人？二君已后与学者言，务要依我四句宗旨……以此自修，直跻圣位；以此接人，更无差失。"

畿曰："本体透后，于此四句宗旨何如？"

先生曰："此是彻上彻下语，自初学以至圣人，只此功夫。初学用此，循循有入，虽至圣人，穷究无尽。尧、舜精一功夫，亦只如此。"

从《传习录》来看，王阳明对钱德洪和王畿二人之说均加以肯定，认为王畿之说适用于利根之人，而钱德洪之说适用于中根以下之人。但王阳明又说，利根之人，"此颜子、明道所不敢承当，岂可轻易望人？"此其实含蓄地否定了王畿之说。

在《年谱》中，王阳明首先对"无"和"有"作了解说，"有只是你自有，良知本体原来无有"。王阳明认为，"有"是主体的一种体悟，而良知则是独立于主体之外而存在的，故可称为"无"。心便是如此。王阳明此心论与惠能"心动说"相似。风吹幡动，惠能认为这是人心感知的结果，故称为"心动"。王阳明此说，强调的是致良知的外在功夫。

从《年谱》记载可以看出，王阳明对王畿的批评意味较《传习录》更为明显。王阳明直接否定的王畿之说，"汝中见得此意，只好默默自修，不可执以接人"。并继而强调"二君已后与学者言，务要依我四句宗旨"。王阳明为何不赞同王畿的观点呢？多年的阅历使王阳明认识到，"人心自有知识以来，已为习俗所染"。正因如此，世间几乎无利根之人，王畿之说显然沦为一种无用，甚至有害的"屠龙术"。

最后，王阳明对二位弟子再三强调四句教的重要性。《年谱》：

先生又重嘱咐曰："二君以后再不可更此四句宗旨。此四句中人上下无不接着。我年来立教，亦更几番，今始立此四句。人心自有知识以来，已为习俗所染，今不教他良知上实用为善去恶功夫，只去悬空想个本体，一切事为，俱不著实。此病痛不是小小，不可不早说破。”

在此，王阳明强调的依然是外在功夫，强调“著实”。王畿《王龙溪全集》中有《龙泉证道纪》，对此事亦有所记载，但其所记又有不同。这些待后文再详述。

从以上分析可以看出，四句教是王阳明深思熟虑的结果，是其晚年思想的升华与结晶，其为阳明学的发展指明了方向，但也为阳明学的分裂埋下了伏笔。

二　四句教解

王阳明晚年天泉证道提出的四句教与其早年学说不一，且与传统心性说颇不一致，于是遭到了不少后世学者的质疑或非议，如刘宗周、黄宗羲等。其实，四句教是王阳明学说的总结与升华，在心学史上具有极其重要的价值。

四句教首句“无善无恶是心之体”受到不少学者非议。如上所说，王阳明继承了孟子良知说，认为良知是所有人天生具有的善性，积极倡导摒恶习，致良知。可晚年却提出“无善无恶是心之体”的观点，的确让人费解。

其实不然。在古代，“心”具有多种含义。或指客观心胸，如西施捧心；或指思维器官，如孟子所言“心之官则思”；或指主观情感，如哀莫大于心死；或指道德意识，如孟子所言心之四端等。在《传习录》等著作之中，王阳明大量运用心的概念，但所指内涵并非相同。在道德层面，王阳明亦主张心是至善的，如“至善是心之本体”“至善只是此心纯乎天理之极便是”（《传习录》）等。

但在晚年，王阳明论心逐渐超越了道德层面，进入了形而上的本体层面。在《年谱》中，王阳明与钱德洪论道时说：“有只是你自有，良知本体原来无有，本体只是太虚。太虚之中，日月星辰，风雨露雷，阴霾饐气，何物不有？而又何一物得为太虚之障？”晚年王阳明对“心”的认识已经超越了形而下的道德层面，而上升为形而上的本体层面。他认为“心”如同太虚，虽然无所不包，但所包容的任何一具体事物皆代表它，故太虚是无。与之相应，心体原本是无，万物只不过是其形而下的体现，万物的美丑、善恶，皆是万物之属性，而非心本有之属性，因此，心是无善无恶的。王阳明曾将心体比喻为明镜，来说明心体之无善恶。《传习录上》："圣人之心如明镜，只是一个明，则随感而应，无物不照……只怕镜不明，不怕物来不能照。"镜只是照，镜中物之美丑与镜无关。而心体亦是如此。可见，王阳明言心体无善无恶是从本体层面而言的，并非就道德层面而言。

"有善有恶是意之动"。何为意，王阳明作了不少论说。《答魏师说》："凡应物起念处，皆谓之意。意则有是有非，能知得意之是与非者，则谓之良知。"可见，"阳明哲学中的'意'，如果笼统地说，主要指意识或意念。"① 王阳明认为心体是无善无恶的，但善恶是由人的意念而产生的。心无善恶，由人心而产生的意识怎么会有善恶呢？《传习录上》："人性皆善，中和是人人原有的，岂可谓无？但常人之心既有所昏蔽，则其本体虽亦时时发见，终是暂明暂灭，非其全体大用矣。"王阳明认为，心体虽无善恶，但常人之心往往受到外在私智、恶习的昏蔽、阻隔，导致其本原心体无法展现，从而导致人们产生了各种善恶意识。另外，王阳明认为，善恶与人们的功利目的有关。《传习录上》：

> 侃去花间草，因曰："天地间何善难培，恶难去？"先生曰："未培未去耳。"少间，曰："此等看善恶，皆从躯壳起念，便会错。"侃未达。曰："天地生意，花草一般。何曾有善恶之分？子欲观花，则以花为善，以草为恶。如欲用草时，复以草为善矣。此等善恶，皆由汝心好恶所生，故知是错。"曰："然则无善无恶乎？"曰："无善无恶者理之静，有善有恶者气之动。不动于气，即无善无恶，是谓至善。"

同样的花草，人们的功利目的不同，其善恶亦不同。正因如此，王阳明认为善恶是人意识的结果。

① 陈来：《有无之境——王阳明哲学的精神》，生活·读书·新知三联书店2009年版，第55页。

知善知恶是良知。此句说的是致良知的功夫。如上所说，良知是人天生具有的善性，但由于外在物欲的熏染和掩蔽，使得人们逐渐染有恶习，逐渐是非不明。致良知的第一步便是致知，即“知善知恶”，然后才是致良知。王阳明强调知行合一，知便是行之始，知善知恶便是致良知之始。

为善去恶是格物。“格物以致知”，源出于《大学》。宋儒对此作了很多阐释。朱熹认为，理外在于心，格物致知就是通过观察外物，以达至对真理的认知。王阳明认为“心即理”，于是“格物致知与正心诚意是一回事，与致良知亦是一回事”①。可见，此句亦说的是致良知的功夫。知善知恶仅仅是行之始，但如果要实现致良知的目标，还必须要有实质的行动，而不能仅仅停留在知层面。于是王阳明提出“为善去恶”的行动主张。

从以上分析可以看出，四句教是王阳明心性论、良知论与知行合一等重要理论的精炼总结。第一句说的是本体，王阳明认为心体是超越了道德层面的形而上的存在，因此无善无恶。后三句说的是致良知的工夫。由于外在恶习的熏染，本体往往会被遮蔽，加上人的主观功利性的作用，于是便有了善恶之分。为了实现致良知，首先要知，知道何为善何为恶，然后再是行，要为善去恶，从而实现知行合一，致良知。

---

① 董平：《浙江思想学术史——从王充到王国维》，中国社会科学出版社2005年版，第235页。

第六章　阳明后学思想

王阳明自幼迁于越州，故其将越作为自己家乡。王阳明一生居越时间较长，特别是晚年居越时间长达六年。居越时，王阳明常常讲学授业，故王门越中弟子较多，最为著名的当数徐爱、钱德洪、王畿等。

第一节　徐爱思想

徐爱为王阳明最早的入室弟子之一，其也是王阳明的妹夫。徐爱的一生很好地见证了王阳明早期思想发展与成熟的轨迹。

一　徐爱生平

徐爱（1487—1517），字曰仁，号横山，绍兴府余姚（今浙江余姚）人。因早亡等原因，现存有关徐爱的生平资料较少，唯《传习录》、王阳明《年谱》等对其活动有一些记载，萧鸣凤①所撰《明故奉议大夫南京工部都水清吏司郎中徐君墓志铭》（后简称《徐君墓志铭》）是研究徐爱生平的最为重要的资料。《明史·儒林传》有传，但过于简略。徐爱《横山遗集》最早由其父于徐爱亡后18年所编，后又经历了两次重编。② 今钱明所编《徐爱集》，

① 萧鸣凤（1488—1572），字子雝，号静庵，明绍兴府山阴人，《明史》有传。据《年谱》引《同志考》，萧鸣凤亦是王门弟子。

② 详情参见钱明《徐爱、钱德洪、董沄集·编撰说明》，凤凰出版社2007年标点本，第10页。

收集较为齐备。

徐爱父玺，介特严正，安于贫贱。徐爱于武宗正德三年（1508）举进士，次年（1509）六月出知祁州。因其治理有功，正德七年（1512），迁南京兵部车驾员外郎。正德十年（1515）冬，迁南京工部都水郎中。正德十一年（1516），考绩，便道归省。次年（1517）五月十七日，徐爱病卒于山阴寓所，年仅三十一岁。

徐爱先娶王阳明妹，并于正德二年（1507）归于王阳明门下，是王阳明最早的入室弟子。据徐爱《同志考叙》："自尊师阳明先生闻道后几年，某于丁卯春，始得以家君命执弟子礼焉。于时门下亦莫有予先者也。"① 《年谱》对此亦有所记载："二年丁卯……徐爱，先生妹婿也，因先生将赴龙场，纳贽北面，奋然有志于学。"正德七年（1512）十二月，王阳明升南京太仆寺少卿，归省。徐爱以祁州知府考满进京，升南京兵部员外郎。② 于是二人同舟归越，论《大学》宗旨。正德九年（1514），王阳明升南京鸿胪寺卿。时徐爱任南京兵部车驾员外郎，于是王阳明与徐爱等人常相聚论道。徐爱晚年曾编《传习录》，今本《传习录》第一卷便是徐爱所编。徐爱《传习录题辞》："爱朝夕炙门下……十余年来竟未能窥其藩篱。"徐爱还作有《传习录跋》及《传习录序》阐释自己编撰《传习录》的目的。徐爱早亡，后钱德洪、薛侃、南大吉等，对《传习录》作了补辑完成。

二　哲学思想

王阳明所撰《祭文》中言及徐爱之梦。"尝游衡山，梦一老瞿昙抚曰仁背，谓曰：'子与颜子同德。'俄而曰：'亦与颜子同寿。'觉而疑之。"③ 不幸梦成真，徐爱后果三十一岁而亡。王阳明闻其死讯，极其伤心，曾作两篇

① 钱明编校：《徐爱集》（与《钱德洪集》《董沄集》合刊），凤凰出版社2007年标点本，第56页。本文所引徐爱文章著述皆据此本，后不再一一注明。

② 徐爱《应诏陈言"上下同心以更化善治"奏议》一文自称"南京兵部车驾清吏司员外郎臣徐爱"，萧鸣凤《徐君墓志铭》亦言徐爱为南京兵部车驾员外郎，而《年谱》作"升南京工部员外郎"，显然误。

③ 钱明编校：《徐爱集》，凤凰出版社2007年标点本，第101页。

《祭文》以吊之。徐爱可以说是王阳明的“颜回”。由于资料缺乏等原因，各类著作皆较少言及徐爱思想，在此以钱明所编《徐爱集》为主要材料，对徐爱思想作一简单概说。

《传习录上》保存了不少徐爱与王阳明论学片断。在《传习录跋》中，徐爱对王阳明学说作了高度评价：“始闻先生之教，实是骇愕不定，无入头处。其后闻之既久，渐知反身实践，然后始信先生之学为孔门嫡传。”① 徐爱短暂的一生，主要是学习和传播王阳明的学说。《明史·儒林传·徐爱传》：“良知之说，学者初多未信，爱为疏通辨析，畅其指要。”在一系列文章中，徐爱对良知说等作了阐释。

> 曰仁云：“心犹镜也。圣人之心如明镜，常人心如昏镜。近世格物之说，如以镜照物，照上用功，不知镜尚昏在，何能照！先生之格物，如磨镜而使之明，磨上用功，明了后亦未尝废照。”（《语录三则》）

曰仁乃徐爱之字。徐爱认为心如镜，人有圣、常之分，镜则有明、昏之分。格物的工夫在于磨镜使明。为此徐爱对去私欲作了大力宣扬。《宜斋叙》：“夫人所以不宜于物者，私害之也……二私交于中，则我所以为应感之地者，非公平正大之体也……夫天下之道，莫大于五伦；天下之恶，莫大于二私。”

徐爱此说与王阳明良知说颇有出入。此或为王氏早年之说。《与余大行书》：“盖欲其于此明本心之端。察义利之辨，使预知正学之切于人身，易知易行，而邪僻因不得而干也。”徐爱认为“本心”“不得而干”。此更近于王阳明良知说，良知是天生的善德，不可弃，只可蔽。《送甘钦采西还叙》：

> 学者大患，其好名之心乎……故自大贤以下至于涂人，皆不免此。其别则在深浅、大小、厚薄、通窒之分耳。其究至于无所不为，而其端则甚隐而微，欲有以察之，至精至密矣。古之学者，其立心之始，即务去此，而唯以全吾性命之理为心，故谓之为己。

① 钱明编校：《徐爱集》，凤凰出版社2007年标点本，第90页。

此处“性命之理”即所谓良知，“全”“性命之理”即所谓致良知。

徐爱早亡，留下文章不多。从以上文章可以看出，徐爱从信奉圣人仁义之道，逐渐转变为信奉王阳明的良知说。虽然他对良知说理解不是非常深刻，但大体还是比较正确的。

三　治世思想

徐爱是一位良吏，为官时间仅七八年，先后任祁州知府、南京兵部车驾员外郎、南京工部都水郎中等，却颇有政绩。据萧鸣凤所撰《徐君墓志铭》，徐爱为祁州知府时，采取了一系列措施减免苛税，打击豪强，复兴学校。

> 君下车，首革赋外岁羡以归诸民，禁抑势家使无朘削，询民所疾苦，如协济耕牛，买补站马，及草场之租、走遁之役，悉奏下裁定之。军校乘时恣横，各有所附丽，君悉置于法……间修武备以御贼，综理极周密，贼尝夜闯州境，遥闻号令，辄大惊驰去不复来，州以是独完。暇则率诸生讲学行礼，又为延置明师，于是科第久废而得兴。去之日，州人创生祠祀焉。①

徐爱为南京兵部车驾员外郎时，“尝行部江南，尽剔诸赋役之蠹。中使进奉往来，射利给艘恒十倍，君独节减之。”他为南京工部都水郎中时，“留心出纳，岁省浮费以万计”。②

徐爱仅存政论文一篇《应诏陈言“上下同心以更化善治”奏议》（后简称《应诏陈言奏议》），其治世思想在此文多得到展现。

《应诏陈言奏议》作于正德九年（1514）二月，时任南京兵部车驾员外郎。《应诏陈言奏议》全文较长。在开篇，徐爱提出了治国之总纲：

① 萧鸣凤：《徐君墓志铭》，钱明编校《徐爱集》，凤凰出版社2007年标点本，第92页。
② 同上书，第92—93页。

是故先之以修君德、揽政柄、重宗本、轻计利、任忠贤者……次之以慎委托、重名器、革冗滥、去奢僭、立经制者……又次之以一政令、重守令、正赋役、崇教化、练兵恤远者。

后文则对以上总纲逐条展开论述。在论述之中，徐爱对时政弊端多加以抨击，甚至对皇帝本人亦加以敲边鼓式的批评，并力谏皇帝革除此类陋政。如“轻计利”：

陛下富有天下，凡天地间人之所运，地之所生，孰非国家之利，岂必藏诸囊箧若匹夫者哉？窃闻陛下颇以裒积生财为事，臣未敢深信，或者群小欲籍口以行其私。然如宫市、皇店之设，已涉嫌疑，害心之端，惟利为甚，伏望赐察而除去之。

徐爱指责武宗皇帝贪于敛财，劝谏皇帝以天下为心，革去宫市、皇店等陋政。

由此可见，徐爱更似一位良吏，他不仅有良好的政绩，且其治世理论既实用又易行。惜天不假其寿，否则他或许能像王阳明那样，建立更多的功业。

第二节 钱德洪思想

钱德洪是王阳明最重要的弟子之一，与王畿齐名，合称“钱王”。王阳明死后，钱德洪把主要精力放在收集和整理王阳明的著作上。钱德洪《征宸濠反间遗事》：“先生殁后，搜录遗书七年，而奏疏文移始集。及查封月日，而后五征始末具见。独于用间一事，昔尝概闻，奏疏文移俱无所见。去年德洪主试广东，道经江西，访问龙光，始获间书、间牌诸稿，并所闻于诸同门者，归以附录云。”① 不仅如此，钱德洪坚持四处讲学，坚守王阳明学说，为王阳

① 钱明编：《钱德洪集》，凤凰出版社2007年标点本，第229页。

明学说的传播起着十分重要的作用。

一　钱德洪生平

钱德洪（1496—1574），名宽，字洪甫，绍兴府余姚（浙江余姚）人。尝读《易》于灵绪山中，故自号绪山，人称绪山先生。由于各种原因，导致其众多生平资料没有流传下来。《明史·儒林传》有传，但较为简略。王阳明《年谱》中对钱德洪生平事迹多有记载，可补本传之略。王畿所作《刑部陕西司员外郎特诏进阶朝列大夫致仕绪山钱君行状》（后简称《绪山钱君行状》）对钱德洪一生作了详细记叙，是研究钱德洪生平及思想的重要文献。

钱德洪于明孝宗弘治九年（1496）出生于会稽余姚。早年以授徒为业。平定宁王朱宸豪之乱后，又历张、许之乱。正德十四年（1519），赴乡试，下第，于是"遂轻进取，专心以学问为事"①。正德十六年（1521）六月，武宗崩后，世宗即位，王阳明得以平反其冤，并升为南京兵部尚书。于时，王阳明辞，乞归省葬。王阳明八月至越，九月归余姚省祖茔，钱德洪率侄子门生74人迎请之，拜其为师。时钱德洪26岁。之后，钱德洪朝夕相伴于王阳明身边，成为王阳明重要的助手。嘉靖元年（1522），钱德洪欲赴省试，王阳明教导他："胸中须常有舜、禹有天下不与气象"②。钱德洪落第后，③王阳明又加以鼓励，"圣学从兹大明矣"④。之后，钱德洪与二弟德周仲实读书于越州城南。嘉靖五年（1526），中举后，钱德洪与王畿"并举南宫，俱不廷对，偕黄弘纲、张元冲同舟归越"⑤。嘉靖六年（1527）九月，出征思、田之前，王阳明与其弟子钱德洪、王畿论道于天泉桥，是谓天泉证道。

在王阳明的催促下，嘉靖七年（1528）年冬，钱德洪与王畿方北上廷试。

---

① 王畿：《绪山钱居行状》，吴震编校《王畿集》，凤凰出版社2007年版，第585页。

② 《年谱》，吴光等编校《王阳明全集》，上海古籍出版社2012年标点本，第1057页。

③ 据《年谱》："（嘉靖元年）七月……是月德洪赴省城，辞先生请益……二年……德洪下第归，深恨时事之乖。"可见，嘉靖元年（1522），钱德洪乡试下第。王畿《绪山钱君行状》言钱德洪"嘉靖壬午（1522——笔者注），果中式"，显然不确。

④ 同上书，第1057页。

⑤ 同上书，第1069页。

二人西渡钱塘，将入京殿试时，闻王阳明归，二人亦归。至彭城，闻王阳明讣。正月三日二人迎丧于广信，讣告同门，迎丧归越。钱、王二人庐于墓，服心丧三年。王阳明卒后，遭到了一些非议与迫害。皇帝革去其世爵，并下诏禁传王阳明学说。嘉靖十年（1531）冬，钱德洪与王畿将赴京殿试之前，将王阳明之子王正亿托付给同门南京礼部侍郎黄绾。

嘉靖十一年（1532），钱德洪与王畿同中进士。钱德洪出为苏学教授，后补国子监丞，寻升刑部湖广司主事，稍迁陕西司员外郎。嘉靖二十年（1541），因郭勋事件，钱德洪两次下狱。在狱中，钱德洪依然讲《易》不辍，后被削职为民。出狱后，钱德洪讲学各地，传播王阳明学说。穆宗即位，复钱德洪官职，并进阶朝列大夫，不久致仕。神宗即位，复进一阶。神宗万历二年（1574）病卒于家，年79岁。

钱德洪卒后，其子钱应乐编有《绪山会语》，其弟子徐用检编有《绪山先生续训》，其后学王金如编有《钱绪山先生要语》等，惜这些著作均佚。今人钱明编有《钱德洪集》，该书将钱德洪语录、诗文集于一编，加以标点。钱氏辑本是目前收录齐备，且使用便利的较好辑本。

二 钱德洪思想

由于原始文献缺失等原因，对钱德洪的研究较为滞后，众多著作往往论述王阳明天泉证道歧义时，顺便论及其与王畿观点之异，而较少对其思想作专门研究。在此以钱明所编《钱德洪集》为主要材料，对钱德洪思想作一简要论说。

（一）心体

钱德洪为人稳重，其为学则严守其师学说，少作创造性发挥。《明儒学案·浙中王门学案一·员外钱绪山先生德洪》："先生不失儒者之矩矱……先生则把揽放船，虽无大得，亦无大失耳。"① 此实为中肯之论。

① 黄宗羲：《明儒学案》，沈善洪主编《黄宗羲全集》，浙江古籍出版社1985年标点本，第7册，第254页。

心性、心体是心学的核心论题与理论基础。王阳明对心性、心体以及心与理、心与物、心与性等作了大量论述。钱德洪对其师说作了继承与发展。钱德洪认为心能感知万物，故为人之主宰。

先生曰："学者小视其心，自丧其真耳。今且试与诸君言之：尔目尽万物之色，目之明与天地有穷尽否？耳尽万物之声，耳之聪与天地有穷尽否？心思尽天地古今之变，尔之智慧与天地古今有穷尽否？"①

波荡亦从自心起，此心无所牵累，虽日与人情事变相接，真如自在，顺应无滞，更无波荡可动。所谓"动亦定、静亦定"也……此正不思动与不动，只在自心，不在事上拣择。致知格物工夫，只须于事上职取，本心乃见。心事非二，内外两忘，非离却事物，又有学问可言也。（《答傅少岩》）

思虑是人心生机，无一息可停。但此心主宰常定，思虑所发，自有条理。造化只是主宰常定，故四时日月往来，自不纷乱。（《语录》）

心之体虚寂而合于人情。

此以气质言性，非性之真也。性也者，维天之命，人人之所知而同行者也。其体也虚而寂，而未尝离乎人情庶物之感也；其用也顺而则，而未尝不本于念虑之微也。（《贺黎蛟池序略》）

心之本体至善。

心之本体，纯粹无杂，至善也。（《语录》）

人心之一体也，指名曰"善"可，曰"至善"可也，曰"至善无恶"亦可也，曰"无至无恶"亦可也……至善之体，恶固非其所有，善亦不得而有也。至善之体，虚灵也，犹目之明、耳之聪也。虚灵之体不

① 钱德洪：《语录》，钱明编校《钱德洪集》，凤凰出版社2007年标点本，第127—128页。本章所引钱德洪文章著述皆据此本，后不再一一注明。

可先有乎善，犹明之不可先有乎色，聪之不可先有乎声也……今之论至善者，乃索之于事事物物之中，先求其所谓定理者，以为应事宰物之则，是虚灵之内先有乎善也……心患不能虚，不患有感不能应。(《复杨斛山书》)

吾人自性自明，本来具足，只因诸缘积习流注，覆盖本来真面目，不得发见流行。当下屏息诸缘，此便是回天续命的手段，更有何法可得?(《语录》)

心之恶皆为意之动。

意也者，以言乎其感应也；物也者，以言乎其感应之事也。而知则主宰乎事物是非之则也。意有动静，此知之体不因意之动静有明暗也；物有去来，此知之体不因物之去来为有无也。(《语录》)

在《天成篇》中，钱德洪对心的重要性作了详细论述。

其能以宰乎天地万物者，非吾心乎?心何以能宰天地万物也……是天地万物之声非声也，由吾心听，斯有声也……然则天地万物也，非吾心则弗灵矣……故曰:“人者，天地之心，万物之灵也，所以主宰乎天地万物者也……”故曰:“圣人可以学而至，谓吾心之灵与圣人同也。然则非学圣人也，能自率吾天也。”……灵也者，心之本体也，性之德也……必率是灵而无间于欲焉，是天作之，人复之，是之谓天成，是之致知之学。

钱德洪对心的把握前后期不甚一致，早期往往认为心体至善，晚期方信从其师“无善无恶是心之体”之说。

（二）良知

致良知是王阳明学说核心思想之一。在一系列著述之中，钱德洪也对良知作了不少论说。钱德洪沿袭师说，认为良知是天生的善性，其无处不在，至微至显。

良知者，至善之著察也。良知即是至善也。(《语录》)

人要为恶，只可言自欺，良知本来无恶。(《语录》)

物者非外也，良知一念之微，从无声无臭中著见出来。(《语录》)

钱德洪对良知作了不少形象的描述，认为良知是虚明，是灵窍。

良知精明，肫肫皓皓，不沾带一物。(《语录》)

至变而无方，至神而无迹者，良知之体也。(《语录》)

充天塞地间只有此知。天只此知之虚明，地只此知之凝聚，鬼神只此知之妙用，四时日月只此知之流行，人与万物只知之合散，而人只此知之精粹也。(《语录》)

天地间只此灵窍。在造化统体而言，谓之鬼神；在人身而言，谓之良知。(《语录》)

良知是人之主宰，恶则是人自为之。

良知者，事物之纲也，良知得而天下之理得矣。良知是天命之性，性体流行，通彻无间，机不容已。(《语录》)

譬之操舟，良知即是舵柄。善操者得此舵柄入手，随波上下，顺逆纵横，无往不济。(《语录》)

钱德洪就致良知作了不少论说。

致知之功，只从见在心体上取证。(《语录》)

戒惧即是良知，觉得多此戒惧，只是工夫生。(《语录》)

曰："舍此有何法可入?"曰："只教致良知。良知即是真面目。良知明，自能辨是与非，自能时静时动，不偏于静。"(《语录》)

从总体而言，钱德洪的良知说，基本上是其师说的沿袭，只不过作了一些更为具体的论说，致良知时更强调功夫。

（三）功夫

钱德洪与王畿对王阳明晚年四句教的理解不太一致，总体而言，王畿重感悟，颇类顿悟；而钱德洪则重功夫，颇类渐悟。重功夫，重修行，在钱德洪学说中占有重要的地位。

钱德洪为学注重“为善去恶”的修炼功夫，对天泉证道四句教有独到的见解。

钱德洪认为致良知全在功夫。

> 故学者初入手时，良知不能无间，善恶念头杂发难制，或防之于未发之前，或制之于临发之际，或悔改于既发之后，皆实功也。由是而入微，虽圣人之知几，亦只此功夫耳。（《复何吉阳》）
>
> 格物之学，实良知见在功夫，先儒所谓过去未来，徒放心耳。见在功夫，时行时止，时默时语，念念精明，毫厘不放，此即行著习察实地格物之功也。于此体当切实，著衣吃饭，即是尽心至命之功。（《与陈两湖》）

钱德洪强调实践，强调笃行，而不是空谈玄悟。

> 先生立教皆经实践，故所言恳笃若此。自揭良知宗旨后，吾党又觉领悟太易，认虚见为真得，无复向里著己之功矣。故吾党颖悟承速者，往往多无成，甚可忧也。（《语录》）
>
> 昔者吾师之立教也，揭诚意为《大学》之要，指致知物为诚意之功，门弟子闻言之下，皆得入门用力之地。用功勤者，究极此知之体，使天则流行，纤翳无作，千感万应，而真体常寂，此诚意之极也。（《语录》）

钱德洪认为，致良知亦是一念功夫。

> 曰：“知得良知是一个头脑，虽在千百人中，工夫只在一念微处，虽独居冥坐，工夫亦只在一念微处。”（《语录》）

致知之功，在究透全体，不专在一念一事之间，但除却一念一事，又更无全体可透耳。①

钱德洪亦强调慎独功夫。

致中和工夫，全在慎独。所谓隐微显见，已是指出中和本体，故慎独即是致中和。(《语录》)

从以上分析可以看出，钱德洪对其师王阳明学说继承者多，发挥者较少，故其当属王门后学中守成派。虽则如此，其努力维护师学之纯正，传播师学之真谛，远在其他弟子之上。正如学者所云："钱德洪对阳明思想的整体把握可谓相当真切，因而对王学的传播亦起到十分重要的作用。"②

第三节 王畿思想

王畿是王阳明的另一位高足，越中阳明后学的杰出代表。其融禅机于心学，促进了心学的发展，在中晚明时期产生了重大的影响，对后世哲学的发展也有着较大的影响。

一 王畿生平

王畿（1498—1583），字汝中，号龙溪，浙江山阴（今浙江绍兴）人，王阳明宗人，世称龙溪先生。时人徐阶受其子委托，作有《龙溪王先生传》，其弟子赵锦作有《龙溪王先生墓志铭》。《明史·儒林传》有传。这些都是研究王畿生平的重要资料。

王畿生于明孝宗弘治十一年（1498），略小于同门钱德洪。王畿出生于一

① 黄宗羲：《明儒学案·浙中王门学案一·员外钱绪山先生德洪》，沈善洪主编《黄宗羲全集》，浙江古籍出版社1985年标点本，第7册，第259页。

② 董平：《浙江思想学术史——从王充到王国维》，中国社会科学出版社2005年版，第239页。

个较为殷实的仕宦家庭，其祖父王理曾为山东临城县令，其父王经，曾为御史，后出任贵州按察副吏。王畿为王经少子，其兄王邦，早亡，留下遗孤，由王畿抚养。王畿年幼时体弱多病，但聪颖过人，弱冠举于乡，后会试屡不中。嘉靖二年（1523）下第后，其反思后叹道："学贵自得，吾向者犹种种生得失心，然则仅解悟耳。"① 时王阳明功成身退，辞朝廷封爵，还乡省亲。王畿于是"立取京兆所给路券焚之，而请终身受业于文成"②。嘉靖五年（1526），在其师王阳明的劝导下，王畿再次入京参加会试。其与钱德洪同时高中，但二人皆不廷试而归。

嘉靖六年（1527）九月，征思、田前，王阳明与钱德洪、王畿论道天泉桥，是谓天泉证道。在广西时，王阳明写信劝王畿与钱德洪入京参加殿试。二人从之。北上时闻王阳明归，二人旋归，遂迎至严滩。③ 闻讣，二人遂迎丧于广信。归越，二人庐于墓，且心丧三年。丧服期满，钱、王二人将王阳明之子托给黄绾，后方北上参加殿试。嘉靖十一年（1532），王畿和钱德洪获得了六年前便该属于他们的进士资格。

殿试前后，王畿三次拒绝了首辅张璁的拉拢。及第后，王畿在翰林院任庶吉士，后迁为南京职方司主事的闲职。后来，王畿便以病乞归。不久，王畿又回到南京任职。过了几年，迁为兵部武选清吏司郎中。归乡养病时，王畿又拒绝了权贵夏首的拉拢，因而得罪了夏首。嘉靖二十年（1541），皇宫太庙大火，皇帝求直言，戚贤等荐王畿。夏首用其权力打压戚贤等，次年王畿被革职。革职之后，王畿勤于四处讲学，"先生林下四十余年，无日不讲学，自两都及吴、楚、闽、粤、江、浙皆有讲舍，莫不以先生为宗盟。年八十，

---

① 徐阶：《龙溪王先生传》，吴震编校《王畿集》，凤凰出版社2007年标点本，第823页。

② 同上。

③ 《年谱》："先是德洪与畿西渡钱塘，将入京殿试，闻先生归，遂迎至严滩。闻讣，正月三日成丧于广信，讣告同门。"徐阶《龙溪王先生传》："公方偕钱公赴廷试，抵彭城，闻讣，即同驰还迎榇，经纪丧事。"二者所记不同。嘉靖七年（1528）王阳明《与钱德洪王汝中》云："今亦了事矣，旬月间便当就归途也。"《年谱》对此亦有记载。从王阳明与二人关系来看，钱、王二人得信后，定当南归，不必等讣至方归。《年谱》为钱德洪、王畿所撰，资料较为可信。故可知《年谱》所记可信，徐氏《龙溪王先生传》误。

犹周流不倦”①。

隆庆皇帝崩后，万历皇帝即位（1573），时年仅十岁。王畿编了一部名为《中鉴录》的史学教材，欲以此教诲皇帝身边的大小宦官。万历二年（1574），同门学长，也是多年好友钱德洪卒，王畿为其撰《绪山钱居行状》。万历七年（1579），皇帝下令禁讲学。王畿虽然依然讲学，但讲学范围大大缩小了。数年后，万历十一年（1583），王畿卒，年86岁。

王畿以其才华和声誉，大大扩大了阳明学的影响，其勤于讲学之举，有力地促进了王阳明学说的传播，王畿可谓阳明后学的中坚和重要传承者。

二　心性论

如上所说，王阳明对心性、心体作了较多论述。在继承的基础之上，王畿吸纳了不少佛、道二家理论，对心体作了更为广泛而深入的论说。

王畿认为心性是天生的，根于天。《赠邑博诸元冈迁荆王府教授序》：

> 千古圣学，惟在理会心性。心性者，根于天，取诸固有而盎然出之，无所假于外。外此而学者，谓之异学。高者蔽于意见，卑者溺于利欲。虽所趋不同，其为无补于心性，一也。夫心性者，所谓自立之根，而读书则取其发育长养之助而已……不本于心性，而专务读书，虽日诵六经之文，亦不免于玩物丧志，明道所以规上蔡也。②

王畿认为心的本体是寂然虚静的。

> 静者心之本体。濂溪主静，以无欲为要。一者无欲也，无欲则静虚动直。主静之静，实兼动静之义。动静，所遇之时也。人心未免逐物，以其有欲也。无欲，则虽万感纷扰而未尝动也；从欲，则虽一念枯寂而

① 黄宗羲：《明儒学案·浙中王门学案二·郎中王龙溪先生畿》，沈善洪主编《黄宗羲全集》，浙江古籍出版社1985年标点本，第7册，第269页。

② 吴震编校：《王畿集》，凤凰出版社2007年标点本，第384页。本章所引王畿文章著述皆据此本，后不再一一注明。

未尝静也。(《答中淮吴子问》)

虚寂者心之本体。(《别曾见台漫语摘略》)

人心无一物，原是空空之体。形生以后，被种种世情牵引填塞，始不能空。(《九龙纪诲》)

王畿还对心体的特征作了多方面的描述。王畿认为心之本体是无欲的，是至善的。

无欲者，心之本体。(《南雍诸友鸡鸣凭虚阁会语》)

心之本体原是至善而无欲，无欲则止，有欲则迁。(《〈大学〉首章解义》)

至善者，心之本体。天命之性，粹然无欲，其虚而灵者，皆其至善之发见。(《〈大学〉首章解义》)

因此，良知者心之本体。《答退斋林子问》："知者，心之本体，孟子所谓'是非之心，人皆有之'者也。是非本明，不须假借，随感而应，莫非自然。"

王畿认为乐是心之本体。

乐者心之本体。人心本是和畅，本与天地相为流通，才有一毫意必之私，便与天地不相似；才有些子邪秽渣滓搅此和畅之体，便有所隔碍而不能乐。(《愤乐说》)

乐是心之本体，本是活泼，本是脱洒，本无挂碍系缚。尧舜文周之兢兢业业、翼翼乾乾，只是保任得此体不失，此活泼脱洒之机，非有加也。戒慎恐惧是祖述宪章之心法。孔之蔬饮，颜之箪瓢，点之春风沂咏，有当圣心，皆此乐也。(《答南明汪子问》)

他亦认为直是心之本体。《与邵缨泉》："人之生也直，直是心之本体。"淡是心之本体。

淡，原是心之本体，有何可厌……只是谈到极处，立心为己，便是

达天德根基。(《冲元会纪》)

予谓："谈是性体。凡处至亲骨肉之间，轻重缓急，自有天则，一毫不容加减。才著意处，便是固必之私，便是有所，便不是真性流行。"(《书见罗卷兼赠思默》)

王畿主张性命合一，尽性以致命。

性与命，本来是一。孟子论性，盖本于《系辞》"继善成性"之说。"继之者善"，是天命流行；"成之者性"，人生而静以上不容说，才有性之可名，即已属在气，非性之本然矣。(《性命合一说》)

是故尽性以致命者，圣人之学也；修命以复性者，学者之事也，及其成功一也。(《寿史玉阳年兄七十序》)

从上可以看出，在继承王阳明学说的基础上，王畿对心性论作了较多的发展。一方面其继承了传统心性说的先天性、善性等说法；另一方面，其又大量引禅学入心学，使其心性论呈现出明显的禅化、玄化倾向。

三　良知论

自从王阳明提出良知说之后，良知成为阳明学的一个核心理论，良知亦是王畿的一个核心理论。

王畿极其推崇王阳明的良知说，"阳明先师倡明良知之教，以觉天下，而心极之义复大明于世"(《太极亭记》)。在继承的基础之上，王畿对良知的特性、功用以及致良知等都作了较为丰富的论说。

(一) 良知本体性

如上所说，王阳明的"良知"不仅内涵多元，而且具有丰富的特性。在继承的基础之上，王畿对良知的内涵及特征等作了创造性的发挥与阐释。

王畿继承王阳明学说，认为良知是天生的，是与生俱有的善性。

良知不学不虑，本来具足。(《与阳和张子问答》)

> 良知者，本心之明，不由学虑而得，先天之学也。(《致知议略》)
>
> 良知者，仁体也，以其爱无不周，而恻然不容已也，而谓之仁；以其端有所发，而炯然不容昧也，而谓之知。天之所以与我，而与天地万物同具，而无不足者也。(《贺中丞新源江公武功告成序》)

良知是心之本体。《南游会纪》:“良知是心之本体。”《答吴悟斋》:“何谓良知心之本体？良知者，性之灵，性无不善，故知无不良。”

良知是性命之宗。《致知议略》:“良知即是天命之性。良知二字，性命之宗。”

良知是明德。《大象义述》:“良知者，气之灵，谓之乾知，亦谓之明德。”良知是至善。《自讼问答》:“良知无善无恶，谓之至善；良知知善知恶，谓之真知。”

良知是是非之则。

> 良知者，本心之明，是非之则也。(《赠绍坪彭侯入觐序》)
>
> 予曰:“致知之外，无学矣。良知者，是非之心，其机存乎一念。发一念而安，即是是；发一念而不安，即是非。”(《册付丁宾收受后语》)
>
> 良知者，好恶之机，是非之则也。(《与鄗仰蘧》)

可见，王畿赋予了良知更多的内涵，并逐渐将其提升至本体论的高度。

(二) 良知特性

对于良知的特性，王阳明已作了不少论述，王畿则在继承的基础之上作了更多的发挥与阐释。

王畿认为良知常静。

> 寂然不动者，良知之体；感而遂通者，良知之用。常寂常感，忘寂忘感，良知之极则也。(《太极亭记》)
>
> 良知是性之灵窍，本虚本寂。虚以适变，寂以通感，一毫无所假于外。(《与莫中江》)

良知是一念。

良知本明，无待于悟，只从一念之微识取。(《书同心册后语》)

良知者，是非之心，其机存乎一念。发一念而安，即是是；发一念而不安，即是非。(《册付丁宾收后语》)

可见，王畿之良知多带有禅学空灵之特性。

（三）良知功用

对于良知的地位与功用，王畿作了不少论述。

王畿认为良知是圣学之精要。

诚致良知，所谓太阳一出，魍魉自消，此端本澄源之学，孔门之精蕴也。(《与阳和张子问答》)

良知……此千圣之学脉也。(《欧阳南野文选序》)

圣贤之学，只是良知一路，一是百是，一勘百破，更遮瞒些子不得。(《答洪觉山》)

王畿盛赞其师良知说。

老师良知宗旨，虚灵寂照，乃是万劫不坏真性。(《与吕沃州》)

大抵我师良知两字，万劫不坏之元神，范围三教大总持。(《与魏水洲》)

良知是主宰。

一时不致良知，视便妄视、听使忘听、喜便妄喜、怒便妄怒，便不是格物之学。推之一切应感、食息、动静、出处、去就无不皆然。良知即天，良知即帝。顾天之命者，顾此也；顺帝之则者，顺此也。(《南游会纪》)

良知是破邪习之利刃。《尚贤以德说》："良知者，破除习气之利刀，纵有窃发，一照即破。"

良知是三教之宗。

> 大抵我师良知两字，万劫不坏之元神，范围三教大总持。（《与魏水洲》）
>
> 阳明先师良知两字，乃是范围三教之宗，是即所谓历劫不坏先天之元神。养生家一切修命之术，只是随时收摄，保护此不坏之体，不令向情境漏泄耗散，不令后天渣滓搀和混杂，所谓神丹也。（《与潘笠江》）

为了很好地阐释"良知"，王畿还对"良知"与"认知"中的二"知"作了细致区分。《欧阳南野文选序》：

> 良知本无知，凡可以知，知可以识，识是知识之知，而非良知也。良知本无不知，凡待闻而择之从之、待见而识之，是闻见之知，而非良知也。是皆不能自信其良知，疑其不足以尽天下之变，而有所待于外也……果能自悟，不滞于法，知即良知之知，识即良知之识，闻见即良知之闻见，原未尝有内外之可分也。

此外，王畿还力图将良知与气、性、道等合为一体，将其与儒道合为一体。《易测授张叔学》：

> 良知之主宰，即所谓神；良知之流行，即所谓气。尽此谓之尽性，立此谓之立命。良知先天而不违，天即良知也；良知后天而奉时，良知即天也。故曰："知之一字，众妙之门。"伏羲之画，象此者也；文王之辞，彖此者也；周公之爻，效此者也；孔子之易，赞此者也。魏子谓之丹，邵子谓之丸。致良知，即所谓还丹，所谓弄丸。知此谓之知道，见此谓之见《易》，乃四圣之密藏，二子之神符也。

（四）致良知

对于如何致良知，王畿亦作了不少论述。

良知者，性之灵，天之则也。致知，致吾心之天则也。(《复颜冲宇》)

人人有个圣人，一念良知不容毁灭，便是圣人真面目。致此良知，洁洁净净，不为功利所滑扰，不为见解所凑泊，便是学圣人真工夫。(《书顾海阳卷》)

虽然王畿强调悟，但对致良知的功大难易，王畿亦作了一些论说。

致良知工夫不拘不纵，自有天则，自无二者之病，非意象所能加减，所谓并行不相悖也。(《南游会纪》)

人之根器不同，功夫难易亦因以异。从先天立根，则动无不善……从无后立根，则不免有世情之杂，生灭牵扰，未易消融，而致知之功难。(《陆五台赠言》)

其实本体功夫须有辨。自圣人分上说，只此知便是本体，便是工夫，便是致；自学者分上说，须用致知的工夫，以复其本体，博学、审问、慎思、明辨、笃行，五者废其一，非致也。(《冲元会纪》)

致良知之功，王畿强调二入，渐悟合一。《松原晤语寿念庵罗丈》：

夫圣贤之学，致知虽一，而所入不同。从顿入者，即本体以为功夫，天机常运，终日竟业保任，不离性体，虽有欲念，一觉便化，不致为累，所谓性之也。从渐入者，用功夫以复本性，终日扫荡欲根，祛除杂念，求以顺其天机，不使为累，所谓反之也。若其必以去欲为主，求复其性，则顿与渐未尝异也。

二入之法，王畿更重悟，主张一念便是学。

即本体以为功夫，圣人之学也。(《〈大学〉首章解义》)

良知在人，千古一日，一念自反，即得本心，此是挽回世界大机括。(《孟子告子之学》)

致知无巧法，无假外求，只在一念入微处讨真假。一念神感神应便

是入圣之机。(《与陶念斋》)

一念灵明，便是入圣真种子，便是做人真面目。时时保守此一念，便是熙缉真脉路，无待于外求也。(《桐川会约》)

王畿“一念自反作为‘即本体工夫’，实质上便已然替代了阳明‘致良知’之实践系统”①。

王畿过于强调悟入，进而认为减尽功夫，即是圣人。

古人之学，只求日减，不求日增，减得尽，便是圣人。一点虚明，空洞无物，故能备万物之用。(《南游会纪》)

无工夫中真工夫，非有所加也。工夫只求日减，不求日增，减得尽，便是圣人。后世学术，正是添的勾当，所以终日勤劳，更益其病。果能一念惺惺、泠然自然，穷其用处，了不可得。此便是究竟语。(《与存斋徐子问答》)

王阳明讲致良知时，依然比较重视功夫，而王畿虽言本体与功夫合一，但其更多强调悟，从而使致良知成为一种禅悟。正如学者所言，“当王畿将良知‘本有’转化为‘现成’的过程中，他实际上已经抽取了使‘本有’成为‘现成’的必要条件。”②

王畿亦论知行合一。《华阳明伦堂会语》：“知行有本体，有功夫。如眼见得是知，然已是见了，即是行；耳闻得是知，然已是闻了，即是行。要之，只此一个知，已自尽了……知非见解之谓，行非履蹈之谓，只从一念上取证。‘知之真切切笃实即是行，行之明觉真察即是知’，知行两字，皆指工夫而言，亦原是合一的。”但这些并不是其致良知说的主流思想。

总而言之，王畿将良知“现成”化，倡导“现成良知”，这种做法一方面降低了良知的品位，使得良知沦为一般认知；另一方面其简化、淡化，甚

① 董平：《浙江思想学术史——从王充到王阳明》，中国社会科学出版社2005年版，第248页。
② 同上书，第243—244页。

至淡出致良知功夫，将致良知等同于日常行动。这样虽然易于“致良知”，但也使得“致良知”并未能很好实现“致良知”之功效，这样的“致”与“不致”又有何区别呢？可见，王畿的良知说，更多是佛教佛性论的翻版，“王畿的良知现成说在某种意义上的确为阳明良知说的歧出，而在很大限度上融入了佛学的内容，大有认良知作佛性的意思”①。

四　四无说

王阳明晚年天泉证道，提出四句教，以解说钱德洪与王畿的分歧。如上所说，对于天泉证道，《传习录》《年谱》略有小异，但无大碍。王畿《天泉证道纪》与《传习录》《年谱》所说有较大出入。

《传习录》和《年谱》所记，叙事清晰，络脉分明，而《天泉证道纪》所记远较前二者详细。

> 阳明夫子之学，以良知为宗，每与门人论学，提四句为教法……学者循此用功，各有所得。绪山钱子谓曰：“此是师门教人定本，一毫不可更易。”先生谓：“夫子立教随时，谓之权法，未可执定。体用显微只是一机，心意知物只是一事。若悟得心是无善无恶之心，意即无善无恶之意，知即是无善无恶之知，物即是无善无恶之物。盖无心之心则藏密，无意之意则应圆，无知之知则体寂，无物之物则用神……”绪山子谓：“若是，是坏师门教法，非善学也。”先生谓：“学须自证自悟，不从人脚跟转。若执著于师门权法以为定本，未免滞于言诠，亦非善学也。”
>
> 时夫子将有两广之行，钱子谓曰：“吾二人所见不同，何以同人？盍相与就正夫子？”晚坐天泉桥上，因各以所见请质。夫子曰：“正要二子有此一问。吾教法原有此两种，四无之说，为上根人立教；四有之说，为中根以下人立教。上根之人……即本体便是工夫，易简直截，更无剩欠，顿悟之学也。中根以下之人……汝中所见，我久欲发，恐人信不及，

---

① 董平：《浙江思想学术史——从王充到王阳明》，中国社会科学出版社2005年版，第246页。

徒增躐等之病，故含蓄到今。此是传心秘藏，颜子、明道所不敢言者也。今既已说破，亦是天机该发泄时，岂容复秘？然此中不可执著……若能互相取益，使吾教法上下皆通，始为善学耳。”自此海内相传天泉证悟之论，道脉始归于一云。

钱、王二人对王阳明四句教理解有些偏差。钱德洪认为四句教是王阳明学说“教人定本”，丝毫不可更改。王畿则主张权变，不可拘于定规。王畿以心体论为基础，认为“心意知物”四者皆一事，皆是无善无恶的。继而提出“四无”说：“心是无善无恶之心，意即无善无恶之意，知即是无善无恶之知，物即是无善无恶之物。”王畿进而对自己的观点作了论说。

天命之性，粹然至善，神感神应，其机自不容已，无善可名。恶固无本，善亦不可得而有也。是谓无善无恶。若有善有恶，则意动于物，非自然之流行，著于有矣……意是心之所发，若是有善有恶之意，则知与物一齐皆有，心亦不可谓之无矣。(《天泉证道纪》)

王畿认为天命之性是“至善”，但不可名善，固无所谓善恶。这颇似于老子所言“道不可道，名不可名”。善恶是“意动于物”的结果，是外物作用的结果，并非“意”本身有善恶。并进一步作反证：意从心而出，心无善无恶，意焉能有善有恶？王畿此说显然与王阳明“有善有恶是意之动”相悖。于是钱德洪责备他“坏师门教法，非善学也”。王畿则主张创新，反对墨守成法：“学须自证自悟，不从人脚跟转。若执著于师门权法以为定本，未免滞于言诠，亦非善学也。”可见在为学态度上，钱、王二人差异很大，钱德洪主张严守师法，而王畿则主张自悟创新。

接下来王阳明对二人“四有”与“四无”之说作了评说。王阳明认为“四无”和“四有”是两种教法。“四无”适合于利根之人。利根之人“悟得无善无恶心体，便从无处立根基”，明了意与知、物皆为无。故能一了百当，本体即功夫，简易直截。“四有”则适合于中根以下人。中根以下人，没有悟得本体，故只能立根于有善有恶，在为善去恶上用功。然后“渐渐入悟，从有以归于无，复还本体”。二种教法最终“成功一也”。

《天泉证道纪》以上所记，与《年谱》和《传习录》有详略之别，但并无大碍。值得注意的是，《天泉证道纪》的立场与《年谱》和《传习录》迥异。在《传习录》中，王阳明是反对王畿之说的，“人有习心，不教他在良知上实用为善去恶功夫，只去悬空想个本体，一切事为俱不着实，不过养成一个虚寂。此个病痛不是小小，不可不早说破。”在《年谱》中，王阳明是反对王畿的简易说，而赞同钱德洪的功夫说，并教导二人要严守四句教。《年谱》：“上根之人，世亦难遇……此颜子、明道不敢承当，岂可轻易望人？二君已后与学者言，务要依我四句宗旨。”① 但《天泉证道纪》则截然不同。在王畿《天泉证道纪》中，王阳明对王畿之说大力赞颂，“汝中所见，我久欲发，恐人信不及，徒增躐等之病，故含蓄到今。此是传心秘藏，颜子、明道所不敢言者也。今既已说破，亦是天机该发泄时，岂容复秘？”《传习录》和《年谱》均为王阳明弟子所撰，且均经过钱德洪、王畿等人的审阅，所说较为可信。而《天泉证道纪》全为王畿弟子门人所编，故难免对其师有恭维之语。

广西之行，钱、王等人送王阳明至严滩，王阳明于严滩所作《复过钓台跋》云：“时从行进士②钱德洪、王汝中、建德尹杨思臣及元材，凡四人。”③钱德洪《讣告同门》：“冬初，追送于严滩请益，夫子又为究极之说，由是退与四方同志更相切磨。”④ 可见严滩请益实有其事。《传习录下》对此作了详细的记载。

> 先生起行征思、田，德洪与汝中追送严滩，汝中举佛家实相幻相之说。先生曰：“有心俱是实，无心俱是幻；无心俱是实，有心俱是幻。”汝中曰：“有心俱是实，无心俱是幻，是本体上说工夫。无心俱是实，有心俱是幻，是工夫上说本体。”先生然其言。洪于是时尚未了达，数年用

---

① 《年谱》，吴光等编校《王阳明全集》，上海古籍出版社 2012 年标点本，第 1075 页。

② 此时钱德洪和王畿虽然通过会试，但未参加最后的殿试，不可称为“进士”。王阳明称二人为“进士”实为美言。

③ 吴光等编校：《王阳明全集》，上海古籍出版社 2012 年标点本，第 656 页。

④ 钱明编校：《钱德洪集》，凤凰出版社 2007 年标点本，第 216 页。

功，始信本体工夫合一。

王畿《绪山钱君行状》对此记载更为详尽。

> 夫子赴两广，予与君送至严滩。夫子复申前说，二人正好互相为用，弗失吾宗。因举“有心是实相，无心是幻相；有心是幻相，无心是实相”为问，君拟议未及答，予曰：“前所举是即本体证功夫，后所举是用功夫合本体。有无之间，不可以致诘。”夫子莞尔笑曰：“可哉！此是究极之说，汝辈既已见得，正好更相切劘，默默保任，弗轻漏洩也。”二人唯唯而别。①

《传习录》虽保存了此说，但似乎不赞同王畿此说：“但先生是时因问偶谈，若吾儒指点人处，不必借此立言耳！”在王畿的《绪山钱君行状》中，王阳明显然对王畿之说颇多赞同。

至于“四无”之论、严滩请益等，时人还能明晰始末，可在王畿卒之后，人们对此便不能明辨了。徐阶《龙溪王先生传》：

> 于是闻者知公所谓“权法”，真得文成之秘，而其教学始不滞于有，不沦于无矣。既而有叩玄理于文成者，文成以“有心无心，实相幻相”诏之。公从旁语曰：“心非有非无，相非实非幻。才著有无实幻，便落断常二见。譬之弄丸，不著一处，不离一处，是谓玄机。”文成亟俞之……文成曰：“吾有向上一机，久未敢发，近被王汝中拈出，亦是天机该发泄时。吾方有兵事，无暇为诸君言，但质之汝中，当有证也。”其为师门所重如此。②

此传应王畿之子王应吉之请而作，其多取材于王畿之子。此处所说，多不合于《传习录》和《年谱》等早期史料。如文中将天泉证道与严滩复申相

① 吴震编：《王畿集》，凤凰出版社2007年标点本，第586页。
② 同上书，第824—825页。

互混淆等。

王畿弟子赵锦《龙溪王先生墓志铭》则全据徐阶《龙溪王先生传》，其所说亦是如此。

> 无何，阳明过江右，邹东廓、欧阳南野率同志百余人出谒，阳明谓之曰："吾有向上一机，久未敢发，今被汝中拈出，亦是天机该发洩时。吾方有兵事未暇，诸君质之汝中，当必有证。"其善发阳明之蕴，而为其所重如此。①

在《绪山钱君行状》一文中，王畿还记有南浦请益之事。

> 过江右，东廓、南野、狮泉、洛村、善山、药湖诸同志二三百人候于南浦请益。夫子云："军旅匆匆，从何处说起？我此意畜之已久，不欲轻言，以待诸君自悟。今被汝中拈出，亦是天机该发洩时。吾虽出山，德洪、汝中与四方同志相守洞中，究竟此件事。诸君只裹粮往浙，相与聚处，当自有得，待予归，未晚也。"②

南浦请益不过是对严滩复申的补充罢了。南浦送别其事当有，但这番话语不见于其他史料，其可信性待考。

不管是天泉证道，还是严滩复申，突出的都是王畿的是"四无"思想。"四无"说典型地体现了王畿的本体论与功夫论思想。如上所说，钱德洪强调的是修行功夫，强调的是渐修。而王畿则正好相反，如同南禅，王畿强调的是明心见性，强调的是顿悟。王畿《答中淮吴子问》：

> 先师"无善无恶"之旨，善与恶对；性本无恶，善亦不可得而名，无善无恶是为至善……世之方性者纷纷不同，性无善无不善，似指本体而言；可以为善为不善，似指作用而言；有性善有性不善，似指流末而

① 吴震编：《王畿集》，凤凰出版社2007年标点本，第829页。
② 同上书，第586—587页。

言。斯三著，各因其所指而立言，不为无所见，但执见不忘，如群盲摸象，各得一端，不能观其会通，同于日用之不知……先师“性无善恶”之说，正所以破诸子之执见，而归于大同，不得已之苦心也。

王畿还多次重申心无善恶，良知无善恶。

心之良知，本无善恶，本无是非。譬之明镜之鉴物，妍媸黑白，皆其所照之影，应而无迹，过而不留。（《原寿篇赠存斋徐公》）

譬之虚谷之答响，明镜之鉴形，响有高下，形有妍媸，分别炽然，而谷与镜未尝有心以应之也。良知知是知非，而实无是无非。知是非者，不坏分别之相，无是非者，无心之应也。（《从心篇寿平泉陆公》）

可见，王畿认为善恶不过是本体所产生的幻影，而本体原本是无善恶的。

王畿强调本体无善无恶，其并非完全否认后天功夫，而是在于启发世人超越后天的善恶，以期重显原本具有的无善无恶之先天本体，并以此指导人们行动。《自讼问答》：

良知无善无恶，谓之至善；良知知善知恶，谓之真知。无善无恶则无祸福，知善知恶则知祝福。无祸福是谓与天为徒，所以通神明之德也；知祸福是谓与人为徒，所以类万物之情也。天人之际，其机甚微，了此便是彻上彻下之道。

在此，王畿虽然不废“知是无善无恶”之论，但又非常强调知善知恶，努力引导人们知善知恶，以达到通神明之德。

同时，王畿亦不废功夫之说，《答季彭山龙镜书》：

圣人学者本无二学，本体工夫亦非二事。圣人自然无欲，是即本体便是工夫，学者寡欲以至于无，是做工夫求复本体。故虽生知安行，兼修之功未尝废困勉；虽困知勉行，所性之体未尝不生而安也。舍工夫而谈本性，谓之虚见，虚则罔矣；外本体而论工夫，谓之二法，二则支矣。

讲功夫时，王畿主张顿渐二法，合而用之。

天泉证道大意，原是先师立教本旨，随人根器上下，有悟有修。良知是彻上彻下真种子，智虽顿悟，行则渐修。(《答程方峰》)

夫圣贤之学，致知虽一，而所入不同，从顿入者，即本体以为功夫，天机常运，终日竟业保任，不离性体，虽有欲念，一觉便化，不致为累，所谓性之也；从渐入者，用功夫以复本性，终日扫荡欲根，祛除杂念，求以顺其天机，不使为累，所谓反之也。若其必以去欲为主，求复其性，则顿与渐未尝异也。(《松原晤语寿念庵罗丈》)

灵知在人，本然完具，一念自反，即悟本心，无待于修。无始以来，习气乘之，汩于嗜欲，不可不加澄涤之功。才得见性，当下无心，药病俱忘。修所以征悟也。(《祭陆与中文》)

从以上分析可以看出，王畿“四无”之说，是对王阳明晚年学说的发挥，其更重本体，更重顿悟，主张顿悟见性。此皆是受到禅学影响的结果。

第四节　越中阳明后学

王阳明以越为家乡，出仕后经常归越，其晚年一直居于越，以讲学授道为业。故越既是王阳明学说起源与成熟的地方，也是阳明学传播的重镇。除了上述徐爱、钱德洪、王畿之外，越中还有不少王阳明弟子或再传弟子。

蔡宗兖（1474—1549），字希渊，号我斋，浙江山阴（今浙江绍兴）人。蔡宗兖和徐爱、朱节三人皆于正德二年（1507）入王门，皆为王阳明最早的一批弟子。“盖三先生皆以丁卯来学，文成之弟子未之或先者也。”① 王阳明

① 黄宗羲：《明儒学案·浙中王门学案一·督学蔡我斋先生宗兖》，沈善洪主编《黄宗羲全集》，浙江古籍出版社 1985 年标点本，第 7 册，第 252 页。

曾赞三人云："徐曰仁之温恭，蔡希渊之深潜，朱守中之明敏，皆予所不逮。"① 蔡宗衮乡书十年后中进士，授为庶吉士，不受，归教授以奉母。蔡宗衮性格耿介，不为权势所容，辄去之。王阳明曾批评他独善其身的做法："独为君子，而人为小人，亦非仁人忠恕之心也。"② 后为教授莆田，复不为权势所容，复去之。王阳明以自己贬龙场经历勉励他："希渊省克精切，其肯遂自以为忠乎！"③ 于是蔡宗衮移教南康，入为太学助教、南考功，升为四川督学佥事。

朱节（？—1523），字守中，号白浦，浙江山阴（今浙江绍兴）人。中进士，官御史，以天下为己任。巡按山东，因乱贼之乱，勤事而亡，赠光禄少卿。

季本（1485—1563），字明德，号彭山，浙江山阴（今浙江绍兴）人。少师王思舆，正德四年（1509）入王阳明门下。正德十二年（1517）中进士，授福建建宁府推官。宁王朱宸豪之乱，季本守分水关，遏其入闽之路。嘉靖二年（1523），召拜监察御史。因言事贬广东揭阳主簿，稍迁弋阳知府。后转苏州同知，升南京礼部郎中。后又因邹守益事件牵连，贬辰州。寻迁吉安同知、长沙知府等。因除豪强过法，罢归。季本勤于著述，著有《易学四同》八卷、《诗说解颐》四十卷、《春秋私考》三十六卷、《四书私存》三十七卷、《说理会编》十五卷、《读礼疑图》六卷，以及《庙制考议》《圣迹图考》《大学证文》《律吕别书》《蓍法别传》等十余种，共计百二十卷。其弟子徐渭所作《季本季彭山行状》是研究季本的重要资料。季山著作至今无整理本，《北京图书馆古籍珍本丛刊》第106册《集部·明别集类》收录《季彭山先生文集》。

季本在浙中王门中，因入王门较早，具有"非常特殊"④ 的地位。季本

① 黄宗羲：《明儒学案·浙中王门学案一·督学蔡我斋先生宗衮》，沈善洪主编《黄宗羲全集》，浙江古籍出版社1985年标点本，第7册，第252页。

② 同上。

③ 同上。

④ 钱明：《浙中王学研究》，中国人民大学出版社2009年版，第101页。

晚年致力于儒家经典阐释，相关著作甚多。其释经典以心学治经方法为主，以己意近发师说，远会圣心，多出新意，亦多有与王阳明精神不合者。其编《说理会编》一书，其“除了‘巧借程、朱之言以证良知之说’外，季本还试图把阳明的‘致良知’说与甘泉的‘随处体认天理’说融和互补，又印证于经书‘典则’，以避免双方的传人走入极端”①。

除上述王门弟子外，越中还有不少王门再传弟子。

张元忭（1538—1588），字子荩，号阳和，浙江山阴（今浙江绍兴）人。其与王畿是姻亲关系，王畿夫人张氏与张元忭是同族平辈。张元忭出身于仕宦世家，与王畿是同乡，故曾多次从年长数十岁且德高望重的王畿问学。张元忭于嘉靖三十七年（1558）中举人，穆帝隆庆五年（1571）中进士第一名。曾主教内书堂，以王畿所编《中鉴录》为教材，教导宫中太监。后升至右春坊左谕德，兼翰林侍读。五十一岁病卒。

张元益，字叔学，生卒生不详，浙江山阴（今浙江绍兴）人。张元益是王畿夫人张氏之弟，其少于王畿数十岁，其从王畿问学亦长达数十年，对王畿充满崇拜之情。张元益《龙溪先生自讼贴后序》：

> 余小子侍教龙溪先生三十余年于兹矣。先生小子女兄之所归也……一洗世儒支离之习，不惟千圣学脉有所证明，而二氏毫厘亦赖以折衷，海内同志翕然信而归之，推为三教宗盟。而先生孳孳不自满之心，惟以过情为耻，以不知过为忧，自视歉如也。②

王畿对其亦不倦而教之，其文集中保存了四封与张元益论学书信，亦可见一斑。

赵锦（1516—1591），字元朴，号麟阳，浙江余姚人。赵锦于嘉靖二十三年（1544）中进士，任知县、御史等职。嘉靖三十二年（1553），因上书弹劾奸臣严嵩，而入狱，后削职为民。明穆宗即位，赵锦得到重用，累迁至南京

① 参见钱明：《浙中王学研究》，中国人民大学出版社2009年版，第104页。

② 吴震编校：《王畿集》，凤凰出版社2007年标点本，第742—743页。

都御史、兼兵部尚书、刑部尚书等，成为当时重要权臣。万历年间，因与张居正不和，致仕还乡。张居正去世后，又获重用。赵锦早年多服膺王学，后又与王畿交往甚多，故努力维护王学。《明史·赵锦传》："守仁从祀孔庙，锦有力焉"。王畿死后，受其子托付，赵锦写下了《龙溪王先生墓志铭》，对王畿一生事迹及功业作了很好的记录。

周梦秀，字继实，生卒年不详，浙江嵊县（今绍兴嵊州）人，是王畿晚年重要弟子之一。周梦秀于隆庆元年（1567），正式拜王畿为师。周梦秀笃信阳明心学，仕途却不甚畅达。

周梦秀堂弟周汝登（1547—1629），字继元，号海门，浙江嵊县（今绍兴嵊州）人。其于穆宗隆庆四年（1570）拜王畿为师，于万历五年（1577）中进士，官累迁南京尚宝卿。周汝登是晚明较有影响的大儒之一，曾参与《王龙溪先生全集》的编校工作，又作《圣学宗传》一书。

第七章　刘宗周思想

阳明学经过王畿、王艮等人的传播与发展，逐渐成为明代中后期的主流思潮，但其弊端也随之日益暴露。王畿强调本性和证悟，使得其学流于玄虚与空疏；王艮强调任性自然，导致其学流于狂放与浅疏。在晚明时期，能够批判继承阳明学，构建自己思想体例的一代大师则是刘宗周，其因此被誉为"明代最后一位富有独创性的思想家"①。

第一节　刘宗周生平

刘宗周（1578—1645），字起东，号念台，绍兴山阴（今浙江绍兴）人，曾讲学于蕺山，故世称蕺山先生。父刘坡卒于明神宗万历五年（1577）八月，时其母章氏怀遗腹五月。刘宗周自幼寄养于外祖父章颖家。章颖是位屡试不第的儒生，在家乡设馆教学。刘宗周自幼身体较柔弱，但勤奋好学，七岁入塾受学，八岁习《论语》，九岁始受学于族舅章氏，十岁受业于外祖父章颖。刘宗周十八岁始应童子试，次年娶章氏。二十岁中举，二十四岁中进士。同年母卒，服丧三年。万历三十二年（1604），刘宗周任行人司行人。万历三十三年（1605），外祖父章颖卒，刘宗周服丧三年。居丧期间，刘宗周授学于大善寺僧舍，后一直隐居乡间授学。万历四十年（1612）正月，刘宗周拜谒高攀龙，后二人多有书信往来。同年三月，至京师，授行人司行人旧职。万历

① 董平：《浙江思想学术史——从王充到王国维》，中国社会科学出版社2005年版，第255页。

四十二年（1614）三月，受人参劾，给假放归，于是刘宗周授学于乡里。

熹宗天启元年（1621），起为礼部仪制司添注主事。时魏忠贤权倾朝廷，大肆迫害东林党人。刘宗周因同情东林党人、反感阉人专权，上疏弹劾魏忠及保姆客氏。魏忠贤为熹宗在潜邸时的近侍，深得宠信。熹宗即位后，魏忠贤颇干涉朝政。客氏为熹宗朱由校乳母，一直潜居宫里，弄权于朝。众谏官上书参疏，皆相继被流放。刘宗周上疏谏曰："乃今日试问，得时用事，亲幸于陛下如左右手者，非魏进忠也耶？然则导陛下逐谏官者，魏进忠也；并导陛下以优人杂剧射击走马者，亦魏进忠也，不然，则魏进忠之党也。陛下……乃竟为忠等所误如此，岂不深可恨哉！"① 奏入，魏忠贤甚恨之，欲廷杖六十，得友人周旋，方免于皮肉之苦。熹宗下诏，罚俸半年。居官时，刘宗周多次上疏言事。次年（1622）六月，升为光禄寺添注寺丞。天启三年（1623）五月，升为尚宝司少卿，八月到任。九月迁太仆寺添注少卿。有感于妇寺专权、官吏竞进而不恤国事，于是上疏，以病乞归养。次年（1624）正月归京。九月，擢为通政司右通政。十一月，刘宗周上《天恩愈重疏》，批判时政，指陈病结："世道之衰也，士大夫不知礼义为何物，往往知进而不知退。及其变也，或以退为进。至于以退为进，而下之藏身愈巧，上之持世愈无权，举天下贸贸焉奔走于声利之场。于斯时也，庙堂无真才，山林无姱节，陆沉之祸，何所底止！"后又上两疏。熹宗阅之，大怒，下诏曰："刘宗周藐视朝廷，矫情厌世，好生恣放。著革了职为民当差，仍追夺诰命。"② 天启五年（1625）二月，刘宗周被革职为民，再次归乡里隐居授学。

崇祯元年（1628）十一月，刘宗周起为顺天尹，上疏辞，不允，于次年（1629）九月上任。崇祯三年（1630）九月，奉旨回籍调养。刘宗周归乡里，以讲学著述为业。崇祯九年（1636）正月拜为工部左侍郎，二月受命，六月因病回籍调理。九月上《痛切时艰疏》，直陈朝廷昏腐，民生艰苦："自诏旨

① 刘宗周：《感激天恩疏》，吴光主编《刘宗周全集》，浙江古籍出版社 2007 年标点本，第 3 册，第 23 页。本章所引刘宗周著述文章的标题与文本皆据此本，为了节省篇幅，后不再一一注明。

② 刘汋：《蕺山刘子年谱》，吴光主编《刘宗周全集》，浙江古籍出版社 2007 年标点本，第 6 册，第 80 页。

杂治五刑，岁躬断狱以数千计，而好生之德意泯；自刀笔治丝纶，而王言亵；自诛求及琐屑，而政体伤；自参罚在钱粮，而官愈贪、吏愈横、赋愈逋；自敲扑日繁，而民生瘁；自严刑与重敛交困天下，而盗贼逢起……自武弁废法，而兵日骄；自将儒兵骄，而朝廷之威令并穷于督抚；自朝廷勒限尽贼，而行间日杀良民报级以幸无罪，使生灵益归涂炭。事急矣。”崇祯阅奏后大怒，欲对刘宗周严加重处，十月将其革职为民。

崇祯十四年（1641）十一月，擢为吏部左侍郎，次年（1642）八月升都察院左都御史。此数月间，刘宗周上十余疏，对政纪荒乱，社会风气败坏，民生疾苦作了大量陈述。后熊开元上书直谏，触怒龙颜，被崇祯密召处死。刘宗周于是面奏皇上，云：“十五年来，皇上处分未当，致有今日败局。乃不追原祸始，更弦易辙，欲以一切苟且之政补目前罅漏，非长治之道也。”① 崇祯阅之不悦，询问对策时，刘宗周直言，让崇祯帝无以忍受，于是下旨：“刘宗周愎拗偏迂，朕屡次优容，念其新任，望其更改。今乃藐抗徇私，大负委任，本当重处，辅臣奏其年老，姑著革了职。”② 十一月因愎拗偏迂被革职。

崇祯十七年（1644）三月，李自成攻入京师，崇祯皇帝自缢。五月，福王监国南京，起用刘宗周，复旧职。八月受命，九月因直谏告归。顺治二年（1645）五月，福王遇害，路王监国。六月，杭州失守，路王请降。刘宗周于是绝食而亡，享年68岁。

刘宗周自二十七岁入仕以来，历经三帝，转迁于多职，多次因直谏而罢官、革职。“先生通籍四十五年，在仕版六年有半，实立朝者四年。”③ 其余时间多在乡里授学著述。

晚明时期，皇帝昏庸，阉人专权，官吏贪婪，苛捐杂税使得民不聊生，外有满清强敌虎视眈眈。刘宗周为人正直耿介，敢于直言，为了挽救将倾的帝国，他一次次上书直谏君主，弹劾奸臣，进献治国策略。但他的忠诚与良

① 刘汋：《蕺山刘子年谱》，吴光主编《刘宗周全集》，浙江古籍出版社2007年标点本，第6册，第140—141页。

② 同上书，第142页。

③ 同上书，第161页。

策不仅没有得到重视，反遭到一次次迫害与治罪，多次革职为民。即使如此，他依然无悔，只要有机会，则努力报国。明朝灭亡，他绝食以殉国。

刘汋在《蕺山刘子年谱》中对其父以学治身、以身作则的光辉人格作了很好描述："先君子学圣人之诚者也。始致力于主敬，中操功于慎独，而晚归本于诚意。诚由敬入，诚之者人之道也；意也者，至善栖真之地，物在此，知亦在此。意诚则止于至善，物格而知至矣。意诚而后心完其心焉，而后人完其人焉，是故可以扶皇纲，植人纪，参天地而为三才也。其修于身也，目不视邪色，耳不听淫声，口不出戏言，四体不设怠惰之仪。威仪容止一范于礼，非其义一介不取，非其道一人不苟同也。"①

第二节　政治思想

刘宗周自二十七岁中举入仕以来，时仕时隐，三起三落，几十年间，在朝为官实则仅四五年。为官期间，刘宗周写了大量的奏议，对腐败现实作了大力批判，并提出了大量的治国良策。晚明时期，皇帝昏庸，万历皇帝二十余年不上朝理政，一味沉溺于声色享受；熹宗沉迷于木工制作，一任阉人魏忠贤专政于朝，大量正直之士被迫害致死；崇祯皇帝虽欲有所作为，但独断专横，刚愎自用，疑心太重，以致官员更换频繁，大量清官廉吏遭到杀害或流放。面对将倾的腐朽王朝，刘宗周依然坚持职守，为官时敢于批判，敢于劝谏。

一　对现实腐败的揭示

在任行人司行人之职时，刘宗周上《敬循使职疏》对王朝的危机作了大量陈述。

① 刘汋：《蕺山刘子年谱》，吴光主编《刘宗周全集》，浙江古籍出版社2007年标点本，第6册，第173页。

臣观今日之势，盖已岌岌乎尽蹈汉、唐季世之辙矣。爵滥而轻，禄侈而匮，官不惟贤，制不尽利，庶而不富且教，其能久而不乱乎……今天下吏治之污，民生之困，士习之窳，边防之弛，纪纲风俗之败坏，何者不出于后人之沿习，而顾重诬祖宗乎？然且指祖宗一二必穷必变之策，靳持之，以藉口于法祖，是亦所为如永益深，如火益热者也。（《敬循使职疏》）

熹宗刚即位，刘宗周便上疏，陈述国家之危机，人心之涣散。

今日国家祸败，止缘士气茅靡，人心瓦解。庙堂之上，既以观望为局面；疆场之外，又以蓄缩为良图。尚堪吾丈说苦说病耶？丈须竖起脊梁，为天下倡明忠义之气，以固河西之人心，因以固天下之人心，而丈亦必以平乱为朝天之期，庶几人人有感动而兴起者，则救时平乱之首务也。（《答方孩未巡关》）

崇祯一朝，民生益艰，国家益败，刘宗周多次上疏，陈述国家危机。

臣以为今天之民力竭矣……而辄以司农告匮，一时所讲求者，皆掊克聚敛之政。正项之不足，继以杂派；科罚之不足，加以火耗。又三四年并征，水旱灾伤一切不问。其他条理纷纷，大抵辗转得之民手，为病甚于加赋。敲扑日峻，道路吞声，小民至卖妻鬻女子以应势，且驱而为盗，转而沦于死亡。当是时也，有司以掊克为循良，而抚字之政绝；上官以催征为考课，而陟黜之法亡。以若所为，欲求国家有府库之财，不可得已。（《预矢责难疏》）

而陛下自即位以来，军兴告匮，不免以重敛责小民。宿捕既诛，见征必尽，已足为天下病矣。犹未也，又攒及来年之预征者。方且有司有逮，司道有罚，京堂有坐催，节节追呼，闾阎中安问鸡犬？而最为民厉者，无如贪官污吏……兵兴以来，老稚转沟壑，壮者散四方，竭泽而渔

之。即令苟济国事乎，其如腹心已溃、肢节无容瘳何！（《祈天永命疏》）

民生至今日困极矣，惟畿辅之困，视外省直更甚。外省直之民困于征缮者，役有尝供，赋有定额。至畿辅则头绪纷然错出，今日佥商，明日报役；今日派庄头，明日拔坟户。官吏得以因缘为奸，勋珰得以转辗肆虐，遂不禁日朘月削，以趋于尽。况重之以兵燹，更问孑遗？自非为人上者解烦涤苛、一意与民休息，持之以数年之久，鲜有能复其生理、登之小康者。（《畿辅凋残疏》）

民生至今日尚忍言乎！一死于寇，再死于兵，三死于岁，四死于贪官污吏，五复死于廷遣之督促，为竭泽之渔，徒以时艰之告急也。（《圣德已开治象疏》）

身处晚明的刘宗周，对于当时政治腐败和民众疾苦深有了解，并为此大胆直言上奏君主。惜他直言的实情，并没有受到万历、熹宗和崇祯等皇帝的重视。

二 对君主昏庸的批判

在《敬循使职疏》中，刘宗周对万历皇帝沉迷后宫、不理朝政作了批判。

今夫继体而主宗庙社稷之重者，非皇太子乎？太子之职，问安视膳，一日再朝，礼也。今陛下深居宫禁，务与臣下隔绝，虽皇太子至亲，不一示以面、不宣召寝门者有年，何论朝夕？则皇太子子职谓何？且陛下日溺于宦官、宫妾之近，而后太子、群臣处暌隔之势，亦岂社稷之福哉……世不乏左右窥伺之奸，多方播弄，使孝子见疏，忠臣被搆，陛下独不念之乎……岂陛下之所厌者贤士大夫，而复推厌于皇太子；陛下之所狎者宦官、宫妾，而复推狎于皇太子……窃为陛下不善爱皇太子矣。由是而推之诸王，福王不愆之国之期乎？（《敬循使职疏》）

迩者皇上以人才进退，章疏是非，一概置之不理，遂使廷臣日趋争竞，党同伐异之风行，而人心日下，士习日险……臣窃痛之。（《修正

学疏》）

刘宗周指出，万历皇帝狎于宦官、宫妾，“使孝子见疏，忠臣被搆”，并非社稷之福，实乃社稷之灾也。

熹宗重用奸佞小人，使得魏氏、客氏弄权于朝，大力迫害反对他的正直朝臣。对此刘宗周上疏加以劝谏。

> 是先王不迩声色，不殖货利，不盘游畋，居则被法服，亲图史，行以鸾和，中以节奏……惟恐不闻其过也，而治化烂焉，皆此物此志也……闲者道路之言：还宫以后，颇事宴游，或优人杂剧，不离左右，或射击走马，驰骋后苑，毋乃败度礼之渐与？优人杂剧之类，不过以声色进御，为道欲之媒，此其为害何啻毒药猛兽！即恐陛下偶一近之，已令此心不克自持，况自今以往乎……臣于是而有感于宦者用事之祸也……此中旨者，陛下方用之以快一时之喜怒，而孰知前后左右又不难乘陛下之喜怒以快其私乎？方且日调狗马鹰犬以荡陛下之心，日进声色货利以蛊陛下之志，凡可以结人主之欢者无所不至，使人主日视此法家弼士如仇雠，而后得以指鹿为马，盗陛下之威福，或降斜封之敕，或兴钩党之狱，生杀予夺，惟所自出，而国家之大命随之，则亦宦官必致之祸也。
>
> 乃今日试问，得时用事，亲幸于陛下如左右手者，非魏进忠也耶？然则导陛下逐谏官者，魏进忠也；并导陛下以优人杂剧射击走马者，亦魏进忠也，不然则魏进忠之党也。（《感激天恩疏》）

阅此疏后，皇帝大怒，批示道：“刘宗周出位妄言，好生可恶，本当重究，姑从轻罚俸半年。”①

对于崇祯皇帝，刘宗周批判则更多，更直接。

> 自陛下登极，严旨禁敕，冀与天下登荡平之路，而葛藤之说犹未尽

① 刘汋：《蕺山刘子年谱》，吴光主编《刘宗周全集》，浙江古籍出版社2007年标点本，第6册，第74页。

除。陛下矫枉过正，至欲抑君子以平小人之气，用小人以成君子之功，是消长渐分，而前日之覆辙将复见于天下也……（陛下）而至于求治之心，操之过急，不免酝酿而为功利；功利之不已，转为刑名；刑名之不已，流为猜忌；猜忌之不已，积为壅蔽；正“人心之危”所潜滋暗长而不自知者。(《预矢责难疏》)

刘宗周为人耿直，为官正派。他多次上疏，对万历、熹宗和崇祯皇帝进行直言批判。但他的一片苦心不仅未受到皇帝重视，反倒一次次召来不幸，或被罚俸，或被革职。

三　兴儒学，以正人心

晚明时期，世风衰微，人心涣散。

今天下世道交丧矣。士大夫容容苟苟，不知忠孝节义为何事。平居以富贵为垄断，临难以叛逆为捷径。至于国是日嚣，人心日竞，纪纲日坏，刑政日弛，封疆日蹙，寇盗日迩，祖宗金瓯无缺之天下，不日拱手而授之他人，亦孰非此学官不识字人所胚胎而酿之者乎？(《修举中兴疏》)

世道之衰也，士大夫不知礼义为何物，往往知进而不知退。及其变也，或以退为进。至于以退为进，而下之藏身愈巧，上之持世愈无权，举天下贸贸然奔走于声利之场。于斯时也，庙堂无真才，山林无姱节，陆沉之祸，何所底止！臣方惧以前日之进，故惴惴焉辞太仆之命，犹以为晚！何意前日之退转成今日之进？将败坏世道，实臣一人为戎首，率天下而趋之，臣滋惧矣。(《天恩愈重疏》)

刘宗周倡导兴学校，复儒学，以拯救日下之世风。

至于吾辈出处语默之间，亦多可议。往往从身名起见，不能真心为国家，其所以异于小人者，只此阿睹中操守一事，然且不免有破绽可乘，安得不授以柄哉？(《与周绵贞年友》)

夫学，亦学为忠孝节义而已矣。学政之教行，则天下皆知子不可以叛父，臣不可以叛君，四裔不可以叛中国。举天下之才，蒸蒸咸奋于朝廷，人心由之而正，国是由之而明，纪纲由之而肃，法度由之而明，政事由之而立，封疆由之而饬，盗寇由之而屏，祖宗金瓯无缺之天下由之而固。是冲圣中兴之业，不下堂序而奏也。臣所为救世第一义如此。(《修举中兴疏》)

臣且藉手报恩万一也。谨力疾口占以闻如左。其一曰：明圣学而端治本……其二曰，躬圣学以建治要……其三曰，崇圣学以需治化。(《不能以身报主疏》)

不仅如此，刘宗周还倡导皇帝修习慎独之学。《不能以身报主疏》："臣愿陛下从事慎独之学，先去其欲速见小之私，而日就月将，以卜化成。倘或责效旦夕，又以为'迂阔'而置之，纷纷改作，臣恐天下事从此去也。"

四　施仁政，以收人心

面对强征暴敛、民不聊生的现实，刘宗周劝谏皇帝施行仁政，以收人心。

臣惟天下事有本、有末，如治病者察症有标有本，而后可施其针砭之功……而臣以为，今日圣明在上，断以收拾人心为第一义，即国计边防，总在所后。自古未有民贫而君独富者，尤未有人心豫附、中国乂安，而四夷不从之宾服者。此正医家治本之说也。(《遵旨回奏疏》)

法天下之大者，莫过于厚民生，则赋役宜缓宜轻……臣愿陛下体上天好生之心，首除新饷……以节省之物力抵之，而还有余不尽于民间……示天下以抚字之倡。(《祈天永命疏》)

在《再申人心国势疏》等文章中，刘宗周还提出了具体的仁政措施。

盖尝熟思审处，而知天下之大计，终不外乎人心。臣虽启其端，而未竟其说，不揣迂疏，请复以安人心之要，为皇上备陈之。其一曰：安民心……其二曰：安军心……其三曰：安士心……其四曰：安大小臣工之心……其五曰：安远近地方之心……而其本尤在皇上自安其心……今日宗社大计，惟皇上断然主持，以宋事为鉴。合上下为一心，联远近为一体，以守则固，以战则胜，又何有终燎原之扑灭！（《再申人心国势疏》）

皇上诚能亟下令，暂撤九门七门煤米诸税，使商贾鳞集，物价自平。随降一手诏，发内帑一二万金，一给地方各坊铺，煮粥以惠茕民，仍收养之各铺中；一以赏京营守陴者，一以赏营兵出援之家属，使无内顾忧。更发太仓米数千石，以平粜出，预给军士月粮三月，亟运通仓以抵之，将一举而京师之民欢动若雷。(《边事万无可虞疏》)

遗憾的是刘宗周的诸多良策并没能得以施行。

五　立法规，以救时弊

刘宗周主张立好法规，以法规治国，严惩奸臣贪吏，以救时弊。

在万历时，刘宗周便上疏，主张以法制规范治国。《敬循使职疏》：

臣以为欲策时宜，莫若行王政；行先王之政者，莫若法先王之意而通之。臣请以六议胪献：一曰议爵……一曰议禄……一曰议官……一曰议教……一曰议养……一曰议制。

在熹宗、崇祯二朝，刘宗周亦多次上疏，主张以法规治国。

今日救世之权宜莫有先于定庙谟者……庙谟字矣，乃进而言法度……法度明乃进而方纪纲……纪纲肃乃进而言政事……政事修乃进而方教化……凡此五者递而进之，一一皆治本之计。(《备陈治乱疏》)

人心弱而国势轻，朝廷讨罪之法不伸于天下也。臣请今日为皇上伸讨罪之法……嗟嗟！事急矣！为今日计，请皇上亟行天讨，先问贼之在内者，而后及其外者……国法既正，内贼既讨，一举而宇宙之神气勃然

改观，夫然后申堂讨罪之义于四裔，天威所加，虽不战而屈人兵可矣。(《亟申讨罪之法疏》)

从以上分析可以看出，刘宗周是一位有实际治世能力的官员，在任时他做出了一些成绩，并提出了许多治世良策。惜这些劝谏与批判不仅未受到皇帝的重视，还多次使他因直言而失官。这既是刘宗周的悲剧，也是明代的悲剧，更是明朝灭亡的重要原因。

第三节　心性说

自宋代以来，心性问题一直是儒学家讨论的重要话题，朱熹、王阳明莫不如此。作为明末最为重要的思想家，刘宗周对此问题亦作了不少论述，“心性问题是宗周为学的中心问题，也是他学说中最精彩、最精微的部分”①。

一　意为心之主

自先秦以来，人们多认为心是人之主宰。《尸子·贵言》：“心者，身之君也。”《黄帝内经素问》云：“心者，君主之官也，神明出焉；心者，生之本，神之变也。”《淮南子·原道训》：“夫心者，五藏之主也。”刘宗周亦持此说。

心是鉴察官，谓之良知，最有权。人但随俗习非，因而行有不慊。此时鉴察，仍是井井，却已做生主不得。(《学言下》)

心者，身之长也。然有主焉，御主而行，则心得其职，而主势当尊。又有仆焉，御仆而行，则心失其职，而主势亦邻于贱。故以心为主。(《学言上》)

在心为身之主的基础之上，刘宗周继而提出意、觉等观点，进一步深化

① 东方朔：《刘宗周评传》，南京大学出版社1998年版，第127页。

其理论。他认为心之所存为意。

意为心之所存，则至静者莫如意。(《学言上》)

故意蕴于心，非心之所发也。(《学言上》)

意为心之主宰。

心之主宰曰意，故意为心本。不是以意生心，故曰“本”，犹身里言心，心为身本也。邓定宇曰：“心是天，意是帝。”(《学言下》)

意者，心之所以为心也。止言心，则心只是径寸虚体耳，著个意字，方见下了定盘针，有子午可指。(《问答上·答董生心意十问》)

先生论心意曰：“以虚灵而言谓之心，以虚灵之主宰而言谓之意。”又曰：“心如舟，意如舵。”又曰：“心意如指南车。”(《会语》)

他还认为，“念”是意在外物作用下的外化。

因感而动，念也。(《原旨·原心》)

念有起灭，意无起灭也。(《问答上·答董生心意十问》)

他提出“觉”的概念，认为“觉”是心之主，颇似于“意”。

夫心，觉而已矣。觉动而识起，缘物乃见。(《证学杂解》)

觉者，心之主也。心有主则实，无主则虚，实则百邪不能入，无主焉反是。有主之心，如家督在堂，群奴为之奔走；有主之觉，如明镜当空，妍媸于焉立献。昔人呼心为“主人翁”以此。又曰：“主人翁常惺惺否？”若不是常惺惺，又安见所为主人翁者？(《证学杂解》)

在《学言中》，刘宗周对心、意、知、物间的关系作了较好的概说。

心中有意，意中有知，知中有物，物有身与家国天下，是心之无尽藏处。性中有命，命中有天，天合道，道合教，教合天地万物，是性之

无尽藏处。(《学言中》)

二　心意体用关系

刘宗周对心、意等间的体用关系作了较多论说。

> 心无体，以意为体；意无体，以知为体；知无体，以物为体。物无用，以知为用；知无用，以意为用；意无用，以心为用。此之谓体用一原，此之谓显微无间。(《学言下》)
>
> 身者，天下国家之统体，而心又其体也。意则心之所以为心也，知则意之所以为意也，物则知之所以为知也，体而体者也。物无体，又即天下国家身心意知以为体，是之谓体用一原、显微无间。(《学言上》)
>
> 天下国家之本在身，身之本在心，心之本在意。意者，至善之所止也，而工夫则从格致知。(《学言上》)

体的关系：天下国家→身→心→意→知→物

用的关系：物→知→意→心→身

同时，刘宗周主张体用合一。《学言下》："体用一源"，"显微无间"。《学言下》："合心意知物，乃见此心之全体；更合身与国家天下，乃见此心之全量。"

三　心与性关系

自先秦以来，儒学家对心性问题作了不少论说。孟子主张性善论，荀子主张性恶论，朱熹提出天命之性和气质之性之分，王阳明主张"心即性，性即理"(《传习录上》)。刘宗周对心性说作了不少发挥。

刘宗周认为性由心生，性为心之性，二者密不可分。

> 吾请言吾常心焉。常心者何？日用而已矣，居室之近，食息起居而已矣。其流行则谓之理，其凝成则谓之性，其主宰则谓之命，合而言之皆心也。(《原旨·原道下》)

心只是此心，言心而性在其中，天下无心外之理。(《会录》)

性依于心，二者是主附、种属关系。

《大学》言心不言性，心外无性也；《中庸》言性不言心，性即心之所以为心也。(《学言下》)

心一也。合性而言，则曰仁；离性而言，则曰觉。觉即仁之亲切痛痒处，然不可以觉为仁，正谓不可以心为性也。又总而言之，则曰心；析而言之，则曰天下、国、家、身、心、意、知、物。惟心精之合意知物，粗之舍天下国家与身，而后成其觉。为觉，其为仁也。若单言心，则心亦一物而已。(《学言上》)

性者心之理也，心以气言，而性其条理也。离心无性，离气无理。(《复沈石臣》)

细而辨之，心与性颇有些区别。性本天，而心本人。《易衍第八章》："夫性，本天者也；心，本人者也。天非人不尽，性非心不体也。"

性无动静，而心有寂感。《学言上》：

性无动静者也，而心有寂感。……动而无动，静而无静，神也，性之所以为性也。动而无静，静而无动，物也，心之所以为心也。

性与气名异而实为一。《证学杂解》：

形而下者谓之气，形而上者谓之性。故曰："性即气，气即性"。人性上不可添加一物，学者姑就形下处讨个主宰，即形上之理即此而在。

心体至善，而气至虚。《学言中》：

心体浑然至善。以其气而言，谓之虚；以其理而言谓之无。至虚，故能含万象；至无，故能造万有。

故圣人之心能包容宇宙。《学言中》：

圣人之心如空中楼阁，中通外辟，八面玲珑，一气往来，周极世界。天地之体，皆我之体；天地之用，皆我之用，只是一个虚而已。

四　心性合一

虽然心与性有诸多区别，刘宗周往往强调心性合一，心即是性。

人之所以为心者，性而已矣。(《中庸首章说》)

性是一，则心不得独二。天命之所在，即人心之所在；人心之所在，即道心之所在……心只是人心，而道者人之所当然，乃所以为心也。人心道心，只是一心；气质义理，只是一性。识得心一性一，则工夫亦一。(《中庸首章说》)

《大学》言心到极至处，便是尽性之功……《中庸》言性到极至处，只是尽心之功。(《学言上》)

刘宗周对心、意、性间的关系作了明晰的区分，改变了王阳明一直以来心意不分的情况，为倡导诚意、慎独提供了理论基础，为改变王阳明心学的弊端奠定了实践基础。

第四节　诚意论

以上对刘宗周的心性说作了论说，心性说只是其道德本体论，真正体现他独创性的当属诚意论和慎独论。

晚明时期，阳明末学流于空疏与狂放。《证学杂解》：

今天下争言良知矣，及其弊也，猖狂者参之以情识，而一是皆良；超洁者荡之以玄虚，而夷良于贼，亦用知者之过也……今之贼道者，非

> 不知之患，而不致之患，不失之情识，则失之玄虚，皆坐不诚之病，而求之于意根者疏也。

这些导致“良知”并不“良”。于是刘宗周于崇祯九年（1636）提出“诚意”说，欲以“诚”来匡正“良知”说之不良。有学者认为，“相对于慎独论而言，诚意论当然是宗周思想的一个转变和转折。”①

一　诚意即思诚

刘宗周诚意说源于《中庸》和《孟子》。《礼记·中庸》：“诚者，天之道也；诚之者，人之道也。”《孟子·离娄上》：“诚者，天之道也；思诚者，人之道也。”孟子认为“诚”是天之道，思诚是人之道。刘宗周继承孟子之说，并将“思诚”发展成为体系庞大的诚意说。

刘宗周认为，诚者，天之道也。《学言上》：

> 诚则必形。有诚者，天道之形。有诚之者，人道之形。天道之形，见乎蓍龟，动乎四体是也。人道之形，睟面盎背，施于四体是也。

刘宗周认为意本诚，诚本天。

> 诚体本天。(《学言下》)
>
> 诚者，自成也，诚于意之谓也。(《学言下》)

“意”本“诚”，“意根”即是“诚体”。“诚”本于天，天至善，故“意”是至善的。故“诚意实即是‘思诚’，即是由工夫归宿于本体”。②

二　诚意本于善

刘宗周认为人本于诚，君子之学始于诚。

① 东方朔：《刘宗周评传》，南京大学出版社 1998 年版，第 80 页。

② 董平：《浙江思想学术史——从王充到王国维》，中国社会科学出版社 2005 年版，第 270 页。

一心也，而在天谓之诚，人之本也；在人谓之明，天之本也。故人本天，天亦本人。(《学言中》)

故君子必诚其意。(《学言下》)

君子之学，其始于诚乎！(《读易图说》)

刘宗周认为诚意在于止善。《学言上》："《大学》之教，只要人知本。天下国家之本在身，身之本在心，心之本在意。意者，至善之所止也。"诚意在于至善。

意也者，至善归宿之地。(《杂著·读大学》)

意者，至善之所止也。(《学言上》)

诚体本天。本天者，至善者也。(《学言下》)

三　诚意即良知

如上所说，刘宗周有感于王阳明良知说的空泛，从而提出诚意说。虽则如此，但其诚意说还是与良知说有不少关联。

诚者，不思而得，良知，不虑而知。良知，一诚也。致知，诚之者也。(《学言下》)

从良知定主意则诚，从情识定主意则欺且伪。(《学言下》)

"诚无为"便是心髓入微处，良知即从此发窍者，故谓之立天之大本。看来良知犹是第二义也。(《阳明传信录》)

四　诚意与格物、良知合一

宋代理学重格物，王阳明提出良知说，刘宗周则提出诚意说。刘宗周的诚意说与格物说和良知说有不少联系，在很多情况下，他力求将三者统一起来，做到诚意、格物与良知合一。

古本序曰："《大学》之道，诚意而已矣。诚意之功，格物而已矣。

格物之极，止至善而已矣。止至善之则，致良知而已矣。”宛转说来，颇伤气脉。(《说·良知说》)

《大学》之要，诚意而已矣。格致，诚意之功也。《中庸》之要，诚身而已矣。明善，诚身之功也。(《会录》)

意者，至善之所止也，而工夫则从格致始。正致其知止之知，而格其物有本末之物，归于止至善云耳。格致者，诚意之功，功夫结在主意中，方为真功夫，如离却意根一步，亦更无格致可言。故格致与诚意，二而一，一而二者也。(《学言上》)

反对将三者割裂开来。

故谓格致之后，另有诚意工夫；诚意之后，另有正心工夫。岂正心之后，又有修齐治平工夫邪？(《学言下》)

意诚则正心以上一以贯之矣。今必谓知止一节是一项工夫，致知又是一项工夫，则圣学断不如是之支离，而古人之教，亦何至架屋叠床如是乎？(《学言上》)

有时，他甚至将诚意与慎独联系在一起。

《大学》之道，诚意而已矣。诚意之功，慎独而已矣。意也者，至善归宿之地，其为物不二，故曰“独”。其为物不二，而生物也不测，所谓物有本末也。格此之谓“格物”，致此之谓“知本”，知此之谓“知至”。故格物致知，总为诚意而设，非诚意之先又有所谓致知之功也。必言诚意先致知，正示人以知止之法，欲其止于至善也。意外无善，独外无善也。故诚意者《大学》之专义也，前此不必在致知，后此不必在于正心也。亦《大学》之完义也，后此无正心之功，并无修齐治平之功也。(《杂著·读大学》)

慎独也者，人以为诚意之功，而不知即格物之功也，人以为格致之功，而不知即明明德于天下之递先之功也。《大学》之道，一言以蔽之，

曰慎独而已矣。(《大学古记约义·慎独》)

从以上分析可以看出，刘宗周有感于王阳明良知说的过于空泛，以及阳明后学过于追求玄虚，导致至善追求的失落，于是明确提出诚意说，以匡正世风之陋。

第五节　慎独论

“慎独”一词最早见于《礼记》之中。《礼记·中庸》：“莫见乎隐，莫显乎微，故君子慎其独也。”郑玄注云：“慎独者，慎其闲居之所为。”《礼记正义》云：“虽曰独居，能谨慎守道也”。[①] 朱熹《中庸章句》：“独者，人所不知而己所独知之地也。言幽暗之中，细微之事，迹虽未形而几则已动，人虽不知而己独知之，则是天下之事无有著见明显而过于此者。是以君子既常戒惧，而于此尤加谨焉，所以遏人欲于将萌，而不使其滋长于隐微之中，以至离道之远也。”[②]《礼记·大学》亦多次言“君子必慎其独也”。可见，慎独指的是一个人独处时，仍谨慎地遵守行为道德规范。朱熹注《大学》和《中庸》时把慎独归结为一种涵养学识的功夫。

刘宗周于48岁创立慎独之说，此后一直大力发展慎独之论，该学说可谓他学术理论的重要核心。在继承前人的基础上，他将“慎独”由一种功夫而提升至本体论的高度。

一　独体

在《大学》和《中庸》中，“独”是一种处境、一种功夫，刘宗周则将

---

① 孔颖达撰：《礼记正义》，李学勤主编《十三经注疏》，北京大学出版社1999年版，第1422、1424页。

② 朱熹：《四书章句集注》，中华书局1983年标点本，第18页。

“独”提升至本体论的高度，即“独体”①，是人与天地万物相通的桥梁。

独体的内涵极其广泛，包括心、性、知、诚等。

> 独者，心极也。(《学言上》)
>
> 天命之谓性，此独体也。(《学言上》)
>
> 诚者，天之道也，独之体也。(《学言下》)
>
> 圣学本心，惟心本天，维玄维默，体乎太虚，因所不见，是名曰“独”……其大无外，故名曰天。天命所命，即吾独知……独知常知，全体俱知。(《独箴》)

独体，即是心独知时。《学言上》:

> 独是虚位，从性体看来，则曰莫见莫显，是思虑未起，鬼神莫知时也。从心体看来，则曰十目十手，是思虑既起，吾心独知时也。然性体即在心体中看出。

可见，刘宗周使“独”由一种独处境界提升至内涵广泛的本体论，继而成为人与天地万物相通的桥梁。“独”的提升，为慎独的提升奠定了基础。

二　慎独功夫

当“独”提升至“独体”之后，慎独不再是一种功夫，成为所有功夫的总称。《中庸首章说》:“独之外，别无本体；慎独之外，别无工夫，此所以为中庸之道也。”于是慎独便成为学问第一要义，学当本于慎独。

> 慎独是学问工夫第一义。(《学言下》)
>
> 学者大要只是慎独。(《书上·答履思五》)
>
> 夫道一而已矣，学亦一而已矣。《大学》之道，慎独而已矣，《中

① “‘独’，即独体之谓。”董平:《浙江思想学术史——从王充到王国维》，中国社会科学出版社2005年版，第276页。

庸》之道，慎独而已矣。(《杂著·读大学》)

《大学》之道，一言以蔽之，曰慎独而已矣。《大学》言“慎独”，《中庸》言“慎独”，慎独之外，别无学也。(《大学古记约义·慎独》)

慎独是修身治国之根本要义。

言慎独，而身、心、意、知、家、国、天下一齐俱到，故在《大学》为格物下手处，在《中庸》为上达天德统宗，彻上彻下之道也。(《学言上》)

始求之好恶之机，得吾诚焉，所以慎之于意也；因求之喜、怒、哀、乐之发，得吾正焉，所以慎之于心也；又求之亲爱、贱恶、畏敬、哀矜、敖惰之所之，得吾修焉，所以慎之于身也；又求之孝、弟、慈，得吾齐焉，所以慎之于家也；又求之事君、事长、使众，得吾治焉，所以慎之于国也；又求之民好、民恶，明明德于天下焉，所以慎之于天下也。而实天下而本于国，本于家，本于身，本于心，本于意，本于知，合于物，乃所以为慎独也。(《大学古记约义·慎独》)

随吾喜、怒、哀、乐之所发，无往非未发之中，而中其节矣。此慎独之说也……后之学圣人者，亦曰慎独而已矣。慎独而知心之所以为道，本一诚以毕贯；慎独而知中之所以为执，合四气以交融。所以卑之不近于功利，高之不入于玄虚也。故曰“慎独可以行王道”。(《不能以身报主疏》)

故君子为学，当始于慎独。

学不本于慎独，则心无所主，滋为物化。(《人谱续篇一》)

君子学以慎独，直从声臭外立根基。一切言动事为，庆赏刑威，无不日见于天下。(《论语学案·为政》)

慎独之学，既于动念上卜贞邪，已足端本澄源。而诚于中者形于外，容貌辞气之间有为之符者矣。(《人谱续篇一》)

正如东方朔《刘宗周评传》所言，“他不仅主张把慎独当作一个重要的工夫，而且提出独体，要将慎独阐发为一种理论系统，这是宗周的内在用心”。①

三　慎独致中和

“独”为“独体”，故慎独内容亦非常广泛。《礼记·中庸》：“喜怒哀乐之未发谓之中，发而皆中节谓之和。中也者，天下之大本也；和也者，天下之达道也。致中和，天地位焉，万物育焉。”② 郑玄注云：“中为大本者，以其含喜怒哀乐，礼之所由生，政教自此出也。”朱熹注云：“喜、怒、哀、乐，情也。其未发，则性也，无所偏倚，故谓之中。发皆中节，情之正也，无所乖戾，故谓之和。大本者，天命之性，天下之理皆由此出，道之体也。达道者，循性之谓，天下古今之所共由，道之用也。此言性情之德，以明道之不可离之意。”③

刘宗周慎独从《中庸》而来，故多受《中庸》影响，主张慎独致中和。

> 说工夫只说个“慎独”，独即中体，识得慎独，则皆发中节，天地万物在其中矣。(《学言上》)
>
> 故中为天下之大本。慎独之功，全用之以立大本，而天下之达道行焉，此亦理之易明者也。(《学言上》)
>
> 慎独即是致中和；致中和而天地位、万物育，此是仁者以天地万物为一体实落处，不是悬空识想也。(《书上·答履思五》)
>
> 故中为天下之大体，而和为天下之达道。及其至也，察乎天地，至隐至微，至显至见也。故曰“体用一原，显微无间”，君子所以必慎其独也，此性宗也。(《读易图说》)

---

① 东方朔：《刘宗周评传》，南京大学出版社 1998 年版，第 131 页。

② 孔颖达撰：《礼记正义》，李学勤主编《十三经注疏》，北京大学出版社 1999 年版，第 1422 页。

③ 朱熹：《四书章句集注》，中华书局 1983 年标点本，第 18 页。

四 慎独尽心性

《礼记·中庸》："天命之谓性，率性谓之道，修道谓之教。"郑玄注云："天命，谓天所命生人者也，是谓性命。"① 刘宗周慎独之说，是一个即心即性、即本体即功夫的完整学术体系。

> 故君子慎独。慎独之功，只向本心呈露时随处体认去，便得全体荧然，与天地合德，何谦如之！（《证学杂解》）
>
> 是故君子即形色以求天性，而致吾戒惧之功焉。在《虞书》所谓"精一"；在孔门所谓"克己"，在《易》所谓"洗心"，在《大》《中》所谓"慎独"，一也。（《与以建二》）

慎独是证性之路。

> 君子所为必慎其独也。夫一闲居耳，小人得之为万恶渊薮，而君子善反之，即是证性之路。（《人谱续篇一》）
>
> 夫天即吾心，而天之托命处即吾心之独体也。率此之谓率性，修此之谓修道，故君子慎独，而曰："戒慎乎其所不睹，恐惧乎其所不闻。"所以事天也。（《宋儒五子合刻序》）

慎独是尽心率性之功夫。

> 《大学》言心到极至处，便是尽性之功，故其要归之慎独。《中庸》言性到极至处，只是尽心之功，故其要亦归之慎独。独，一也。（《学言上》）
>
> 《中庸》是有源头学问，说本体先说个"天命之性"，识得天命之性，则率性之道、修道之教在其中；说工夫只说个"慎独"，独即中体，识得慎独，则发皆中节，天地万物在其中矣。（《学言上》）

---

① 孔颖达撰：《礼记正义》，李学勤主编《十三经注疏》，北京大学出版社1999年版，第1422页。

可见，刘宗周倡导慎独，并非孤立地强调慎独，而是“把‘慎独’与‘本体’‘人性’密切联结起来，作为一种修身养性，立身安命的伦理道德学说”①。

五　慎独即诚意

刘宗周先提出诚意说，后提出慎独说，后者是其理论的新发展，与诚意说之间有不少关联，“慎独必能够诚意，诚意即所以慎独”②。可见，诚意是慎独之基础，慎独则是诚意的发展与升华。

> 《大学》之道，诚意而已矣；诚意之功，慎独而已矣。意也者，至善归宿之地，其为物不二，故曰“独”……惟于意字不明，故并于独字不明，遂使格致诚正俱无著落……学亦一而已矣。《大学》之道，慎独而已矣，《中庸》之道，“慎独”而已矣；《论》、《孟》、六经之道，“慎独”而已矣。“慎独”，而天下能事毕矣。(《杂著·读大学》)
>
> 意根最微，诚体本天。本天者，至善者也……此时浑然天体用事，不著人力丝毫。于此寻个下手工夫，惟有慎之一法，乃得还他本位，曰独，仍不许乱动手脚一毫，所谓诚之者也。(《学言下》)

慎独与诚意是密不可分的。《子刘子行状》：“先生宗旨为慎独。始从主敬入门，中年专用慎独工夫。慎则敬，敬则诚。晚年愈精微、愈平实。”③

> 以知还独是明中之诚，以独起知是诚中之明。(《学言上》)
>
> 古人慎独之学，固向意根上讨分晓，然其工夫必用到切实处，见之躬行。(《证学杂解》)
>
> 圣学要旨摄入在克己，即《大》《中》之旨摄入在慎独，更不说知、

---

① 傅振照：《绍兴思想史》，中华书局2004年版，第230页。

② 董平：《浙江思想学术史——从王充至王国维》，中国社会科学出版社2005年版，第276页。

③ 黄宗羲：《子刘子行状》，沈善洪主编：《黄宗羲全集》，浙江古籍出版社2005年标点本，第1册，第250页。

说行。周子“学圣有要”一段，亦最简截，与克己慎独之说相印证，此千古相传心法也。(《与陆以建年友一》)

六　慎独即是致良知

有感于天理说距人遥远，王阳明提出良知说，将天理落实于人心，并倡导致良知。刘宗周学说多受王阳明影响，其慎独之说与王阳明致良知有不少联系。

刘宗周认为，“良知只是独知时（《阳明传信录》）”，进而提出，慎独即是致良知。

孔门约其旨，曰“慎独”，而阳明先生曰：“良知即是独知时”，可谓先后一揆。慎独一著，即是致良知，是故可与知人，可与知天，即人即天，即本体即工夫。(《证人会约·会约书后》)

迩来深信得阳明先生“良知只是独知时”一语亲切，从此用功，保无走作……学者只为离“独”一步说良知，所以面目不见透露，转费寻求，凡所说“良知”都不是良知。“致良知”三字便是孔门易简直截之旨，今日直须分明讨下落耳。(《答履思六》)

良知吃紧处，便只用在改过上，正是慎独工夫……须知良知无圣凡，无大小、无偏全、无明昧，若不向“独”上讨下落，便是凡夫的良知。(《答履思六》)

孔门说个慎独，于学人下手处已是千了百当。只为头而未分明，故阳明又指个良知，见得仁义不假外求……故曰：“良知只是独知时。”吾党今日所宜服膺而弗失也。(《答履思六》)

七　慎独至静

独，早期指的是“独处”。故刘宗周主张慎独至静，更主张动静结合。

静存之外，更无动静，主敬之外，更无穷理。其究也，工夫与本体亦一。此慎独之说。(《中庸首章说》)

圣学之要，只在慎独。独者，静之神、动之机也。动而无妄，曰静，慎之至也。是谓主静立极。(《学言上》)

刘宗周更主张动静结合。《学言上》：

动中有静，静中有动者，天理之所以妙合而无间也。静以宰动，动复归静者，人心之所以有主而常一也。故天理无动无静，而人心惟以静为主。以静为主，则时静而静，时动而动，即静即动，无静无动，君子尽性至命之极则也。

从以上分析可以看出，刘宗周将“独”由独处提升至一种本体高度，成为联系人与天地万物的一种载体，而慎独由“谨慎独处”提升至修心功夫，这种功夫融尽心性、致良知、诚意等于一体，从而颇具修习功夫之大融合之势态。

第六节　祁彪佳思想

刘宗周在仕途方面颇不得意，经常归隐故里讲学授业。其讲学力排阳明后学之弊，主讲其诚意和慎独之学。当时从学者甚众，逐渐形成一个学派——蕺山学派。蕺山学派门徒众多，有以黄宗羲为代表的梨洲学派，以张履祥为代表的杨园学派，以及大量未成宗派的学者，如祝渊、陈确等。同乡祁彪佳亦是刘宗周知名弟子之一，在学识及人格上，都多受刘宗周的影响。

祁彪佳（1602—1645），字虎子，一字幼文，又字弘吉，号世培，又号成子，浙江绍兴人。其父祁承㸁是明代著名的藏书家和目录学家，著有《澹生堂藏书目》等。祁彪佳少承家学，勤学好问。20岁中进士，除福建兴化县推官。崇祯四年（1631），升为御史。祁彪佳为人耿直，遂为权贵所排斥，于是弃官归家。时同乡大儒刘宗周结社讲学，于是祁彪佳投拜其门下。崇祯末，祁彪佳复被起用，但其抗清等主张不为所用。明朝灭亡后，其对南明王朝抱有幻想。后南明王朝在清兵的攻击下败亡，其于1645年六月初六，投水而亡，以殉国难，年仅44岁。

祁彪佳学识渊博，著作甚多，有《宜焚全稿》18卷，《越中园亭记》6卷，《远山堂诗集》10卷，《远山堂文稿》1卷，《远山堂曲品》《远山堂剧品》，以及后人编辑的《祁忠敏公日记》《祁忠惠公遗集》等。近出整理本有《祁彪佳集》（即《祁忠惠公遗集》），中华书局1960年版，《祁彪佳日记》，浙江古籍出版社2018年版。1991年书目文献出版社出版《祁彪佳文稿》，收录祁彪佳作品15种，重要作品基本网罗其中。祁彪佳亦从事戏曲创作，有《玉节记》《谱苏武故事》等作品。

三十岁时，祁彪佳由地方官迁为御史。任职期间，其多次上疏批判时政。在《陈民间十四大苦疏》中，祁彪佳一一罗列了当时民众所遭受的十四种苦难：一曰里甲之苦，二曰虚粮之苦，三曰行户之苦，四曰搜赃之苦，五曰钦提之苦，六曰被拘之苦，七曰隔提之苦，八曰词讼之苦，九曰窝访之苦，十曰私税之苦，十一曰私铸之苦，十二曰解运之苦，十三曰马户之苦，十四曰盐丁之苦。①

在《陈三大弊政疏》一文中，祁彪佳深刻地批判了当时三大弊政：

> 为新政要在明刑，持平贵有耑责。谨陈三大弊政……凡典章法度，有宜因亦有宜革者。要必翻然更始，使海内翕然快服，乃足以收拾人心。向来为搢绅愁惨，小民毒痛，道路侧目，群情解体者。其弊政有三：曰诏狱，曰缉事，曰廷杖。臣请备言之……是祖制原无诏狱也。后乃以锻炼为功，以罗织为事。虽曰朝廷之爪牙，实为权奸之鹰狗。口词从迫勒而来，罪案听指授而定。即举朝类莫不知其枉，而法司无敢雪其冤。酷惨等于来、周，平反从无徐、杜者，此诏狱之大弊也……迨后东厂设立，

① 祁彪佳：《祁彪佳集》，中华书局1960年排印本，第14—16页。

始有告密之端。用银而买事件，得贿而鬻刑章。无籍之凶恶，辄多倚藉以投充。番役之亡命，反借交通以倖免。于是飞诬多及善良，赤棍立致巨万。招承皆出于吊拷，怨愤充塞于京畿。欲绝苞苴，而苞苴托之愈盛。期缉奸宄，而奸宄未能少清。此缉事之大弊也……及于逆瑾用事，始有去衣受杖者。刑章不归于司败，扑责多及于直臣。本无可杀之罪，乃致必死之刑。盖当血溅玉阶，肉飞金陛，班行削色，皆气短神摇。即恤录随颁，已魂惊骨削矣。况朝廷徒受拒谏之之名，天下反归忠直之誉，磨励因之靡效，荣辱遂尔无权。且也夷堂廉于犴狴，杂仙仗以桁杨。是岂明盛之休风，大失君臣之分谊。①

祁彪佳对明代诸帝滥用锦衣卫、东厂、西厂等特务机构给朝臣网罗罪名、拷打成实等作了深刻的批判。

对时政之弊，祁彪佳亦提出了一些解决之良策。《备察群情疏》中提出，百官应各守其责，不得越俎代庖，或敷衍塞责。

凡大臣、文臣、武臣、外臣、内臣，皆使之各安其位，而后有以各尽其心，使之有不相借之事权，而后有可独责之成绩。若越俎而问庖，便旷官而怠事。若瞻顾于官守之外，便亏缺于官守之中。②

在《陈致治大本疏》一文中，祁彪佳提出了一系列具体举措。

此时典制益当遵守，勿以多事逐纷争之端；名器益当慎重，勿以乏才启倖滥之窦。人才不可不爱惜，而自媒之径必不可开。官爵不可不优崇，而躐迁之阶必不可有。恩赏固宜溥，当为可继之地，勿生无厌之觊觎。开释固宜速，当有可原之条，勿紊罔贷之刑章。庶几纪纲明、法度饬，然后以轻徭薄赋收民心，以举贤录才收士心，以信赏必罚收将卒之

① 祁彪佳：《祁彪佳集》，中华书局1960年排印本，第21—22页。
② 同上书，第5页。

心，言守固，言战胜矣。更省进者，殿下一心，尤为纪纲法度之本。①

可惜的是，祁彪佳的众多良策并未被崇祯皇帝采纳，其还因直言上谏而得罪不少权臣，导致数年后，被迫弃官归田，于乡间授业讲学。崇祯末，虽然祁彪佳被再次起用，但依然未得重用，其抗清的策略依然没有被采纳。一代贤臣，最后以死殉国，呜呼哀哉！

① 祁彪佳：《祁彪佳集》，中华书局 1960 年排印本，第 17 页。

第八章　张岱与黄宗羲思想

有明一朝，会稽成为重要的学术重镇，涌现了像王阳明、王畿和刘宗周等哲学大师。在心学逐渐趋向衰微之时，会稽史学异军突起，出现了张岱和黄宗羲等史学大师，他们为清代浙东学派的兴起奠定了坚实的基础。

第一节　张岱思想

国家不幸诗家幸。如果说个人的苦难成就了史学家司马迁，那么国家的不幸成就了史学家张岱，张岱的史学才华在朝代更替之际得到了绽放。

一　张岱生平

张岱（1597—1679），字宗子，又字石公，号陶庵，又号蝶庵，绍兴府山阴（今浙江绍兴）人，明末清初著名的史学家、文学家。张岱出身于官宦世家，其曾祖张元忭为隆庆五年（1571）状元，历任翰林院修撰、侍读等。祖父张汝霖为万历二十三年（1595）进士，历任清江令、兵部主事等。父张耀芳科场颇不得意，53 岁方以“副榜贡谒选”，入选山东鲁肃王右长史。数年后辞归，病卒于家。由于家境较为显赫，张岱早年过着悠闲的文人生活。张岱广泛交游当时名流，曾与同乡先辈祁彪佳等有所交往。同时，张岱又广泛研习文艺，曾先后两度拜师学琴艺。早年，张岱曾参加科举考试，乡试屡屡败北。科场的失意，使得他对晚明政治的腐败和社会的黑暗有着更为深刻的认知。有明最后几年，绍兴一带灾荒连年，于是张岱积极参与救荒工作。

1644 年，李自成入京，崇祯帝自缢而亡。明朝的灭亡给许多忠贞之士以沉重打击。同乡大儒刘宗周、祁彪佳先后殉国。明亡后，弘光政权匆匆建立于南京，一年旋亡。鲁肃王之子朱以海在台州临时称监国。原仕于弘光政治的大奸臣马士英欲投奔鲁王。时追随鲁王的张岱闻之大怒，上疏监国鲁王，历数马士英种种罪行，建议斩奸臣以谢天下。鲁王闻而从之，令张岱带兵往捕之。马士英闻而遁之。后鲁王受挟制于方国安，张岱遭到斥逐。七月，鲁王朱以海抵绍兴，宣告正式监国。张岱对这一南明王朝寄予了中兴梦，但事与愿违。君无良策，强臣跋扈，内外矛盾重重。张岱仅被授予荣誉性职务，并不能有所作为。不久，张岱辞职逃归。听从祁彪佳劝告，张岱隐居山中、寺庙内，躲避清兵追捕，以努力完成《石匮书》。明初亡的数年里，张岱疲于避难，历经了众多苦难，著《石匮书》成为其唯一的精神支柱。其晚年的《陶庵梦忆自序》对此有不少记录：

> 陶庵国破家亡，无所归止，披发入山，駴駴为野人。故旧见之，如毒药猛兽，愕窒不敢与接。作自挽诗，每欲引决，因《石匮书》未成，尚视息人世。然瓶粟屡罄，不能举火，始知首阳二老，直头饿死，不食周粟，还是后人粧点语也。饥饿之余，好弄笔墨。因思昔日生长王、谢，头事豪华，今日罹此果报……种种罪案，从种种果报中见之。①

由于缺乏史料，《石匮书》未记崇祯一朝史事。后因参加编撰《明史纪事本末》，获得了大量史料，于是续编了《石匮书后集》，专记崇祯一朝史事。这两部皇皇的史著，是研究明史的重要参考资料。

张岱是明末清初著名的文学家和史学家，其学识渊博，著述广泛，涉及经、史、文艺诸多领域，经学著作有《四书遇》《明〈易〉》等，史学著作有《石匮书》《石匮书后集》《史阙》《有明于越三不朽图赞》等，文集有《张

① 张岱著，夏咸淳校点：《张岱诗文集》，上海古籍出版社 1991 年版，第 110—111 页。

子文秕》《张子诗秕》以及回忆录《陶庵梦忆》《西湖梦忆》等。

二　经世思想

张岱出身于仕宦家族，从小受到了良好的教育，博学多才艺。广博的才学，科场的失意，使得张岱对明末社会和政治有着更为深刻的认知。

自入明以来，科举文逐渐教条化，八股文成为科场主流。张岱博学多艺，却不愿受限于教条，故早年多次失意于科场，故对八股文的危害有着清晰的认知。在《石匮书·科目志总论》中，张岱对八股文作了严厉的批判：

> 诸体之难，无过制义：盖用以镂刻学究之肝肠，亦用以销磨豪杰之志气者也！故后生小子，荜门圭窦，雪案萤窗，白首穷经，负笥教学，虽以真正英雄，屈首此道，满腹才华，满腹学问，满腹书史，皆无所用之。特以枯管毛锥，孤行其意。一字不协，满幅俱差，片语不谐，全篇俱失。有人于此，一习八股，则心不得不细，气不得不卑，眼界不得不小，意味不得不酸，形状不得不寒，肚肠不得不腐。学使者逾年一考，省御史三年一试，连赴数科，则精神消耗，意气沮丧，大事去矣。洪武以来，行之二百八十二年，高皇帝以之大误举子，而举子效而尤之，亦用以大误国家，何者？举子应试，原无大抱负，止以占毕之学迎合主司，即有大经济、大学问之人，每科之中不无一二，而其余入彀之辈，非日暮穷途、奄奄待尽之辈，则书生文弱、少不更事之人。以之济世利民，安邦定国，则亦奚赖焉？故自崇祯末季，立贤无方，于新旧甲科之中，栉比求之，并无一士。则高皇帝以之误人犹小，其所以自误则甚大矣。嗟嗟！八股文一日不废，则天下一日犹不得太平也。①

张岱认为，八股文浪费了学子之精力，消磨了士人之志气，使学子兀兀穷年、皓首穷经而一无所获。皇帝因此大失天下之才，从而大误于国。可见，

① 张岱：《石匮书》，《续修四库全书》，上海古籍出版社 2002 年影印本，第 318 册，第 419 下栏—420 上栏页。

张岱不仅看到了八股文对士人的影响，更重要的是看到了八股文选士制度对国家的影响。以至甲科之中，“无一士”。国既无士，又怎能不衰败呢？

张岱反对教条规范，主张通经致用，因时而变。《大易用序》

> 夫《易》者，圣人用世之书也……则《易》之不为世用也，亦已久矣……故古之成大事者，必审于时势之当然，又察夫已之所履，于是得其一说而执之，可以无患。凡卦之德，虽处极凶，至于险而不至于杀，至于危而不至于亡；其至于杀与亡者，每不在于守，而在于变。故《易》之为用，不可以不变，而又不可以不善于变……善变者，乘几搆会，得之足以成大功；不善变者，背理伤道，失之足以致大祸。用《易》而不善于变《易》，亦无贵于用《易》者矣……谬者失时，杂者失势，反者失几……呜呼！成败之不可以论人也固矣，审夫《易》之为用又岂无说乎？能成天下之务者，愚不可也，智不可也，愚则不知其所操，而智者则必亟乎屡更其道。夫《易》如药也，能生人，亦能杀人。不知其病，数易其方，几何而不死哉！①

张岱认为《易》乃用世之书，通之可以致用。《易》，变也，故张岱主张做事时要“审于时势”，要“乘几搆会”，因时而动，切不可拘于教条。

可见，对当时社会的认知，张岱已较常人更为清晰，已步入时代前列。

三 史学思想

张岱生前以史学家自居，身后也以史学闻名于世。他一直勤于史书著述，除了《石匮书》《石匮书后集》之外，尚有《古今义烈传》《史阙》《明季史阙》《有明于越三不朽图赞》等多种史著，其巨大史学成就与其先进的史学思想密不可分。

（一）史料尚真

求真尚实，以史书再现真实历史是张岱著史的一个重要原则。在《石匮

---

① 张岱著，夏咸淳校点：《张岱诗文集》，上海古籍出版社1991年版，第126—128页。

书自序》中，他对自己编撰《石匮书》的意图与过程作了叙说：

> 余之作史，尚不能万一弇州，敢言东坡？第见有明一代，国史失诬，家史失谀，野史失臆，故以二百八十二年总成一诬妄之世界。余家自太仆公以下，留心三世，聚书极多。余小子苟不稍事纂述，则茂先家藏三十余乘，亦且荡为冷烟，鞠为茂草矣。余自崇祯戊辰，遂泚笔此书，十有七年而遽遭国变，携其副本，屏迹深山，又研究十年，而甫能成帙。幸余不入仕版，既鲜恩仇，不顾世情，复无忌讳，事必求真，语必务确。五易其稿，九正其讹，稍有未核，宁阙勿书。故今所成书者，上际洪武，下讫天启，后皆阙之，以俟论定。①

同时，他努力做到“事必求真，语必务确”，为此“五易其稿，九正其讹”，以求完美。坚持宁缺勿滥也是他的原则。因史料缺乏，《石匮书》未记崇祯一朝之事。顺治十四年（1657），谷泰任提督浙江学政时，编撰《明史纪事本末》一书，邀请张岱至杭州参与其事。张岱借此获得了大量的崇祯一朝史料，遂撰《石匮书后集》，专记崇祯一朝之事，以补前书之缺。在《与周戬伯》中，张岱对此作了说明：

> 弟向修《明书》（《石匮书》），止至天启，以崇祯朝既无《实录》，又失《起居》。六曹章奏闯贼之乱，尽化灰烬；草野私书，又非信史，是以迟迟，以待论定。今幸逢谷霖苍文宗，欲作《明史记事本末》，广收十七年邸报，充栋汗牛。弟于其中簸扬淘汰，聊成本纪并传，崇祯朝名世诸臣，计有数十余卷，悉送文几，祈著丹铅，以终厥役。弟盖以先帝鼎升之时，遂为明亡之日，并不一字载及弘光，更无一言牵连昭代，兄可任意较雠，无庸疑虑也。②

因参与编撰《明史纪事本末》时，张岱获得了大量的崇祯一朝史料，于

① 张岱著，夏咸淳校点：《张岱诗文集》，上海古籍出版社1991年版，第100页。
② 同上书，第238—239页。

是他“簸扬淘汰”，反复甄别，去伪存真，方成《石匮书后集》。

为了全面表现历史真实，张岱主张广泛搜集正史之外的史料，以补正史之阙。《史阙序》：

> 余于是恨史之不赅也，为之上下古今，搜集异书，每于正史世纪之外，拾遗补阙。得一语焉，而全传为之生动；得一事焉，则全传为之活现……余又尝读正史，太宗之敬礼魏征，备极形至。使后世之拙笔为之，累千百言不能尽者；只以“鹞死怀中”四字尽之，则是千百言阙，而四字不阙也。读史者由此四字求之，则书隙中有全史在焉，奚阙哉?①

张岱此类观点是非常有道理的。

（二）秉笔直书

著史，当以可信的材料为基础，再秉笔直书，不讳掩，不虚美。编撰《石匮书》时，他“不顾世情，复无忌讳”，故能秉笔直书。在《石匮书》中，张岱对亡国之君崇祯皇帝作了不少批判。《石匮书·烈帝本纪》：

> 盖我先帝惟务节省，布衣蔬食，下同监门，遂以宫中内帑，视为千年不必可拔之基，祖宗所贻，不可分毫取用。致使九边军士，数年无饷，体无完衣，其何以羁縻天下哉……而逆闯破城，内帑所出，不知几千百万，而先帝何苦日事居积，日事节省，日事加派，日事借贷，京师一失，无不尽出以资盗粮，岂不重可惜哉!②

张岱对崇祯皇帝因小俭而失大的做法作了严厉的批判。再如，在《石匮书后集》卷六十三《中原群盗列传》中，张岱对所谓“贼”李自成作了较为公正的描述：

---

① 张岱著，夏咸淳校点：《张岱诗文集》，上海古籍出版社1991年版，第104页。

② 张岱：《石匮书》，《续修四库全书》，上海古籍出版社2002年影印本，第320册，第444下栏—445上栏页。

(每)城下，贼秋毫无犯。自成下令曰："杀一人者，如杀吾父；淫一女者，如淫吾母。"得良有司，礼而用之；贪污吏及豪强富室，籍其家以赏军，人心大悦。风声所至，民无固志，故一岁间略定河南南阳、汝宁四十余州县。兵不留行，海内震焉。时丧乱之余，白骨蔽野，荒榛弥望，自成抚流亡，通商贾，募民垦田，收其籽粒以饷军。贼令严明，将吏无敢侵略。明季以来(官)师无纪律，所过镇集，纵兵抢掠，号曰"打粮"，井田为墟，而有司供给军需，督逋赋甚急，敲扑煎熬，民不堪命。至是陷贼，反得安舒，为之歌曰："杀牛牛，备酒浆，开了城门迎闯王，闯王来时不纳粮"。由是远近欣附，不复目以为贼。①

明末农民起义，李自成军队纪律严明，故深得百姓拥护；而官军则比土匪更甚，民畏之如贼。这样的描写在正史中显然是很难见到的。

(三)崇尚德行

张岱有感于晚明时期，士气不扬，士人无行，乃编撰《古今义烈传》一书。全书收录上至西周，下至金元时期的义烈之士四百余人。《古今义烈传自序》:

天下有绝不相干之事，一念愤激，握拳攘臂，揽若同仇。虽在路人，遽欲与之同日死者。余见此辈，心甚壮之。故每涉览所至，凡见义士侠徒，感触时事，身丁患难，余惟恐杀之者下石不重，煎之者出薪不猛……余自史乘旁及稗官，手自钞集，得四百余人，系以论赞，传之剞劂，使得同志如余者，快读一过，为之眦裂，犹余眦裂；为之抚掌，犹余抚掌，亦自附子瞻之蓄药酿酒，专以自为意也。②

在《凡例》中，张岱又对"义""烈"行为分十类作了详细说明。张岱对义烈之士极为仰慕，故将这些人的事迹汇于一书，与同好分享。

① 张岱：《石匮书后集》，《续修四库全书》，上海古籍出版社2002年影印本，第320册，第798页上栏—下栏。

② 张岱著，夏咸淳校点：《张岱诗文集》，上海古籍出版社1991年版，第408—409页。

张岱晚年与徐沁合作的《有明于越三不朽图赞》其十八卷，收录越郡三不朽名人一百余人。本书分三门十八类：其一曰立德，包括理学、忠烈、忠节、忠谏、孝烈、节烈、清介、刚直、盛德、隐逸、生孝等十二类；其二曰立功，包括勋业、相业、功业等三类；其三曰立言，包括文学、博学、画学等三类。张岱《于越三不朽图赞序》：

> 在昔帝赉良弼，即以图像求贤，而汉桓帝征姜肱不至，遂命画工图其形状。古人以向慕之诚致，思一见其面而不可得，则像之使人瞻仰者，从来尚矣……余少好纂述国朝典故，见吾越大老之立德、立言、立功以三不朽垂世者，多有其人。追想仪容，不胜仰慕。遂与野公徐子沿门祈请，恳其遗像，汇成一集，以寿枣梨，供之塾堂，朝夕礼拜，开卷晤对……以此愧厉久之，震慑精神，严惮丰采，寤寐之地如或遇之，其奋发兴起，必有不知手之舞之、足之蹈之者矣。①

他对德行、节义的赞扬也表现在《石匮书》和《石匮书后集》等中，如对刘宗周、夏允彝、夏完淳、陈子龙的描写，都充满了赞颂之情。正如学者所言："扬正气，斥势利，是《石匮书》的基本主题之一"②。张岱甚至直接表达了对这些义士的仰慕之情。《石匮书·义人列传总论》："然余之不死，非不能死也；以死而为无益之死，故不死也……千磨万难，备受熟尝。十五年后之程婴，更难于十五年前之公孙杵臼，至正二十六年之谢枋，更难于至正十九年之文天祥也。"③

（四）尚创制

在史书体例上，张岱亦作了不少创新。《石匮书》是一部纪传体明史，分为纪、表、世家和列传等五种体例，标其220卷，实存209卷，其中纪17卷，表6卷，志14卷，世家9卷，列传163卷，共计209卷。其记事始于明太祖

① 张岱著，夏咸淳校点：《张岱诗文集》，上海古籍出版社1991年版，第410页。
② 胡益民：《张岱评传》，南京大学出版社2002年版，第265页。
③ 张岱：《石匮书》，《续修四库全书》，上海古籍出版社2002年影印本，第320册，第50页下栏。

洪武元年（1368），止于明熹宗天启七年（1627）。虽然《石匮书》在体例上沿用司马迁创立的正史体例，但在具体体例设置上，张岱作了大量创新：在《志》中，《石匮书》增加了马政、盐荚等志；在传统类传之外，又增列了不少新类传，如“门户”“三案（廷击、红丸、移宫）”“妙艺”“名医”“胜国遗臣”“群雄”“资贼”“四裔”等；在《王守仁列传》之外，又列《阳明弟子列传》。这些显然更合明代历史之实情。再如，《古今义烈传》《有明于越三不朽图赞》等，都对传统体例作了不少创新。

总而言之，史学家的修养、先进的史学理念，以及敢于独创的精神，成就了一代著名史学家张岱。

第二节 黄宗羲生平

黄宗羲（1610—1695），名宗羲，字太冲，号南雷，世称梨洲先生，绍兴府余姚（今浙江余姚）人，明末清初著名的史学家、思想家。祖父曰中，精通五经，以《易》著名，但不愿在举业上花功夫，故久困场屋，很是窘迫。父黄尊素，黄宗羲出生时尚未出仕。黄宗羲六岁那年（1615），父黄尊素中举人，次年中进士，于是开始进入仕途。中进士后，黄尊素被授为安徽宁国府推官，于是年仅八岁的黄宗羲随父至宁国府治宣城。黄尊素在宣城时励精图治，努力为民办实事，曾惩处了一些地方恶霸。黄尊素为民除害的行为对黄宗羲有不少影响。

五年后，黄尊素进京接受考核，黄宗羲则回故乡余姚参加童子试，于是父子才分离南北。考上秀才之后，黄宗羲北上，追随其父。由于东林党人的提携，次年黄尊素被升为山东道监察御史。时奸臣魏忠贤当道，东林党人与阉党斗争激烈。黄尊素上疏陈时政之失，得罪魏忠贤，被罚俸一年。后又上疏言魏忠贤之罪，魏氏于是网织莫名之罪，将其削籍，归故里。天启六年（1626），阉党大捕东林党人，黄尊素被捕，数月后被害于狱中，时黄宗羲十七岁。父亲之死，对黄宗羲来说是一个沉重的打击。次年，熹宗朱由校崩，朱由检继位，是为崇祯皇帝。崇祯皇帝即位后，大举清算阉党罪孽，魏忠贤等人或被迫自尽，或被捕杀。黄宗羲至京，上疏替父申冤。父黄尊素及大量被害东林党人得以昭雪。是年秋，黄宗羲扶父柩归葬故里。

黄尊素临终前曾嘱咐其子，后必从刘宗周受学。扶父丧归乡，时刘宗周讲学于绍兴，在那里创立“证人书院”，于是黄宗羲拜于其门下，并努力排斥异端，维护师说。之后，黄宗羲刻苦攻读史书。《补历代史表序》：“忆余十九、二十岁时，读二十一史，每日丹铅一本，迟明而起，鸡鸣方已，盖两年而毕。”①

自二十一岁始（1630），黄宗羲四处游历，先后至宁波、杭州、南京、北京等地，交友访学，结识了大批仁人志士。在南京时参加诗社，后又入张溥等人的复社。崇祯六年（1633），黄宗羲读书于杭州，又参加了“读书社”。自二十一岁始，黄宗羲四次参加乡试，皆落第。崇祯十五年（1642），是明朝的最后一次秋闱，两年后，明朝灭亡。崇祯十一年（1638），黄宗羲与顾杲等人倡议《南教防乱公楬》，揭露阮大诚罪行。这使东林党、复社与阮大诚之间矛盾更加恶化。1644 年三月，李自成入京，崇祯皇帝自尽，明朝灭亡。同年五月，马士英等在南京拥立福王，成立弘光政权。阮大诚出任要职之后，开始大力报复东林党、复社人士，不少复社成员被捕下狱，黄宗羲亦在追捕之列。由于君昏臣奸，这一南明王朝不到一年时间便灭亡了。黄宗羲死里逃生，归乡里，结束了其历时十余年的“党人”生涯。

弘光政权灭亡后，南方很快又出现了三个南明政权，绍兴鲁王便是其中之一。黄宗羲积极参加反清复明活动。顺治二年（1645）闰六月，黄宗羲组织了一支抗清武装——“世忠营”，听命于鲁王指挥。次年，黄宗羲率军北上时，鲁王政权被清兵击败，鲁王外逃，黄宗羲被迫撤军。回到四明山后，他又外出打听鲁王下落。那支尚有数百人的军队，因扰乱山民，遭山民袭击而覆灭。黄宗羲寻访未果，又无归处，于是隐居山中。顺治六年（1649），闻鲁

① 沈善洪主编：《黄宗羲全集》，浙江古籍出版社 2005 年标点本，第 10 册，第 77 页。本章所引黄宗羲著作皆据此本，为了节省篇幅，后仅随文标明篇目，不再一一作注。

王在海上，黄宗羲急赴之。这个危在旦夕的小王朝，依然内部斗争不已，犹如一团散沙。不久，因恐连累老母，黄宗羲辞归。之后黄宗羲徙居各地，以避清兵追捕。虽则如此，其依然与鲁王王朝保持着联系。顺治十年（1653），鲁王去监国号。康熙元年（1662）四月，桂王被吴三桂缢杀，十月，鲁王死于金门，南明政权彻底被瓦解。自此，黄宗羲完全放弃了复明之念，全身心投入著述之中，时年五十有三。

最后的三十余年里，黄宗羲四处讲学，勤于著述，先后著有《明夷待访录》《明儒学案》《宋元学案》（未完成）《明文海》等皇皇巨著，培养了一大批著名学者，如万斯同、阎若璩、邵廷采等，为清初浙东史学派奠定了基础。据学者考证，黄宗羲一生著述多达112种，1300余卷，多达2000万字。沈善洪主编的《黄宗羲全集》（共12册）收录较为齐备。

黄宗羲著作弘富，内容广博，理论独具特色，门徒甚众，从而形成独树一帜的梨洲学派。梨洲学派的代表人物有万斯大与万斯同兄弟、阎若璩、邵廷采、邵晋涵、全祖望、吕留良等。这些学者为清代学术的发展作出了巨大的贡献，为清代学术增添了光彩。

第三节　黄宗羲哲学思想

黄宗羲不仅是一代著名的史学家，也是著名的哲学家。在对程朱理学和陆王心学的批判继承基础之上，黄宗羲对理、性、心等当时流行的哲学范畴提出了自己的见解。

一　气化宇宙

中国气论产生得很早，孟子提出“我善养吾浩然之气”。王充坚持元气说，《论衡·言毒》：“万物之生，皆禀元气。”北宋张载坚持太虚气论。张载《正蒙·太和》：“气之为物，散入无形，适得吾体；聚为有象，不失吾常。太虚不能无气，气不能不聚而为万物，万物不能不散而为太虚。循是出入，是皆不得已而然也。”① 黄宗羲对张载等人思想继承颇多。黄宗羲认为，天地万物皆一气。

夫太虚，絪缊相感，止有一气，无所谓天气也，无所谓地气也。（《易学象数论·图书四》）

通天地，亘古今，无非一气而已。（《梨洲太极图讲义》）

苟非是气，则天地万物之为异体也决然矣。（《与友人论学书》）

气化万物，自为主宰，流衍不息。

盖大化流行，不舍昼夜，无有止息。此自其变者而观之，气也。（《明儒学案·宗仁学案二·文敬胡敬斋先生居仁》）

四时行，百物生，其间主宰谓之天。所谓主宰者，纯是一团虚灵之气，流行于人物。（《孟子师说》）

夫大化之流行，只有一气充周无间。时而为和，谓之春；和升而温，谓之夏；温降而凉，谓之秋；凉升而寒，谓之冬。寒降而复为和，循环无端，所谓生生之为易也。圣人即从升降之不失其序者，名之为理……而要皆一气为之。《易传》曰“一阴一阳之为道”，盖舍阴阳之气，亦无从见道矣。（《与友人论学书》）

气，在天气间为气，在人则化为心。

盈天地间皆气也，其在人心，一气之流行。（《明儒学案·蕺山学案·忠端刘念台先生宗周》）

人受天之气以生，只有一心而已。（《明儒学案·诸儒学案中一·文庄罗整庵先生钦顺》）

天地间只有一气充周，生人生物。人禀是以生，心即气之灵处，所

---

① 张载：《张载集》，中华书局1959年标点本，第7页。

谓知气在上也。(《孟子师说》)

黄宗羲对气化论的支持还表现在对遵从张载之说的罗钦顺、王廷相等人的肯定之中。

盖先生（罗钦顺）之论理气，最为精确，谓通天地，亘古今，无非一气而已。气本一也。而一动一静，一往一来，一阖一辟，一升一降，循环不已……初非别有一物，依于气而立，附于气以行也……夫在天为气者，在人为心；在天为理者，在人为性。理气如是，则心性亦如是，决无异也。人受天之气以生，只有一心而已，而一动一静，喜怒哀乐，循环无已。当恻隐处自恻隐，当羞恶处自羞恶，当恭敬处自恭敬，当是非处自是非。轇轕纷纭，历然不能昧者，是即所谓性也。初非别有一物立于心之先，附于心之中也。(《明儒学案·诸儒学案中一·文庄罗整庵先生钦顺》)

先生（王廷相）主张横渠之论理气，以为气外无性，此定论也。(《明儒学案·诸儒学案中四·肃敬王浚川先生廷相》)

黄宗羲师从刘宗周，故全面接受了刘氏的气论。《孟子师说》卷二："天地间只有一气充周，生人生物。人禀是气以生，心即气之灵处，所谓知气在上也……理不可见，见之于气；性不可见，见之于心；心即气也。"《明儒学案·刘蕺山学案·忠端刘念台先生宗周》：刘宗周认为"盈天地间，一气而已矣""或曰谓虚生气，夫虚即气也"。黄宗羲高度赞扬刘氏说："师于千古不决之疑，一旦拈出，使人冰融雾释"(《先师蕺山先生文集序》)。

可见，黄宗羲坚持元气论，而不从理说，表现出浓郁的唯物主义色彩。

二　理气合一

自北宋以来，理学盛行，二程及朱熹多倡导理学，认为理为最高范畴，理为万物之源。对于程朱等人的天理说，黄宗羲主张理气合一。

理即是气之理……理气是一。(《明儒学案·诸儒学案中一·文庄罗整庵先生钦顺》)

夫所谓理者，气之流行而不失其则者也，太虚中无处非气，则亦无处非理。孟子言万物皆备于我，言我与天地万物一气流通，无有碍隔。(《明儒学案·江右王门学案七·宪使胡庐山先生直》)

不知天地之间，只有气，更无理。所谓理者，以气自有条理，故立此名耳……故气有万气，理只一理，以理本无物也。宋儒言理能生气，亦只误认理为一物。(《明儒学案·诸儒学案中四·肃敏王浚川先生廷相》)

黄宗羲认为理、气之名由人而造，二者实为一。

天地间只有一气充周，生人生物。人禀是气以生，心即气之灵处，所谓知气在上也……犹四时之气，和则为春，和盛而温则为夏，温衰而凉则为秋，凉盛而寒则为冬，寒衰则复为春。万古如是，若有界限于间，流行而不失其序，是即理也，理不可见，见之于气。(《孟子师说》)

故气不离理，理不离气。

刘宗周主张离气无理。《子刘子行状》："离气无所谓理。"刘宗周《学言上》："离气无理。"黄宗羲反对理气两分。

世儒分理气为二，而求理物气之先，遂堕佛氏障中。(《明儒学案·江右王门学案五·太常王塘南先生时槐》)

理气无先后，无无气之理，亦无无理之气，不可易矣。(黄宗羲《明儒学案·河东学案上·文清薛敬轩先生瑄》)

黄宗羲提出"关系说"，使原有的气论更有说服力。《明儒学案·诸儒学案上二·学正曹月川先生端》："抑知理气之名，由人而造，自其浮沉升降者而言，则谓之气，自其浮沉升降不失其则者而言，则谓之理。盖一物而两名，非两物而一体也。”

可见，黄宗羲的“理气是一”之说是对程朱分理气为二之说的发展。

三　心理合一

王阳明反对程朱天理学，提出良知说。王阳明良知说将天理拉到心中，人人皆有良知，号召大家在良知上下功夫。良知取代天理，人个体的思考可以替代上帝的思考。

王阳明良知说提出之后，盛行一时。虽此说不尽完善，但有许多值得肯定之处，故晚明刘宗周对此有深刻认知。黄宗羲《子刘子行状》：“先生于新建之学①凡三变：始而疑，中而信，终而辨难不遗余力，而新建之旨复显。”

黄宗羲师从刘宗周，故其对于王阳明良知说是比较赞赏的，其对王阳明学说继承颇多。章学诚曾指出，黄宗羲“上宗王、刘，下开二万”②。但有感于阳明后学流于空疏与狂放，黄宗羲主张理心合一，以理学来规范心学。

> 盈天地皆心也，变化不测，不能不万殊。心无本体，工夫所至，即其本体。故穷理者，穷此心之万殊，非穷万物之万殊也。（《明儒学案序》）
>
> 夫在天为气者，在人为心，在天为理者，在人为性。理气如是，则心性亦如是，决无异也。（《明儒学案·诸儒学案中一·文庄罗整庵先生钦顺》）
>
> 我与天地万物一气流通，无有碍隔。故人心之理，即天地万物之理，非二也。（《明儒学案·江右王门学案七·宪使胡庐山先生直》）
>
> 盖大化流行，不舍昼夜，无有止息，此自其变者而观之，气也；消息盈虚，春之后必夏，秋之后必冬，人不转而为物，物不转而为人，草不移而为木，木不移而为草，万古如斯，此自其不变者观之，理也。在

---

① 王阳明被封为新建伯，“新建之学”指的是王阳明学。

② 章学诚：《浙东学术》，章学诚著，仓修良编注《文史通义新编新注》，浙江古籍出版社2005年版，第121页。

人亦然，其变者喜怒哀乐、已发未发、一动一静、循环无端者，心也；其不变者，恻隐、羞恶、辞让、是非、梏之反覆，萌孽发见者，性也。儒者之道，从至变之中以得其不变者，而后心与理一。（《明儒学案·崇仁学案二·文敬胡敬斋先生居仁》）

从以上分析可以看出，黄宗羲一方面大力继承王阳明心学，倡导致良知；另一方面又将理学纳入心学，以理学匡正心学之弊病，从而努力实现心理合一。正如学者所说，“黄宗羲心理合一的哲学观，既受理学的影响，也有心学的成分，是对两者批评、整合的结果。”①

第四节　黄宗羲政治思想

黄宗羲是十七世纪杰出的思想家，其对封建专制社会作了多方面的批判，提出了一些大胆的超越时代的新观点，让时人耳目一新。

一　非君论

君主专制自秦汉以来便受到了有识之士的批判。东晋鲍敬言《无君论》提出无君论。宋元之际，邓牧《伯牙琴·君道》对君道作了大力批判。

天下为秦……君益贵……君益孤，惴惴然，若匹夫怀一金，惧人之夺其后，亦已危矣。天生民而立之君，非为君也，奈何以四海之广，足一夫之用邪！……今夺人之所好，聚人之所争，慢藏诲盗，冶容诲淫，欲长治久安得乎？……欲为秦，莫若勿怪盗贼之争天下。②

黄宗羲较前贤走得更远。在《明夷待访录·君道》中，黄宗羲对君道作

① 徐定宝：《黄宗羲评传》，南京大学出版社2001年版，第190页。
② 邓牧：《伯牙琴》，《丛书集成初编》，商务印书馆1936年排印本，第2046册，第3页。

了全面深刻的批判。他认为古之君主是“为公”的，“不以一己之利为利，而使天下受其利；不以一己之害为害，而使天下释其害”。而后世君主则是为“为私”的，为一己之利益服务。《明夷待访录·君道》：

> 后之为人君者不然。以为天下利害之权皆出于我，我以天下之利尽归于己，以天下之害尽归于人，亦无不可。使天下之人不敢自私，不敢自利，以我之大私为天下之大公。始而惭焉，久而安焉，视天下为莫大之产业，传之子孙，受享无穷，汉高祖所谓“某业所就，孰与仲多”者，其逐利之情不觉溢于辞矣。

产生这样巨大差异的原因在于，古之君者以天下为公，而后之君者以一己之私为公。

> 此无他，古者以天下为主，君为客，凡君之所毕世而经营者，为天下也。今也以君为主，天下为客，凡天下之无地而得安宁者，为君也。是以其未得之也，屠毒天下之肝脑，离散天下之子女，以博我一人之产业，曾不惨然！曰：“我固为子孙创业也。”其既得之也，敲剥天下之骨髓，离散天下之女子，以奉我一人之淫乐，视为当然，曰：“此我产业之花息也。”（《明夷待访录·君道》）

这种公私的颠倒和君主对天下态度的变化导致了天下对君主态度以及二者间关系的变化。

> 古者天下之人爱戴其君，比之如父，拟之如天，诚不为过也。今也天下之人怨恶其君，视之如寇仇，名之为独夫，固其所也。而小儒规规焉以君臣之义无所逃于天地之间，至桀、纣之暴，犹谓汤、武不当诛之，而妄传伯夷、叔齐无稽之事，视兆人万姓崩溃之血肉，曾不异夫腐鼠。岂天地之大，于兆人万姓之中，独私其一人一姓乎？是故武王圣人也，孟子之言，圣人之言也。后世之君，欲以如父如天之空名禁人之窥伺者，

皆不便于其言，至废孟子而不立，非导源于小儒乎！（《明夷待访录·君道》）

黄宗羲指出这种君主观的危害性。

虽然，使后之为君者，果能保此产业，传之无穷，亦无怪乎其私之也。既以产业视之，人之欲得产业，谁不如我？摄缄胜，固扃鐍，一人之智力不能胜天下欲得之者之众，远者数世，近者及身，其血肉之崩溃在其子孙矣……是故明乎为君之职分，则唐、虞之世，人人能让，许由、务光非绝尘也；不明乎为君之职分，则市井之间，人人可欲，许由、务光所以旷后世而不闻也。然君之职分难明，以俄顷淫乐不易无穷之悲，虽愚者亦明之矣。（《明夷待访录·君道》）

二　臣道

邓伯琴《伯牙琴·吏道》对吏道作了批判。古时吏为君主之佐，与君并无贵贱之分。

后世以所以害民者牧民，而惧其乱，周防不得不至，禁制不得不详，然后大小之吏，布于天下。取民愈广，害民愈深，才且贤者，愈不肯至，天下愈不可为矣。今一吏，大者至食邑数万，小者虽为禄养，则亦并缘为食，以代其耕，数十农夫，力有不能奉者，使不肖游手，往往入于其间。率虎狼牧羊豕，而望其蕃息，岂可得也？①

黄宗羲对封建社会臣吏之道亦作了大力批判。黄宗羲首先批判了无声、无形、杀身等奴役式的事君行为。继而提出，君与臣不过是分工之异，二者并无贵贱以及事奉与被事奉之别。

夫治天下犹曳大木然，前者唱邪，后者唱许。君与臣，共曳木之人

① 邓牧：《伯牙琴》，《丛书集成初编》，商务印书馆1936年排印本，第2046册，第4页。

也。(《明夷待访录·原臣》)

天下不能一人而治，则设官以治之；是官者，分身之君也。(《明夷待访录·置相》)

缘夫天下之大，非一人之所能治，而分治之以群工。故我之出而仕也，为天下，非为君也；为万民，非为一姓也。吾以天下万民起见，非其道，即君以形声强我，未之敢从也，况于无形无声乎！非其道，即立身于其朝，未之敢许也，况于杀其身乎！不然，而以君之一身一姓起见，君有无形无声之嗜欲，吾从而视之听之，此宦官宫妾之心也；君为己死而为己亡，吾从而死之亡之，此其私暱者之事也。是乃臣不臣之辨也。(《明夷待访录·原臣》)

黄宗羲认为臣为天下，不为君主。惜后世多昧于此道，沦为愚忠愚孝之臣。

世之为臣者昧于此义，以谓臣为君而设者也。君分吾以天下而后治之，君授吾以人民而后牧之，视天下人民为人君橐中之私物。今以四方之劳扰，民生之憔悴，足以危吾君也，不得不讲治之牧之之术。苟无系于社稷之存亡，则四方之劳扰，民生之憔悴，虽有诚臣，亦以为纤芥之疾也。(《明夷待访录·原臣》)

后世君主骄逸，于是臣渐为奴役所取代。

后世骄君自恣，不以天下万民为事，其所求乎草野者，不过欲得奔走服役之人。乃使草野之应于上者，亦不出夫奔走服役，一时免于寒饿，遂感在上之知遇，不复计其礼之备与不备，跻之仆妾之间而以为当然。(《明夷待访录·原臣》)

黄宗羲还具体论及相之职责以及吏之职责。后世相不明职责，视君位过高。

古者君之待臣也，臣拜，君必答拜。秦、汉以后，废而不讲；然丞相进，天子御座为起，在舆为下。(《明夷待访录·置相》)

后世君骄臣谄，天子之位始不列于卿、大夫、士之间，而小儒遂河汉其摄位之事，以至君崩子立，忘哭泣衰绖之哀，讲礼乐征伐之治，君臣之义未必全，父子之恩已先绝矣。不幸国无长君，委之母后，为宰相者方避嫌而处，宁使其决裂败坏，贻笑千古。无乃视天子之位过高所致乎？(《明夷待访录·置相》)

而君主视臣吏为奴役，随意招置、去留。

宰相既罢，天子更无与为礼者矣。遂谓百官之设，所以事我，能事我者我贤之，不能事我者我否之。设官之意既讹，尚能得作君之意乎？(《明夷待访录·置相》)

后君主罢相，于是大权沦入宫奴之手。

宰相一人，参知政事无常员。每日便殿议政，天子南面，宰相、六卿、谏官东西面以次坐。其执事皆用士人。凡章奏进呈，六科给事中主之，给事中以白宰相，宰相以白天子，同议可否。天子批红。天子不能尽，则宰相批之，下六部施行。更不用呈之御前，转发阁中票拟，阁中又缴之御前，而后下该衙门，如故事往返，使大权自宫奴出也。(《明夷待访录·置相》)

既然如此，欲天下不败，何其难也。

三　法规

对于封建社会的法规，黄宗羲作了大力批判。黄宗羲认为三代之法是为公、为民的，是天下之法。后世之法是为私的，是一家之法。

三代以上有法，三代以下无法……此三代以上之法也，固未尝为一己而立也。后之人主，既得天下，唯恐其祚命之不长也，子孙之不能保有也，思患于未然以为之法。然则其所谓法者，一家之法而非天下之法也……此其法何曾有一毫为天下之心哉！而亦可谓之法乎？（《明夷待访录·原法》）

三代之法为公，故疏；后世之法为私，故密。

三代之法，藏天下于天下者也。山泽之利不必其尽取，刑赏之权不疑其旁落，贵不在朝廷也，贱不在草莽也……后世之法，藏天下于筐箧者也。利不欲其遗于下，福必欲其敛于上；用一人焉则疑其自私，而又用一人以制其私；行一事焉则虑其可欺，而又设一事以防其欺。天下之人共知其筐箧之所在，吾亦鳃鳃然日唯筐箧之是虞，故其法不得不密。法愈密而天下之乱即生于法之中，所谓非法之法也。（《明夷待访录·原法》）

黄宗羲对君主专制时代法律作了坚决的否定，认为治法比治人更重要，主张先有治法后有治人。

夫非法之法，前王不胜其利欲之私以创之，后王或不胜其利欲之私以坏之。坏之者固足以害天下，其创之者亦未始非害天下者也……即论者谓有治人无治法，吾以谓有治法而后有治人。自非法之法桎梏天下人之手足，即有能治之人，终不胜其牵挽嫌疑之顾盼，有所设施，亦就其分之所得，安于苟简，而不能有度外之功名。使先王之法而在，莫不有法外之意存乎其间。其人是也，则可以无不行之意；其人非也，亦不至深刻罗纲，反害天下。故曰有治法而后有治人。（《明夷待访录·原法》）

黄宗羲的法治观念即使现在看来，依然有借鉴意义。他的政治思想是超时代的，对封建社会来说是全新的，颠覆性的。但由于时代限制，黄宗羲的政治思想不可能得以付诸实践，最终沦为文人的美好理想罢了。

第五节　黄宗羲史学思想

作为一代史学家，浙东史学的开创者，黄宗羲不仅提出了丰富的史学理论，而且开创了新的史书体例，对清代史学的发展产生了极其深刻的影响。

一　史学理论

在经学盛行的时代，许多学者高举儒学，倡导以儒学治国。作为史学家的黄宗羲，他不废儒学，同时又极力倡导史学，提出了一系列新的史学理论。

经史并重，是黄宗羲史识的重要体现。《沈昭子耿岩草序》："本之经以穷其原，参之史以究其委。"黄宗羲认为史可补经之不足。《清史稿·儒林列传·黄宗羲传》："故问学者必先穷经，经术所以经世。不为迂儒，必兼读史。读史不多，无以证理之变化；多而不求于心，则为俗学。"《高旦中墓志铭》："读书当从六经，而后《史》、《汉》，而后韩、欧诸大家。浸灌之久，由是而发为诗文，始为正路，舍是则旁蹊曲径矣。"全祖望《梨洲先生神道碑文》："故受业者必先穷经。经术所以经世，方不为迂腐之学，故兼令读史。"① 对于晚明时期史学不劲的现状，黄宗羲亦加以批判。《补历代史表序》："自科举之学盛，而史学遂废。昔蔡京、蔡卞当国，欲绝灭史学，即《资治通鉴》板亦议毁之，然而不能。今未尝有史学之禁，而读史者顾无其人，由是而叹人才之日下也。"

虽然历代学者倡导通经致用，但真正能做到者很少。相较而言，史学则更具有经世之功用。《补历代史表序》："夫二十一史所载，凡经世之业亦无不备矣。"全祖望《甬上证人书院记》："先生（黄宗羲）始谓：学必原本于经术而后不为蹈虚；必证明于史籍，而后足以应务；元元本本，可据可依，前

① 朱铸禹校注：《全祖望集汇校集注》，上海古籍出版社2000年版，第219页。

此讲堂锢疾，为之一变。”①黄宗羲非常强调学以致用，学问与事功合一。《今水经序》：“古之儒墨诸家，其所著书，大者以治天下，小者以为民用，盖未有空言无事实者也。”黄宗羲强调致用，强调学以致用，反对学用分离、知行不一的学风。《姜定庵先生小传》：“道无定体，学贵适用。奈何今之人执一以为道，使学道与事功判为两途。事功而不出于道，则机智用事流于伪；道不能达之事功，论其学则有，适于用则无，讲一身之行为则似是，救国家之急难则非也，岂真儒哉！”故黄宗羲对理学末流空谈性命多加批判。《留别海昌同学序》：

奈何今之言心学者，则无事乎读书穷理。言理学者，其所读之书不过经生之章句，其所穷之理不过字义之从违，薄文苑为词章。惜儒林于皓首，封己守残，摘索不出一举之内。其规为措注，与纤儿细士不见长短！天崩地解，落然无与吾事，犹且说同道异，自附于所谓道学者，岂非逃之者之愈巧乎？

对于《春秋》“褒褒贬贬”的精神，黄宗羲亦多加继承。《破邪论·地狱》：“大奸大恶，将何所惩创乎？曰：苟其人之行事，载之于史，传之于后，使千载而下，人人欲加刃其颈，贱之为禽兽，是亦足矣。孟氏所谓‘乱臣贼子惧’，不须以地狱蛇足于其后也。”《明名臣言行录序》：“列传善善恶恶，而言行录善善之意长，若是乎恕矣。若非皎洁当年，一言一行足为衣冠之准的者，无自而入焉，则比之列传为尤严也。”此言表明，善善是史传的重要宗旨。正因如此，黄宗羲多在史书中流露褒贬之情。其所编《明史案》亡佚，仅有部分篇幅存于《行朝录》中。在人物传记和墓志碑铭等文章中，黄宗羲对忠臣贤良、仁人志士多加赞颂，对奸臣逆贼则多加诛伐。如其在《钱忠介公传》中对钱肃乐多表赞颂与哀伤之情：“忠臣之热血，不洒于疆场之钟鼓，日染夫睚眦之干戈。虽由遇此厄会，然推原其故，有明文武过分，书生视戎

① 朱铸禹校注：《全祖望集汇校集注》，上海古籍出版社2000年版，第1059页。

事如鬼神，将谓别有授受……公之从子鲁恭，欲余次之。二十年来乘桴之事，若灭若没，停笔追思，不知流涕之覆面也。”又如《赠刑部侍郎振华郑公神道碑》：“同一死也，差之毫厘，相去若天渊矣。是故长平四十万人之死，与田横海岛五百人之死，不可同年而语。盖长平之死，人死之也；海岛之死，己死之也。”这样的例子还有不少。

二　学案体及特色

《明儒学案》共62卷，17门，列案主214人。编排时，黄宗羲以时间先后为序，以学术师承及思想渊源为学派脉络，以展现整个有明一朝学术思想的全貌与变迁。

《明儒学案》前列《师说》，后列诸家学案。黄宗羲创立的学案体，就其结构而言，由三部分组成：学案的序言，学案中学者个体的评传，以及评传之后传主言论的节录与选辑。

每学案的前言，一般都不长，长而千余字，短则数百字，主要概括明代儒家各学派的源流和为学宗旨等。学案的前言，往往精当简洁，让人了解那些学派的总体特征与发展概况。“由于在组织上有序言、评传及语录三部分合成，就为是著作提供了一个时空容量很大的体例构架，可以对有明一代的学术进行全方面的宏面审视与具体的微观剖析，达到辨别宗派、清理学脉之目的，并总结出学术流弊对社会的严重危害。”①

在《明儒学案·自序》中，作者对于编撰之旨作了说明。

> 于是为之分流别派，使其宗旨历然。由是而之焉，固圣人之耳目也。间有发明，一本之先师，非敢有所增损其间。此犹中衢之罇，后人但持瓦瓯樿杓，随意取之，无有不满腹者矣。

在《明儒学案·发凡》中，作者对编撰学案的重要性作了更详细的说明。

① 徐定宝：《黄宗羲评传》，南京大学出版社2002年版，第207页。

大凡学有宗旨，是其人之得力处，亦是学人之入门处。天下之义理无穷，苟非定以一二字，如何约之使其在我！故讲学而无宗旨，即有嘉言，是无头绪之乱丝也。学者而不能得其人之宗旨，即读其书，亦犹张骞初至大夏，不能得月氏要领也。是编分别宗旨，如灯取影。杜牧之曰："丸之走盘，横斜圆直，不可尽知。其必可知者，是知丸不能出于盘也。"夫宗旨亦若是而已矣……是编皆从全集纂要钩玄，未尝袭前人之旧本也……故此编以有所授受者，分为各案；其特起者，后之学者不甚著者，总列诸儒之案……此编所列，有一偏之见，有相反之论。学者与其不同处，正宜著眼理会，所谓一本而万殊也。以水济水，岂是学问！

每一学案，前有序言，对该学派的渊源、发展、学术关联、代表人物等作简要概说，以"辨章学术，考镜源流"。如《白沙学案》：

有明之学，至白沙始入精微，其吃紧工夫，全在涵养，喜怒未发而非空，万感交集而不动，至阳明而后大。两先生之学最为相近。不知阳明后来从不说起，其故何也？薛中离，阳明之高第弟子也，于正德十四年上疏，请白沙从祀孔庙，是必有以知师门之学同矣。罗一峰曰："白沙观天人之微，究圣贤之蕴，充道以富，崇德以贵，天下之物，可爱可求，漠然无动于中。"信斯言也，故出其门者多清苦自立，不以富贵为意，其高风之激，远矣。

文章分析了陈献章（白沙）与王阳明学说之关系，并阐述了白沙之学的特征和影响。

又如《浙中王门学案》：

姚江之教，自近而远。其最初学者，不过郡邑之士耳。龙场而后，四方弟子始益进焉。郡邑之以学鸣者，亦仅仅绪山、龙溪，此外则椎轮积水耳。然一时之盛，吾越尚讲诵，习礼乐，弦歌之音不绝，其儒者不能一二数。若山阴范瓘……余姚管州……范引年……夏淳……以此推之，当时好修一世湮没者，可胜道哉！

文章对浙中王学的兴盛作了概说，并对一些人物作了简介。

再如《甘泉学案》：

王、湛两家，各立宗旨。湛氏门人，虽不及王氏之盛，然当时学于湛者，或卒业于王，学王者或卒业于湛，亦犹朱、陆之门下，递相出入也。其后源远流长，王氏之外，名湛氏学者，至今不绝，即未必仍其宗旨，而渊源不可没也。

文章主要对湛氏学与王学的关系作了阐释，并指出湛氏学的影响。

对于传主传记，则略于史，而重于学。如《郎中徐横山先生爱》，文章对徐爱生平仅用了五十余字，其余数百字，都是讲述徐爱与王阳明间的交往以及学术交流与传承等。《员外钱绪山先生德洪》亦仅以约三分之一的篇幅记叙人物经历，而以更多的篇幅记录钱德洪的学术思想。《郎中王龙溪先生畿》中用了大量篇幅记叙天泉证道，以明王、钱二人思想之差异。这便是学案体中人物传记迥异于史书中的人物传记之处。

《明儒学案》中的人物传记，以单传为主，亦有合传。① 如《督学蔡我斋先生宗兖、御史朱白浦先生节》乃蔡宗兖、朱节二传。蔡、朱与徐爱为王阳明最早的入室弟子，徐爱影响较大，故单独列传，而蔡、朱二人影响较少，故合为一传。有时采用史书家族史形式，将子孙附于传主之后，如邹守益传之后附以其子邹善，其孙邹德涵、邹德溥、邹德泳等人传记。再如，在刘阳传后附以刘印山、王柳川二人传记。可见，从形式上看，《明儒学案》传主之传多受正史传记影响，但在内容上则与正史人物传记颇多不同。

对于传主言论的节录与选辑，黄宗羲亦用心甚多，往往选取最有代表性

① 此处合传指的是案主传记合编，并非学派合编。至于学术宗旨相近之各家，则合为一案，可参见张高评《黄梨洲及其史学》，文津出版社 1989 年版，第 149 页。

的片断。这些片断不仅有利于学者较快了解传主的主体思想，也起到了保存资料的作用。如钱德洪的《绪山语录》早佚，幸《明儒学案》中保存了钱德洪语录26条，这些是研究钱德洪思想的重要材料。[①]《明儒学案》所录传主相关资料多寡，往往根据传主影响而定。如一代宗师王阳明和王畿等，所收语录及文章皆很丰富，而徐爱由于英年早逝，留下文章不多，影响有限，故仅录其文六篇。也有一些影响不大的学者，如蔡宗兖、朱节，二人合传，且未录语录和文章等。

黄宗羲另撰有《宋元学案》，此书规模更为宏大，全书共100卷，学案91个，传主约达2000余人。此书绝大部分成于黄宗羲之手，仅少部分由其子黄百家以及弟子全祖望续成。

从以上分析可以看出，《明儒学案》创立的学案体具有以下特征：其一，将人物传记与学术史合为一体，从而做到既能知世论人，又能考镜渊源。其二，“论”与“证”合一，将理论阐释与资料辑录合为一体，从而使其论有理有据，又使其书具有保存资料之功用。其三，学术与经世合一，寄经世思想于著述之中。张高评云：“梨洲之著明儒学案，所述者理学也，所以述者则史学也。”[②] 可谓“理学为体，史学为用”。正因如此，此体例自产生之后，便产生了不小影响，后世效仿之作颇多。

三　黄宗羲与明史编撰

入关不久，天下尚未完全统一，清廷便开始着手编撰《明史》，由归降的明臣冯铨、洪承畴、范文程等负责。康熙十七年（1678），朝廷开“博学鸿词科”，将一大批史学造诣深厚的学者，如朱彝尊、汪婉、施闰章、毛奇龄等征入史馆，《明史》的编撰工作才正式开始。当时三藩之乱已平定，小南明王朝皆已灭亡，唯有台湾尚未统一。复明无望，再加上清政府采取了大量笼络措

① 钱明编校的《钱德洪语录诗文辑佚》将这些条目全部辑人。参见钱明《徐爱、钱德洪、董沄集》，凤凰出版社2007年标点本，第119—249页。

② 张高评：《黄梨洲及其史学》，文津出版社1989年版，第111页。

施，旧臣遗老都放弃了对清廷的对抗，甚至有不少人仕于新朝。自先秦以来，士人皆重修史，往往欲借修史以不朽。这便是众多旧臣遗老愿意入修史馆的重要原因。

作为忠贞的前朝遗臣，黄宗羲对修《明史》是颇为钟情的。《补历代史表序》："元之亡也，危素趋赴报恩寺，将入井中，僧大梓云：'国史非君莫知，公死，是死国之史也。'素是以不死，后修《元史》。"危素的这种精神对黄宗羲影响很大，黄宗羲偷生残年，也是为了修史。"黄宗羲作为明朝东林后裔，秉承父黄尊素、老师刘宗周的坚贞气节与操守是义不容辞的，故而他始终坚持'不仕'新朝的原则，曾多次拒绝朝廷诏聘，不入史局，表现出胜国遗民的民族节操。"① 黄宗羲虽然自己不愿意参与《明史》编撰，但"无论在思想与行动上都最大限度地表现出对清廷修史举措的高度理解与实际支持，在《明史》的编撰上发挥了积极的作用与影响"②。他让自己的儿子黄百家及弟子万斯同、万贞一等接受清廷征诏，赴京入修史馆，直接参加修史工作。清廷征万季野（斯同），季野不欲往，黄宗羲劝之，曰："一代是非，能定自吾辈之手，勿使淆乱，白衣从事，亦所以报故国也。"（黄嗣艾《南雷学案》）万斯同听之，乃行。黄百家、万斯同、万贞一等人在编撰中均处于举足轻重的地位。梁启超云："现行的《明史》，大半是万季野稿本，而季野之史，实传自梨洲。"③ 张高评亦云："万季野实今本明史关系最深之一人矣。然考季野师承所自，则本诸梨洲也。"④ 他们不忘黄宗羲的重托，且与黄宗羲保持联系。黄宗羲的主张、理念等都通过这些人在《明史》中得以体现。

在编撰《明史》过程中，黄宗羲一直与修史馆保持着密切联系，不断将自己的想法与建议反馈给修史官。修《明史》者多为明朝旧臣或晚辈学者，故黄宗羲的一些合理建议多受到重视。《黄梨洲先生年谱》：

---

① 徐定宝：《黄宗羲评传》，南京大学出版社 2002 年版，第 208 页。

② 同上书，第 209 页。

③ 梁启超：《中国近三百年学术史》，东方出版社 2004 年版，第 54 页。

④ 张高评《黄梨洲及其史学》，文津出版社 1989 年版，第 164 页。

公长于史学，尝欲重修《宋史》而未就。有《丛目补遗》三卷，又辑《明史案》二百四十四卷。故虽不赴征书，而史局大案，总裁必咨于公。如《历志》出于吴检讨任臣之手，乞公审正而后定。其论《宋史》别立《道学传》为元儒之陋，公谓《明史》不当仍其例。时朱检讨彝尊方有此议。①

黄宗羲长于史学，曾编有多部有关明代历史的书籍，如《明文案》《明儒学案》等，对于这些史料，《明史》编者亦多加采纳。《黄梨洲先生年谱》：

已又奉特旨："凡黄宗羲有所论著及所见闻有资《明史》者，着该地方官抄录来京，宜付史馆。"李方伯士贞因招季子主一公至署，校勘如干册，使胥吏数十人，缮写进呈……地志亦多取公《今水经》为考证。②

黄宗羲作《明儒学案》，为明代众儒立传。全祖望云："南雷黄聘君作学案称极博……《明史·儒林》，多取学案。"③张高评亦云："明史列传多本诸学案。"④ 据学者统计，《明史》与《明儒学案》皆有传记者共计 168 人。⑤《明史》人物传记多记人物道德事功，而《明儒学案》传记往往涉及道德、事功、学问等诸多方面。此外，黄宗羲还编有《明文案》等，此书中的许多内容被《明史》采用。据学者考证，"《明文案》卷十一至三十一卷共收录奏疏八十六篇，其中十六篇奏疏被《明史》全部或大部分移录……《明史》列传引用传主奏疏原文，成为它的特色，这显然是受黄宗羲所编《明文案》的影响。"⑥

---

① 黄炳垕编：《黄梨洲先生年谱》，沈善洪主编《黄宗羲全集》，浙江古籍出版社 2005 年标点本，第 12 册，第 48 页。

② 黄炳垕编：《黄梨洲先生年谱》，沈善洪主编《黄宗羲全集》，浙江古籍出版社 2005 年排印本，第 12 册，第 48 页。

③ 全祖望：《城北镜川书院记》，朱铸禹校注《全祖望集汇校集注》，上海古籍出版社 2000 年版，第 1057 页。

④ 张高评：《黄梨洲及其史学》，文津出版社 1989 年版，第 167 页。

⑤ 详情参见张高评：《黄梨洲及其史学》，文津出版社 1989 年版，第 167—170 页。

⑥ 汤纲：《黄宗羲与〈明史〉》，吴光主编《黄宗羲论——国际黄宗羲学术讨论会论文集》，浙江古籍出版社 1987 年版，第 411，412 页。

从以上分析可以看出，一代史学家黄宗羲虽然没有直接参与《明史》的编撰，但他很支持《明史》的编撰工作，并对《明史》编撰工作直接或间接地给予了很多指导与建议，他所编撰的《明儒学案》《明文案》等，成为编撰《明史》的重要参考资料。所以，对于《明史》的编撰，黄宗羲功不可没。

第九章　章学诚思想

明清时期，绍兴人才辈出，史学家尤为出众。明末清初，黄宗羲开创浙东史学派，经过万斯同、全祖望、邵晋涵等人的发展，到了章学诚时，浙东史学发展达到了新的高度。中国史学极其发达，但史学理论却不甚发达。章学诚可谓是继刘知幾、郑樵等人之后最杰出的史学评论家，其《文史通史》与《史通》堪称古代史学理论的双璧。在考据学盛行的时代，章学诚超前的理论并不被人赏识，以致其终身落魄，寂寞无名。直到19世纪，章学诚被胡适等人"再发现"，于是声名鹊起，且愈来愈大。

第一节　章学诚生平

章学诚，字实斋，号少岩，浙江府会稽（今浙江绍兴）人，生于乾隆三年（1738），卒于嘉庆六年（1801），年64岁。祖父章如璋，曾为小官，对历史有一定研究。父章镳，较为博学，于史学、古文、书法等皆有一定研究。母史氏，绍兴人。章镳于乾隆七年（1742）中进士，却未被授以官职，只好在家乡以教书为生，直到乾隆十六年（1751），才被任为湖北应城知县，于是迁居湖北应城。在任五年，因事失官。又无资返回故里，故一家侨居于应城。章镳先后讲学于天门、应城等地书院，以维持生计。这对章学诚有一定影响。

章学诚少时多病，读书也较为迟钝。"幼多病，一岁中铢积黍计，大约无两月功。资质椎鲁，日诵才百余言，辄复病作中止。”① 十四岁，从同县王浩为师，因学业问题，常挨打。同年，章学诚与俞氏成婚。后因父任职于湖北应城，故举家迁之。十五六岁时，章学诚好泛览，不愿专精。这时，他对史学产生了浓厚的兴趣。《与族孙汝楠论学书》：“当时闻经史大义，已私心独喜，决疑质问，间有出成人拟议外者。”又云：“官舍无他书得见，乃密从内君乞簪珥易纸笔，假手在官胥吏，日夜钞录《春秋内外传》及衰周战国子史，辄复以意区分，编为纪表志传，凡百余卷。”至二十岁时，章学诚学业上大有进步。《家书六》：

> 二十岁以前，性绝骏滞，读书日不过三二百言，犹不能久识；学为文字，虚字多不当理。廿一二岁，骎骎向长，纵览群书，于经训未见领会，而史部之书，乍接于目，便似夙所攻习然者，其中利病得失，随口能举，举而辄当。

此言或有夸大，但大体可信。

乾隆二十五年（1760），章学诚至北京应乡试，不举。两年（1762）后，再次至北京应乡试，惜再次落选。是年冬，章学诚入国子监读书。在国子监时，章学诚表现不甚好，因而常受到师生奚落。

> 始余入监舍，年方二十有五，意气落落，不可一世，不知人世艰也。然试其艺于学官，辄置下等，每大比决科集试，至三四百人，所斥落者，不过五七人而已，余每在五七人中。祭酒以下，不余人齿，同舍诸生，视余若无物。②

① 《与族孙汝楠论学书》，章学诚著，仓修良编注《文史通义新编新注》，浙江古籍出版社2005年版，第799页。仓修良《文史通义新编新注》将“大梁本”和“《章氏遗书》本”合于一编，并作了不少补充，收录章学诚文章多达298篇。凡此本所收文章，本书引录时皆以此本为据，后不再一一注明。为了节省篇幅，凡本文所引仓氏《新编》，皆仅随文注明篇名，不再重复书名。凡仓氏《新编》之外文章，皆一一注明出处。

② 章学诚：《庚辛之间亡友列传》，《章学诚遗书》卷19《文集四》，文物出版社1985年影印本，第194页上栏。

乾隆二十八年（1763）夏，章学诚省亲湖北。次年，其父主持编纂《天门县志》，章学诚参与其事，并撰写《修志十议》一文，对修志提出了十点看法。此前，他还写有《答甄秀才论修志》二书，对修志提出了不少见解。可见年仅二十六七岁的章学诚，对修志已经形成了自己的一些看法。

乾隆三十年（1765），章学诚依然回国子监学习。同年，应顺天乡试，虽有同考官沈业富推荐，仍旧落第。据此，章学诚得以结识第一位知己——沈业富，于是馆于沈家。因沈氏推荐，章学诚得以结识朱筠。朱筠对章学诚甚为赏识，“一见许以千古”（《与汪龙庄简》）。章学诚从朱筠那里学了不少治学与为人的道理，在生活上也得到许多关照。因生活贫困，两年后，章学诚住进了朱筠家中。《任幼植别传》：“余自乾隆丁亥，旅困不能自存，依朱先生居，吒嚓无聊甚。然由是得见当世名流，及一时闻人之所习业。”① 生活虽然较为困顿，但其对史学的爱好依然不减。在京数年间，其将二十一史“丹铅往复，约四五通”（《与族孙汝楠论学书》）。在京时，章学诚结识了戴震。由于受到戴震和朱筠等人影响，章学诚开始重视义理、考据，并将两者有机地结合起来。

乾隆三十三年（1768），章学诚四应顺天乡试，虽有朱筠等人为考官，但最终只中副榜。年冬，其父章镳卒于湖北应城。此后，章学诚便要挑起全家人生活的负担。次年六月，章学诚携老母举家至北京，由于生活贫困，只得依赖参编《乐典》《国子监志》等养家。乾隆三十六年（1771），朱筠奉命提督安徽学政，章学诚和朱筠的另一学生邵晋涵一同随往。离开国子监后，章学诚便有撰《文史通义》之打算。乾隆三十八年（1773），经朱筠推荐，章学诚编修《和州志》《和州文征》。因新任学政不满章氏之体例，于是此事遂废。现仅有《和州志隅》20 篇和《和州文征》20 篇存于《章氏遗书》之中。

乾隆三十九年（1774），章学诚赴杭州应浙江乡试，又不中。乾隆四十二年（1777），章学诚主持定州之定武书院，后又主修《永清县志》。本年秋，

① 章学诚：《任幼植别传》，《章学诚遗书》卷 18《文集三》，文物出版社 1985 年版，第 178 页中栏。

章学诚入京应顺天乡试，终于高中。次年中进士，时已41岁。高中后，其并没有谋得一官半职，于是返回永清续修《永清县志》。历时三年，《永清县志》编成，颇得好评。同年，章学诚著《校雠广义》四卷。

乾隆四十六年（1781），章学诚游学河南，不得志而归。归时途中不幸遇盗，不仅丧失银钱、行李等，数十年撰成的文章著述也一并损失。这对他来说无疑是巨大的灾难。《跋酉辛戌春志余草》：

> 余自辛丑游古大梁，所遇匪人，尽失箧携文墨，四十四岁以前撰著，荡然无存。后从故旧家存录别本借钞，十得其四五耳。①

自此之后，章学诚每有撰述，必留副本，以备遗失。后投奔同年生张维祺，张维祺聘其为肥乡清漳书院讲席。乾隆四十七年（1782），章学诚主讲永平敬胜书院。乾隆四十九年（1784），主讲保定莲池书院。乾隆五十二年（1787）冬，章学诚终获县令一职，但他最终放弃了等了多年的官职。

由于生活贫顿，章学诚投奔河南巡抚毕沅，欲借其力编撰一部宏大的著作《史籍考》。毕沅待之甚厚，于是次年（1788），章学诚便前往归德，主持文正书院，并在开封开局编纂《史籍考》。不久，毕沅迁湖广总督，章学诚失去讲席，且《史籍考》编纂也随之而中止。章学诚生活困顿，写信给毕沅，欲续编《史籍考》一书。毕沅作了回复，于是乾隆五十五年（1790），章学诚于武昌开馆，继续编纂《史籍考》。章学诚在武昌待了五年，其间，除了编纂《史籍考》外，还主修《湖北通志》，参与编纂《续通鉴》等。《湖北通志》全面地体现了其方志学的理论体系，是其方志理论成熟阶段的代表作。乾隆五十九年（1794）八月，毕沅因事而受到降黜，章学诚也被迫离开武昌。嘉庆元年（1796），朱筠之弟朱珪为安徽巡抚。章学诚写信给朱珪，恳请得到支持，以完成《史籍考》，但未果。嘉庆二年（1797）冬，章学诚获谢启昆支持，回杭州，继续编纂《史籍考》。至嘉庆四年（1799），《史籍考》基本

---

① 章学诚：《跋酉冬戌春志余草》，《章学诚遗书》卷29《外集二》，文物出版社1985年版，第325页上栏。

草成，共五百余卷。此书至章学诚卒时，尚未正式刻行。不幸的是，书稿于咸丰六年（1856）毁于火，章学诚苦心经营的这部皇皇巨著最终未能流传下来。在编撰《史籍考》的同时，章学诚加紧《文史通史》的撰写。嘉庆五年（1800），章学诚眼睛失明，依然著述不辍。次年（1801）十一月，章学诚与世长辞，时年64岁。

章学诚一生落魄，却著述不辍，主要著作有《文史通义》《校雠广义》《史籍考》（亡），主编《和州志》《亳州志》《永清县志》《湖北通志》等。《文史通义》是章学诚的代表作，也是古代重要的史学理论著作。1985年文物出版社影印出版的《章学诚遗书》是目前搜集章学诚著作较为齐全的集子。

第二节　哲学思想

章学诚不仅是一位史学家，也是一位哲学家，深厚的哲学基础使其史学理论具有很高的深度和广度，故学者将其称为“历史哲学家”①。

一　道器论

天道一直是中国古代哲学讨论的核心主题之一。先秦时期的老子、荀子对天道作了不少解说，后世著名学者，如董仲舒、王充、朱熹等，都对天道及道器关系作了不少阐释，以至此问题逐渐明晰。在继承的基础之上，章学诚对天道作了进一步的解说。

（一）何为道？

章学诚认为“道”源出于天，是支配事物和社会发展的一种内在规则。《原道上》：

> “道之大原出于天”，天固谆谆然命之乎？曰：天地之前，则吾不得

① 董平：《浙江思想学术史——从王充到王国维》，中国社会科学出版社2005年版，第394页。

而知也。天地生人，斯有道矣，而未形也；三人居室，而道形矣，犹未著也；人有什伍而至百千，一室所不能容，部别班分，而道著矣。仁义忠孝之名，刑政礼乐之制，皆其不得已而后起者也。

道是客观的存在，是先于人而存在的。《原道上》：

故道者，非圣人智人之所能为，皆其事势自然，渐形渐著，不得已而出之，故曰“天”也。《易》曰：“一阴一阳谓之道。”是未有人而道已具也。

章学诚进一步对“道”作了解说，道先于人而生，而人之善、性等皆由道而生。

继之者善，成之者性。是天著于人而理附于气。故可形其形而名其名者，皆道之故而非道也。道者，万事万物之所以然①，而非万事万物之当然也。(《原道上》)

不知其然而然，即道也。(《原道上》)

“所以然”，指的是产生和支配事物发展的形而上的“道”。“当然”，指的是形而下的具体事物所具有的特征、特质等。

道是自然无为的。《原道上》：“道有自然……道无所为而自然。”道是无形而不可见的。

圣人求道，道无可见，即众人之不知其然而然，圣人所藉以见道者也。(《原道上》)

夫道者，仁者见之谓之仁，知者见之谓之知，百姓日用而不知，无定体者皆是也。(《定武书院教诸生识字训约》)

① 学者认为，所谓“所以然”，指的是事物之理（即道）；所谓“当然”，指的是事物的质（即器）。参见仓修良、叶建华《章学诚评传》，南京大学出版社1996年版，第132页。

在章学诚看来，“道”是一种客观存在，故有学者认为，章学诚具有“存在决定意识”① 这一唯物论思想。

（二）道与器

章学诚认为，道是形而上的，而器是形而下的，道不离器，道由器显。

《易》曰：“形而上者谓之道，形而下者谓之器。”道不离器，犹影不离形。（《原道中》）

夫六艺者，圣人即器而存道……古者道寓于器，官师合一。（《原道下》）

天地生人，斯有道矣，而未形也；三人居室，而道形矣，犹未著也；人有什伍而至百千，一室所不能容，部别班分，而道著矣。仁义忠孝之名，刑政礼乐之制，皆其不得已而后起者也。人之生也，自有其道，人不自知，故未有形。三人居室，则必朝暮启闭其门户，饔飧取给於樵汲，既非一身，则必有分任者矣。或各司其事，或番易其班，所谓不得不然之势也，而均平秩序之义出矣。又恐交委而互争焉，则必推年之长者持其平，亦不得不然之势也，而长幼尊卑之别形矣。至于什伍千百，部别班分，亦必各长其什伍而积至于千百，则人众而赖于干济，必推才之杰者理其繁，势纷而须于率俾，必推德之懋者司其化，是亦不得不然之势也；而作君、作师、画野、分州、井田、封建、学校之意著矣。（《原道上》）

道由器显，故器中有道，圣人可借器以求道。

后儒即器求道。（《原道下》）

道无所为而自然，圣人有所见而不得不然也。故言圣人体道可也，言圣人与道同体不可也……圣人所以合乎道，非可即以为道也。圣人求道，道无可见，即众人之不知其然而然，圣人所藉以见道者也。故不知其然而知，一阴一阳之迹也。学于圣人，斯为贤人，学于贤人，斯为君子。学于众人，斯为圣人，非众可学也，求道必于一阴一阳之迹也。

① 仓修良、叶建华：《章学诚评传》，南京大学出版社 1996 年版，第 132 页。

（《原道上》）

道显于器，故不可舍器而求道。

夫天下岂有离器言道，离形存影者哉！（《原道中》）

子贡曰："夫子之文章，可得而闻也；夫子之言性与天道，不可得而闻也。"……所言无非性与天道，而不明著此性与天道者，恐人舍器而求道也。（《原道下》）

道是形而上的，人事是形而下的，故人应循道而行。《原道中》："人自率道而行，道非人之所能据而有也。"

（三）道与六经

对于道与六经之关系，章学诚作了精彩的论述。章学诚认为六经皆器，是载道之器。《原道下》"夫六艺者，圣人即器而存道。"在《原道中》一文中，章学诚对道与六经的分合变化过程作了详细论述。

后世服夫子之教者自六经，以谓六经载道之书也，而不知六经皆器也……三代以前，《诗》《书》六艺，未尝不以教人，不如后世尊奉六经，别为儒学一门而专称为载道之书者。盖以学者所习，不出官司典守、国家政教，而其为用，亦不出于人伦日用之常，是以但见其为不得不然之事耳，未尝别见所载之道也。夫子述六经以训后世，亦谓先圣先王之道不可见，六经即其器之可见者也。后人不见先王，当据可守之器而思不可见之道。故表章先王政教，与夫官司典守以示人，而不自著为说，以致离器言道也。夫子自述《春秋》之所以作，则云"我欲托之空言，不如见诸行事之深切著明"。则政教典章人伦日用之外，更无别出著述之道，亦已明矣……夫秦之悖于古者，禁《诗》《书》耳。至云学法令者以吏为师，则亦道器合一，而官师治教未尝分歧为二之至理也。其后治学既分，不能合一，天也。官司守一时之掌故，经师传授受之章句，亦事之出于不得不然者也。然而历代相传，不废儒业，为其所守先王之道也。而儒家者流，守其六籍，以为是特载道之书耳。夫天下岂有离器言道，离形存影者哉！彼舍天下事物人伦日用，而守六籍以言道，则固不可与言夫道矣。(《原道中》)

章学诚对后世学者将六经与道进行分离的做法作了批判。《原道下》：

古者道寓於器，官师合一，学士所肄，非国家之典章，即有司之故事，耳目习而无事深求，故其得之易也；后儒即器求道，有师无官，事出传闻而非目见，文须训故而非质言，是以得之难也。夫六艺并重，非可止守一经也；经旨闳深，非可限于隅曲也。而诸儒专攻一经之隅曲，必倍古人兼通六艺之功能，则去圣久远，于事固无足怪也……训诂章句，疏解义理，考求名物，皆不足以言道也。取三者而兼用之，则以萃聚之力，补遥溯之功，或可庶几耳。而经师先已不能无抵牾，传其学者又复各分其门户，不啻儒墨之辨焉，则因宾定主而又有主中之宾，因非立是而又有是中之非，门径愈歧而大道愈隐矣……宋儒起而争之，以谓是皆溺于器而不知道也。夫溺于器而不知道者，亦即器而示之以道斯可矣。而其弊也，则欲使人舍器而言道。

时代是不断发展变化的，故章学诚主张因时而求大道。《原道下》："夫道备于六经，义蕴之匿于前者，章句训诂足以发明之。事变之出于后者，六经不能言，固贵约六经之旨而随时撰述以究大道也。"

从以上分析可以看出，章学诚道论具有浓郁的唯物倾向，是其唯物史学理论的重要基础。

二 认识论

章学诚认为形而上为道，形而下为器。对于道器的认知，他主张以实践为基础。

学于形下之器，而自达于形上之道也。(《原学上》)

> 万事万物，当其自静而动，形迹未彰而象见矣。故道不可见，人求道而恍若有见者，皆其象也。(《易教下》)
>
> 求道必于一阴一阳之迹也。(《原道上》)

社会实践是人们认知外在事物的基础。

> 富贵公子，虽醉梦中不能作寒酸求乞语；疾痛患难之人，虽置之丝竹华宴之场，不能易其呻吟而作欢笑。此声之所以肖其心。(《文理》)
>
> 饮食甘旨，衣服轻暖，衣且食者之领受，各自知之，而难以告人。如欲告人衣食之道，当指脍炙而令其自尝，可得旨甘，指狐貉而令其自被，可得轻暖，则有是道矣。(《文理》)

在认知过程中，人的主观性起着一定的作用。《假年》："人之异于物者，仁义道德之粹，明物察伦之具，参天赞地之能，非物所得而全耳。"认知结果的差异性往往与人的主观性有关。《砭异》：

> 声色臭味，天下之耳目口鼻相似也。心之所以同然者，理也，义也。然天下歧趋，皆由争理义，而是非之心亦从而易焉。岂心不同然不如耳目口鼻哉？声色臭味有据而理义无形，有据则庸愚皆知率循，无形则贤智不免于自用也。

虽然外在的声色臭味是一致的，但人们感知的结果却有差异，这显然源于人们的"自用"。

不仅如此，人的思维也有助于人们深入认识外在事物。《辨似》："理之初见，毋论智愚与贤不肖不甚远也；再思之，则恍惚而不可恃矣；三思之，则眩惑而若夺之矣。非再三之力转不如初也。初见立乎其外，故神全；再三则入乎其中，而身已从其旋折也。必尽其旋折，而后复得初见之至境焉。故学问不可以惮烦也。"

名实问题方面，章学诚主张先实后名，名附于实。

先具其实而后著之名也。(《易教中》)

名者实之宾，徇名而忘实，并其所求之名而失之矣。(《黠陋》)

名者实之宾，实至而名归，自然之理也。(《针名》)

对于文章的文与质关系，章学诚认为先有质后有文，文附于质。

名者实之宾，犹文者质之著也。无质不可以言文。(《家书七》)

离质言文，史事所以难言也。(《州县请立志科议》)

就文章创作而言，事变则文随之而变。《砭俗》："文因乎事，事万变而文亦万变，事不变而文亦不变，虽周、孔制作，岂有异哉?"

不仅如此，章学诚还认为人们的感应源于客观物象，实践是检验主观认知的重要标准。

心虚用灵，人累于天地之间，不能不受阴阳之消息。心之营构，则情之变易为之也。情之变易，感于人世之接构而乘于阴阳倚伏为之也。是则人心营构之象，亦出天地自然之象也。(《易教下》)

因此客观物象是检验主观感知是否正确的重要标准。

《庄》《列》之寓言也，则触、蛮可以立国，蕉、鹿可以听讼；《离骚》之抒愤也，则帝阙可上九天，鬼情可察九地。他若纵横驰说之士，飞箝捭阖之流，徙蛇引虎之营谋，桃梗土偶之问答，愈出愈奇，不可思议。然而指迷从道，固有其功，饰奸售欺，亦受其毒。故人心营构之象，有吉有凶，宜察天地自然之象而衷之以理，此《易》教之所以范天下也。(《易教下》)

学也者，效法之谓也；道也者，成象之谓也……平日体其象，事至物交，一如其准以赴之，所谓效法也……故效法者，必见于行事。《诗》《书》诵读，所以求效法之资，而非可即为效法也。(《原学上》)

可见，章学诚的认知论具有辩证唯物主义倾向，至今看还亦是比较合理可信的。

三　伦理观

章学诚在学术上多具创新性，但在伦理道德方面却比较保守，非常重视儒家伦理道德。《原学上》：“盖天之生人，莫不赋之以仁义礼智之性，天德也；莫不纳之于君臣、父子、夫妇、兄弟、朋友之伦，天位也。以天德而修天位，虽事物未交隐微之地，已有适当其可，而无过与不及之准焉，所谓成象也。平日体其象，事至物交，一如其准以赴之，所谓效法也。此圣人之希天也，此圣人之下学上达也。”

章学诚认为三纲五常是“天德”“天位”，是人们必须遵守的规范，违反这些道德规范则失去做人之资格。《师说》：“人失其道则失所以为人，犹无其身则无所以为生也。”

立身行事、为文著说，皆必须严守这些规范。

> 夫著书大戒有二，是非谬于圣人，忌讳或干君父，此天理所不容也。（《上辛楣宫詹书》）
>
> 吾则以谓史迁未敢谤主，读者之心自不平耳。夫以一身坎坷，怨诽及于君父，且欲以是邀千古之者，此乃愚不安分，名教中之罪人，天理所诛，又何著述之可传乎？（《史德》）

由于过于强调伦理道德，章学诚往往将学术的致用性归于道德教化，以服务于封建统治。《答甄秀才论修志第一书》：

> 史志之书，有裨风教者，原因传述忠孝节义，凛凛烈烈，有声有色，使百世而下，怯者勇生，贪者廉立。《史记》好侠，多写刺客畸流，犹足令人轻生增气。况天地间大节大义，纲常赖以扶持，世教赖以撑柱者乎！每见文人修志，凡景物流连，可骋文笔，典故考订，可夸博雅之处，无不津津累牍。一至孝子忠臣，义夫节妇，则寥寥数笔，甚而空存姓氏，

行述一字不详，使观者若阅县令署役卯簿，又何取焉！窃谓邑志搜罗不过数十年，采访不过百十里，闻见自有真据，宜加意采辑，广为传述，使观者有所兴起，宿草秋原之下，必有拜彤管而泣秋雨者矣。尤当取穷乡僻壤，畸行奇节，子孙困于无力，或有格于成例，不得邀旌奖者，踪迹既实，务为立传，以备采风者观览，庶采善善欲长之意。

对于不守规范者则极力笔伐。《书访刻诗话后》："近有倾邪小人，专以纤佻浮薄诗词倡道末俗，造言饰事，陷误少年，蛊惑闺壶……自来小人倡为邪说，不过附会古人疑似以自便其私，未闻光天化日之下，敢于进退六经，非圣无法，而恣为倾邪淫宕之说，至于如是之极者也！"

章学诚伦理学的保存性还表现在对妇女规范的宣扬，极力反对清代中后期出现的新型女性观。

盖文章虽曰公器，而男女实千古大防，凛然名义纲常，何可诬耶……以纤佻轻薄为风雅，以造饰标谤为声名，炫耀后生，猖披士女，人心风俗，流弊不可胜言矣。(《妇学》)

《妇学》之篇，所以救颓风，维世教，饬伦纪，别人禽，盖有所不得已而为之，非好辨也……彼不学之徒，无端标为风趣之目，尽抹邪正、贞淫、是非、得失，而使人但求风趣；甚至言采兰赠芍之诗有何关系，而夫子录之，以证风趣之说。无知士女，顿忘廉检，从风波靡。是以六经为导欲宣淫之具，则非圣无法矣。(《〈妇学〉篇书后》)

可见，章学诚严守传统伦理道德，对于突破旧传统的言行举止皆加以大力笔伐，这是其思想落后的表现之一。

第三节　史学思想

章学诚自少年时期对史学独有所钟，并一生矢志于此，故在史学领域取得了多方面的成就。其对自己史学成就颇为自信，《家书二》："吾于史学，盖有天授，自信发凡起例，多为后世开山。"《与汪龙庄书》："拙撰《文史通义》，中间议论开辟，实有不得已而发挥，为千古史学辟其蓁芜。"这些皆非自夸之言。在继承前贤理论的基础之上，章学诚对史学理论作了大量创造性的发展与开拓。

一 "六经皆史"

"六经皆史"之说由来已久。隋代王通，宋代陈亮、叶适等人皆有此意。王阳明《传习录上》云："《春秋》亦经，五经亦史。《易》是包牺氏之史，《书》是尧、舜以下史，《礼》《乐》是三代史"，"五经亦只是史"。①

但前贤并未对此作具体深入论述，章学诚则对此作了较为全面的论说。

（一）六经皆先王典章，非圣人有意为之

文字和书籍的出现，实乃人类记事之需要。远古时期，作为记事之用的书籍，皆不过旧章典籍。

> 六经皆史也。古人不著书；古人未尝离事而言理，六经皆先王之政典也。（《易教上》）
>
> 后世文字，必溯源于六艺，六艺非孔氏之书，乃周官之旧典也。《易》掌太卜，《书》藏外史，《礼》在宗伯，《乐》隶司乐，《诗》领于太师，《春秋》存乎国史。（《校雠通义·原道》）
>
> 六艺皆周公之旧典，夫子无所事作也。（《公言上》）
>
> 古之所谓经，乃三代盛时，典章法度见于政教行事之实，而非圣人有意作为文字以传后世也。（《经解上》）

故知六艺，非圣人有意为之。

> 学者崇奉六经，以谓圣人立言以垂教。不知三代盛时，各守专官之

① 吴光等编：《王阳明全集》，上海古籍出版社 2012 年版，第 9 页。

掌故，而非圣人有意作为文章也。(《史释》)

夫子之述六经，皆取先王典章，未尝离事而著理。(《经解中》)

（二）古时有史无经，经史无别

古史典籍掌于官，往往依职官而分类，并无经史之别。

古无经史之别，六艺皆掌之史官，不特《尚书》与《春秋》也。(《论修史籍考要略》)

史之部次后于经，而史之原起，实先于经。《周官》外史，掌三皇五帝之书，苍颉尝为黄帝之史，则经名未立，而先有史矣。后世著录，惟以《史》《汉》为首，则《尚书》《春秋》，尊为经训故也。(《论修史籍考要略》)

三代学术，知有史而不知有经，切人事也。(《浙东学术》)

（三）六经皆古史之遗

六艺为先王旧典，皆为古史之遗。

六艺皆古史之遗，后人不尽得其渊源，故觉经异于史耳……六经皆史，则非苏氏所可喻矣。①

古无私门之著述，六经皆史也。后世袭用而莫之或废者，惟《春秋》《诗》《礼》三家之流别耳。(《方志立三书议》)

六经特圣人取此六种之史以垂训者耳。(《报孙渊如书》)

（四）后世尊六艺为经

后世尊儒，遂将六艺尊奉为经。

先圣先王之道不可见，六经即其器之可见者也。后人不见先王，当

---

① 章学诚：《丙辰札记》，《章学诚遗书·章氏遗书外编》，文物出版社 1985 年影印本，第 388 页上栏。

据可守之器而思不可见之道，故表章先王政教，与夫官司典守所示人。(《原道中》)

三代以前，《诗》《书》六艺，未尝不以教人，非如后世尊奉六经，别为儒学一门而专称为载道之书者。(《原道中》)

儒家者流乃尊六艺而奉以为经……六经之名起于孔门弟子亦明矣……经固尊称，其义亦取综要，非如后世之严也。圣如夫子而不必为经，诸子有经以贯其传，其义各有攸当也。后世著录之家，因文字之繁多，不尽关于纲纪，于是取先圣之微言与群经之羽翼皆称为经，如《论语》《孟子》《孝经》与夫大小《戴记》之别于《礼》，《左氏》《公》《谷》之别于《春秋》，皆题为经，乃有九经，十经、十三、十四诸经，以为专部，盖尊经而并及经之支裔也……然则今之所谓经，其强半皆古人之所谓传也。(《经解上》)

(五)“六经皆史”的意义

章学诚“六经皆史”说具有多方面的意义。其一，提升了史的地位。自汉代独尊儒术以来，经学获得了崇高的政治地位，史的地位则明显下降。《易教上》：“若夫六经，皆先王得位行道，经纬世宙之迹，而非托于空言。”“六经皆史”之说，主张经、史同源，且二者并无尊卑之分。这无疑大大提升了史的地位，为尊史提供了有力的理论支柱。

其二，以史概经、子、集，扩大了史的范围，提升了史的地位。《报孙渊如书》：“愚之所见，以为盈天地间，凡涉著作之林，皆是史学。六经特圣人取此六种之史以垂训者耳。子集诸家，其源皆出于史。”余英时对此作了很好的论说：“实斋的好学深思终于使他在极端艰难的情况中打开了一条出路。通过方志《史籍考》的编纂，他逐渐建立了‘以史概经’‘以今代古’的理论依据。这个理论最后则凝聚在‘六经皆史’这一中心命题之中。”①

其三，经尚理，史尚真。自宋代以来，理学盛行，理学后学往往沦于空

① 余英时：《论戴震与章学诚》，生活·读书·新知三联书店2005年版，第61页。

谈性灵。章学诚反复强调“六经皆史”，实出于反对宋学空谈之需。《与族孙汝楠论学书》：“学问之途，有流有别，尚考证者薄词章，索义理者略征实，随其性之所近，而各标独得，则服郑训诂，韩、欧文章，程、朱语录，固已角犄鼎峙，而不能相下。必欲各分门户，交相讥议，则义理入于虚无，考证徒为糟粕，文章只为玩物，汉、唐以来，楚失齐得，至今嚣嚣，有未临决者。惟自通人论之则不然，考证即以实此义理，而文章乃所以达之之具。事非有异，何为纷然?”

对章学诚“六经皆史”这一观点，学者给予了很高的评价：“‘六经皆史’作为他论证‘史为文宗’之理论支点，其文学意义更不在其哲学意义之下，且逻辑严密地解决了史学、经学、文学之关系。”①

二　史学经世论

经世致学是中国学术的优良传统，章学诚对此有很好的继承。

（一）学术经世致用

章学诚极力主张学术经世致用，反对空谈性命之学。

> 君子学以持世，不宜以风气为重轻。(《家书五》)
>
> 故无志于学则已，君子苟有志于学，则必求当代典章以切于人伦日用，必求官司掌故而通于经术精微，则学为实事而文非空言，所谓有体必有用也。(《史释》)
>
> 吾辈辨论学术，当有关于世道，私心胜气，何以取后世之平！(《答邵二云书》)

章学诚主张文章亦有用于世。《与史余村》：“文章经世之业，立言亦期有补于世，否则古人称述已厌其多，岂容更益简编，撑床叠架为哉!”

① 唐爱明：《章学诚文论思想及文学批评研究》，上海古籍出版社2013年版，第85页。

（二）史学经世之用

孔子欲褒褒贬贬、乱臣贼子惧而作《春秋》。后世史学多承之。

> 史学所以经世，固非空言著述也。且如六经同出于孔子，先儒以为其功莫大于《春秋》，正以切合当进人事耳。后之言著述者，舍今而求古，舍人事而言性天，则吾不得而知之矣。学者不知斯义，不足言史学也。（《浙东学术》）
>
> 故司马迁本董氏天人性命之说而为经世之书……夫子曰："我欲托之空言，不如见诸行事之深切著明也。"此《春秋》之所以经世也……知史学之本于《春秋》，知《春秋》之将以经世，则知性命无可空言，而讲学者必有事事。（《浙东学术》）

史学应具有经世之用。

> 史家之书，非徒纪事，亦以明道也。如使《儒林》《文苑》不能发明道要，但叙学人才士一二行事，已失古人命篇之义矣。（《〈永清县志·前志列传〉序例》）
>
> 浙东之学，虽源流不异而所遇不同。故其见于世者，阴阳得之为事功，蕺山得之为节义，梨洲得之为隐逸，万氏兄弟得之为经术史载，授受虽出于一，而面目迥殊，以其各有事事故也。（《浙东学术》）
>
> 浙东之学，言性命者必究于史，此其所以卓也。（《浙东学术》）

为了让史学很好地实现经世之用，章学诚提出了一系列具体主张，如史书应略古详今。

> 史部之书，详近略远，诸家类然，不独在方志也《太史公书》详于汉制，其述虞、夏、商、周，显与六艺背者，亦颇有之。然六艺具在，人可凭而正史迁之失，则迁书虽误，犹无伤也。秦、楚之际，下逮天汉，百余年间，人将一惟迁书是凭；迁于是而不详，后世何由考其事耶？

（《记与戴东原论修志》）

历观前史，记载每详近而略于远事，刘知幾所谓班书倍增于马，势使然也。①

史家详近略远，自古以然。（《为毕制军与钱辛楣官詹论续鉴书》）

史学要救时弊。《原学下》："所贵君子之学术，为能持世而救偏。"《〈淮南子洪保〉辨》："天下事凡风气所趋，虽善必有其弊。君子经世之学，但当相弊而救其偏。"

为了实现救弊之目的，学者应该善辨。《说林》："学问文章，聪明才辨，不足以持世，所以持世者，存乎识也。所贵乎识者，非特能持风尚之偏而已也，知其所偏之中亦有不得而废者焉。"故学者要敢于开风气之先。

学业将以经世，当视世所忽者而施挽救焉，亦轻重相权之义也……今之学者，虽趋风气，兢尚考订，多非心得；然知求实而不蹈于虚，犹愈于掉虚文而不复知实学也。（《答沈枫墀论学》）

故学业者，所以辟风气也。风气未开，学业有以开之；风气既弊，学业有以挽之……好名之士，方且趋风气而为学业，是以火救火而水救水也。（《天喻》）

三　史义

史义，又作史意，指历史理论和观点。历代史学家都非常重视史意，如孔子作《春秋》，司马迁作《史记》等。但学者较少从理论上对史义作深入阐释。《元史·揭奚斯传》："欲求作史之法，须求作史之意。古人作史，虽小善必录，小恶必记。不然，何以示惩劝？"

（一）作史贵知义

章学诚认为，史义是"史氏之宗旨"，"作史贵知其意"（《公言上》）。

① 章学诚：《刘氏三世家传》，《章学诚遗书》卷17《文集二》，文物出版社1985年影印本，第169页上栏。

史所贵者义也，而所具者事也，所凭者文也。孟子曰："其事则齐桓、晋文，其文则史，义则夫子自谓窃取之矣。"（《史德》）

载笔之士，有志《春秋》之业，固将惟义之求，其事与文，所以藉为存义之资也……作史贵知其意，非同于掌故，仅求事文之末也。夫子曰："我欲托之空言，不如见诸行事之深切著明也。"此则史氏之宗旨也。苟足取其义而明其志，而事次文篇，未尝分居立言之功也。（《公言上》）

志者，志也。其事其文之外，必有义焉，史家著作之微旨也。（《为张吉甫司马撰〈大名县志〉序》）

史义在于明道。

史家之书，非徒纪事，亦以明道也。如使《儒林》《文苑》不能发明道要，但叙学人才士一二行事，已失古人命篇之义矣。（《〈永清县志·前志列传〉序例》）

史之大原本乎《春秋》，《春秋》之义昭乎笔削。笔削之义，不仅事具始末，文成规矩已也。以夫子义则窃取之旨观之，固将纲纪天人，推明大道，所以通古今之变而成一家之言者，必有详人之所略，异人之所同，重人之所轻，而忽人之所谨，绳墨之所不可得而拘，类例之所不可得而泥，而后微茫秒忽之际有以独断于一心。及其书之成也，自然可以参天地而质鬼神，契前修而俟后圣，此家学之所以贵也。（《答客问上》）

章学诚将史义与春秋大义、明道等联系在一起，故有学者认为，"章学诚所谓'意'，实际就是孔子《春秋》之'义'的继承发扬，是主观心术、意旨的能动性体现，而这种能动性又必须符合外在的礼法伦理。"①

良史著书，必重史义。

---

① 唐爱明：《章学诚文论思想及文学批评研究》，上海古籍出版社2013年版，第96页。

孔子作《春秋》，盖曰其事则齐桓、晋文，其文则史，其义则孔子自谓有取乎尔。夫事即后世考据家之所尚也，文即后世词章家之所重也，然夫子所取，不在彼而在此，则史家著作之道，岂可不求义意所归乎？（《申郑》）

古者史官，各有成法，辞文旨远，存乎其人，孟子所谓其文则史，孔子以谓义则窃取。明乎史官法度不可易，而义意为圣人所独裁。然则良史著书，亦必有道矣。（《〈和州志·前志列传〉序例上》）

国史、方志，皆《春秋》之流别也。譬之人身，事者其骨，文者其肤，义者其精神也。断之以义，而书始成家，书必成家，而后有典有法，可诵可识，乃能传世而行远。（《方志立三书议》）

（二）失史义便是失史

随着修史的官方化和文人化，史义逐渐丧失，这使得史学逐渐失去其存在的价值。

学者不知斯义，不足言史学也。（《浙东学术》）

史之义出于天，而史之文不能不藉人力以成之。（《史德》）

获麟之后，迁、固极著作之能，向、歆尽条别之理，史家所谓规矩方圆之至也。魏、晋、六朝，时得时失，至唐而史学绝矣。其后如刘知幾、曾巩、郑樵，皆良史才，生史学废绝之后，能推古人大体，非六朝、唐、宋诸儒所能测识，余子则有于史而非史，有似于学而非学尔。然郑樵有史识而未有史学，曾巩具史学而不具史法，刘知幾得史法而不得史意，此予《文史通义》所为作也。（《〈和州志·志隅〉自叙》）

则史家著述之道，岂可不求义意所归乎？自迁、固而后，史家既无别识心裁，所求者徒在其事其文。（《申郑》）

可见，章学诚史义，不仅仅是作史之宗旨，更多指的是史书应该承担的政教功能、礼法规范等。

四　史德

著史为不朽之功业，故对史学家的学术修养等，亦有较高的要求。刘知幾《史通》提出三长之说。《旧唐书·刘子玄传》："史才须有三长，世无其人，故史才少也。三长，谓才也，学也，识也。"胡应麟在"三长"之外，补充"二善"。《少室山房笔丛》卷五《史书占华》："才、学、识三长，足尽史乎？未也。有公心焉，直笔焉。"①

章学诚对刘知幾的观点极为赞赏，在继承其观点的基础上，提出"史德"之说，并对"史德"作了深入阐发。

> 才、学、识三者，得一不易，而兼三尤难，千古多文人而少良史，职是故也。昔者刘氏之玄，盖以是说谓足尽其理矣……此犹文士之识，非史识也。能具史识者，必知史德。德者何？谓著书者之心术也。夫秽史者所以自秽，谤书者所以自谤，素行为人所羞，文辞何足取重！魏收之矫诬，沈约之阴恶，读其书者先不信其人，其患未至于甚也。所 患夫心术者，谓其有君子之心而所养未底于粹也……文史之儒，竞言才学识而不知辨心术，以议史德，乌乎可哉？(《史德》)

所谓"史德"，即著书者之心术也，即史家能否忠于客观史实，秉笔直书，做到善恶褒贬。

章学诚认为"心术"贵养。

> 心术贵于养也。(《史德》)
>
> 所患夫心术者，谓其君子之心而所养未底于粹也。(《史德》)
>
> 好善恶恶之心，惧其似之而非，故贵平日有所养也。(《史德》)

良史应辨于天人之际，勿以个人主观情感而干涉客观事实。《史德》："盖

① 胡应麟：《少室山房笔丛》卷5《史书占华》，《文渊阁四库全书》，台湾商务印书馆1986年影印本，第886册，第220页上栏。

欲为良史者，当慎辨于天人之际，尽其天而不益以人也。尽其天而不益以人，虽未能至，苟允知之，亦足以称著书者之心术矣……然而心术不可不虑者，则以天与人参，其端甚微，非是区区之明所可恃也。”

章学诚还论及如何处理史与文气、情感间的关系。《史德》：

凡文不足以动人，所以动人者气也。凡文不足以入人，所以入人者情也……然而其中有天有人，不可不辨也……气合于理，天也；气能违理以自用，人也。情本于性，天也；情能汩性以自恣，人也。史之义出于天，而史之文不能不藉人力以成之……史文即忤于大道之公，其所感召得微也。

夫文非气不立，而气贵于平……文非情不得，而情贵于正……阴阳伏沴之患，乘于血气而入于心知，其中默运潜移，似公而实逞于私，似天而实蔽于天，发为文辞，至于害义而违道，其人犹不自知也。故曰心术不可不慎也。

……史之赖于文也，犹衣之需乎采，食之需乎味也。采之不能无华朴，味之不能无浓淡，势也。

章学诚认为，虽然史离不开气和情，但必须纳气、情等个人主观因素入“天”，使气合于理，使气归于平；使情本于性，使情归于正。这样才能做到史之义出于天，而不至于害公、违道。

章学诚主张气平情正，反对气胜情偏，反对感情用事。《史德》：“夫气胜而情偏，犹曰动于天而参于人也……文辞有工拙，而族史方且以是为竞焉，是舍本而逐末矣。以此为文，未有见其至者；以此为史，岂可与闻古人大体乎？”

章学诚作《言公》，大力倡导公义，亦是此意。

古人之言，所以为公也。未尝矜于文辞而私据为己有也。志期于道，言以明志，文以足言。其道果明于天下而所志无不申，不必其言之果为我有也。（《言公上》）

不知言公之旨而欲自私自利以为功，大道隐而心术不可复问矣。(《言公下》)

章学诚主张史义不可违反仁义。《史德》：

仁者情之普，义者气之遂也……余皆经纬古今，折衷六艺，何尝敢于讪上哉！朱子尝言《离骚》不甚怨君，后人附会有过……夫以一身坎坷，怨诽及于君父，且欲以是邀千古之名，此乃愚不安分，名教中之罪人，天理所诛，又何著述之可传乎？夫《骚》与《史》，千古之至文也。其文之所以至者，皆抗怀于三代之英而经纬乎天人之际者也。所遇皆穷，固不能无感慨。而不学无识者流，且谓诽君谤主不妨尊为文辞之宗焉，大义何由得明，心术何由得正乎？

章学诚认为《离骚》和《史记》皆为千古至文，二者皆未违反天人之际，皆合于大义，违背大义者，不可能成为千古至文。

他还认为史不可违反仁义、史义等，这无疑是正确的，但其强行为《史记》和《离骚》辩解，似不能让人信服。

五　史书编撰论

除了史学理论之外，章学诚还对具体的史书编撰提出了不少创见。

（一）诸体优劣

章学诚认为，各种史体的出现是时代的需要，也是史书发展的必然结果。《书教下》：

《周官》三百六十，天人官曲之故，可谓无不备矣。然诸史皆掌记注，而未尝有撰述之官……《尚书》无定法而《春秋》有成例……《尚书》一变而史为左氏之《春秋》……左氏一变而史迁之纪传……迁书一变而为班氏之断代……迁《史》不可为定法，固《书》因迁之体而为一成之义例，遂为后世不祧之宗焉。……

历法久则必差，推步后而愈密，前人所以论司天也；而史学亦复类此。《尚书》变而为《春秋》……《左》《国》变而为纪传……左氏编年，不能曲分类例，《史》《汉》纪表传志，所以济类例之穷也……司马《通鉴》，病纪传之之分而合之以编年；袁枢《纪事本末》，又病《通鉴》之合而分之以事类。

对于各类史体优劣，章学诚有着清晰的认知。

纪传之初，盖分编年之事实而区之以类者也。类则事有适从而录求便易，故相沿不废；而纪传一体，遂超编年而为史氏之大宗焉……编年之名，能径而不能曲，凡人与事之有年可纪有事相触者，虽细如芥子必书；其无言可纪与无事相值者，虽巨如泰山不得载也。（《史篇别录例议》）

本末之为体也，因事命篇，不为常格，非深知古今大体，天下经纶，不能网罗隐括，无遗无滥。文省于纪传，事豁于编年，决断去取，体圆用神，斯真《尚书》之遗也。(《书教下》)

对于通史优劣，章学诚亦作了不少评说。《释通》：

梁武帝以迁、固而下断代为书，于是上起三皇，下讫梁代，撰为《通史》一编，欲以包罗众史。史籍标通，此滥觞也。嗣是而后，源流渐别，总古今之学术，而纪传一规乎史迁，郑樵《通志》作焉；统前史之书志，而撰述取法乎官礼，杜佑《通典》作典；合纪传之互文，而编次总括荀、袁，司马光《资治通鉴》作焉；汇公私之述作，而铨录略仿乎孔、萧，裴潾《太和通选》作焉。此四子者，或存正史之规，或正编年之的，或以典故为纪纲，或以词章存文献，史部之通，于斯为极盛也。

在《释通》中，章学诚指出修通史的六便、二长和三弊。

通史之修，其便有六：一曰免重复，二曰均类例，三曰便铨配，四曰平是非，五曰去牴牾，六曰详邻事。其长有二：一曰具剪裁。二曰立家法。其弊有三：一曰无短长，二曰仍原题，三曰忘标目。

（二）诸体评价

章学诚还对史书诸体地位等作了不少论述，其认为，纪传史诸体虽各有分工，但并无尊卑之分。

> 纪之与传，古人所以分别经纬，初非区辨崇卑，是以迁《史》中有无年之纪，刘子玄首以为讥；班《书》自叙，称十二纪为《春秋考纪》，意可知矣。自班、马而后，列史相仍，皆以纪为尊称，而传乃专属臣下，则无以解于《穆天子传》与《高祖》《孝文》诸传也。(《〈永清县志·恩泽纪〉序例》)
>
> "纪传不过分别尊卑，并不以纪编年"，乃浦起龙评《史通》语，其言本不甚确，不知某君何以取之。(《史学例议上》)

在纪传史诸体之中，纪最为重要。

> 史有本纪，为一史之纲维。(《〈淮南子洪保〉辨》)
>
> 史部要义，本纪为经，而诸体为纬，有文辞者，曰书曰传；无文辞者，曰表曰图；虚实相资，详略互见。(《〈永清县志·舆地图〉序例》)

志是纪传体史书不可缺少的组成部分。《礼教》："史家书志，自当以一代人官为纲领矣。而官守所隶，巨细无遗，势难尽著，则择其要者。若天文、地理、礼乐、兵刑，略如八书、十志例，而特申官守所系以表渊源。而文则举其梗概，务使典雅可诵，而于名物器数，无须屑屑求详，听其自具于专门掌故之书，始可为得官礼之意，而明于古人之大体者也。后史昧渊源而详名教，雅典不如班、马之可诵，实用不如掌故之详明，秦人所谓驴非驴，马非马，更为骡也。"

章学诚把图、表亦视为纪传体史书不可缺少的部分。《〈史姓韵编〉序》：

“夫史之大忌，文繁事晦；史家列传，自《唐》《宋》诸史，繁晦至于不可胜矣。使欲文省事明，非复人表不可；而人表实为治业之要册”“人表入于史篇，则人分类例，而列传不必曲折求备；列传繁文既省，则事之端委易究，而马、班婉约成章之家学可牵而复也。”

《汉书》中有《古今人表》，对于此表，学者批判之声比较多。而章学诚则很重视此表的作用。《又上朱大司马书》：

> 同年汪进士辉祖所辑《同姓名录》，谨奉公余读史，备稽检也。小子曾为撰叙……叙中极论名姓之书，古有专门，因欲史家急复班固《人表》之例，以清列传，觉于史学稍有扩清之功，而闻者多大笑之。《湖北通志》，自用其法，遂为众射之的。谨质清严，当必有所取裁也……则顾氏表废传繁之说，不足以为笃论，而小子争复人表之说，非好为异论矣！

章学诚认为表可以起到表达简明而清晰之功效。《〈永清县志·舆地图〉序例》：

> 昔司马氏创定百三十篇，但知本周谱而作表，不知溯夏鼎而为图，遂使古人之世次年月，可以推求；而前世之形势名象，无能踪迹……夫列传之需表而整齐，犹书志之待图而明显也。先儒尝谓表阙而列传不得不繁；殊不知其图阙而书志不得不冗也。呜呼！马、班以来，二千年矣，曾无创其例者，此则穷源竟委，深为百三十篇惜矣……史不立表，而世次年月，犹可补缀于文辞；史不立图，而形状名象，必不可旁求于文字。此耳治目治之所不同，而图之要义，所以更甚于表也。古人口耳之学，有非文字所能著者，贵其心领而神会也。至于图象之学，又非口耳之所能授者，贵其目击而道存也……虽有好学深思之士，读史而不见其图，未免冥行而擿埴矣。

司马迁《史记》和班固《汉书》皆有表，而后世不少史书缺之，章学诚深以此为憾事。

刘知幾《史通·载言》提出正史要立书部，以汇集诸类文章。章学诚对此非常赞同。《〈亳州志·掌故〉例议中》：

> 故为史学计其长策，纪表志传，率由旧章；再推周典遗意，就其官司簿籍，删取名物器数，略有条贯，以存一时掌故，与史相辅而不相侵，虽为成世不易之规可也。

为史书作注，由来已久，史注确实有便于后学。《史通》专立《补注》，论述史注。《文史通义》中有《史注》一篇，阐释章学诚对史注的看法。《史注》："使自注之例得行，则因援引所及而得先世藏书之大概，因以校正艺文著录之得失，是亦史法之一助也。"

可见，章学诚不愧为一代史学大师，从多方面发展了传统史学理论，对史学发展作出不了可磨灭的贡献。

第四节　方志学思想

章学诚一方面勤于《文史通义》等理论著作的撰写，另一方面因工作关系主持或参与了不少方志的编撰工作，如《天门县志》《顺天府志》《和州志》《永清县志》《亳州志》《湖北通志》等。在修志过程中，他努力将自己的方志理论运用于修志实践之中，以提升方志的品质。

一　方志释义

对于方志，章学诚有自己独特的看法。

早在先秦时期，各诸侯国便出现了一些记载本国历史的著作，如晋之《乘》、楚之《梼杌》、鲁之《春秋》等。到了汉代，出现了"地记"。魏晋南北朝时期，出现了大量的"风土记""风俗记"和"先贤记"，如《汝南先贤传》《襄阳耆旧记》《关东风俗传》《会稽先贤传》等。魏晋之后，"图经"

之类书籍不断增多，敦煌文献中有《沙州都督府图经》《西州都督府图经》，隋代虞世南、郎茂等人编有《隋诸州图经集》一百卷。

学者多认为，“图经”是方志发展史上的一个重要阶段，但章学诚却不以为然，断然将“图经”与方志区分开来。《为张吉甫司马撰〈大名县志〉序》：

> 《周官》外史掌四方之志。注谓若晋之《乘》，楚之《梼杌》，鲁之《春秋》，是一国之史，无所不载，乃可为一朝之史之所取裁。夫子作《春秋》，而必征百国宝书，是其义矣。若夫图经之用，乃是地理专门。按《天官》司会所掌书契版图，注：版谓户籍，图谓土地形象，田地广狭，即后世图经所由仿也。是方志之与图经，其体截然不同，而后人不辨其类，盖已久矣。

到了南宋时期，图经改为方志，并出现了众多著名的著作，如《乾道临安志》《淳佑临安志》《咸淳临安志》等。随着方志的发展，元明时期，众多由政府主持编修的大型全国性地域志先后出现，如元代的《大元一统志》，明代的《大明一统志》。清代康熙、乾隆、嘉庆三代都编有全国《一统志》。章学诚认为《一统志》是图经的总汇，亦多有不足之处。《为张吉甫司马撰〈大名县志〉序》：

> 今之图经，则州县舆图，与六条宪纲之册，其散著也。若元、明之《一统志》书，其总汇也……统汇之书，则固地理专门，而人物流离，形胜土产，古迹祠庙诸名目，则因地理而类撮之，取供文学词章之所采用，而非所以为书之本意也。故形胜必用骈俪，人物节取要略，古迹流连景物，祠庙亦载游观，此则地理中之类纂，而不为一方文献之征，甚皎然也。

章学诚多责其瑕，并认为《一统志》是对各类总志的提升。《为张吉甫司马撰〈大名县志〉序》：

统志创于元、明，其体本于唐、宋，质文损益，具有所受，不可以为非也。《元和郡县》之志，篇首冠以图，图后系以四至八到，山川经纬之外，无旁缀焉，此图经之本质也。《太平寰宇》之记，则入人物艺文，所谓踵事而增华也。嘉熙《方舆胜览》，侈称名胜古迹，游览辞赋，则逐流而靡矣。统志之例，补《寰宇》之剩义，删名胜之文辞，折衷前人，有所依据……然而其体自有轻重，不可守其类纂名目，以备一方文献之全，甚晓然也。

方志就是一个地方的历史，故不得以图经为例。《方志辨体》：

宋制以州领县，诸县不皆有志，而州志不上职方，故书名或取古都，或题山水，未有直称某州志者，所以避图经官书名目，余尝谓方志不得以图经为例，此亦其一证也。

方志应有条例、史法。

古之方志，虽有著录，而传者无多，惟宋志尚十余家，元、明志之可称者亦十余家，虽与流俗不可同日而语，而求之古人义例，鲜能无憾。(《方志辨体》)

今可见者，宋志十有余家，虽不能无得失，而当时图经纂类名目未盛，则史氏家法犹存；未若今之直以纂类子目，取为全志，俨如天经地义之不可易也。(《为张吉甫司马撰〈大名县志〉序》)

志者，志也。其事其文之外，必有义焉，史家著作之微旨也……其可以言传者，则规矩法度，必明全史之通裁也……知方志非地理专书，则山川都里，坊表名胜，皆当汇入地理，而不可分占篇目，失宾主之义也。知方志为国史取裁，则人物当详于史传，而不可节录大略；艺文当详载书目，而不可类选诗文也。知方志为史部要删，则胥吏案牍，文士绮言，皆无所用，而体裁当规史法也，此则其言可信者也。夫家有谱，州县有志，国有史，其义一也。然家谱有征，则县志取焉；县志有征，则国史取焉。今修一代之史，盖有取于家谱者矣，未闻取于县志，则荒略无稽，荐绅先生所难言也。然其故，实始于误仿图经纂类之名目，此则不可不明辨也。(《为张吉甫司马撰〈大名县志〉序》)

可见，章学诚认为方志是地方之信史，是地方版的国史，而不是地方人情风土名胜等资料的分类编纂。

二　方志的性质与作用

我国历来将方志视为地方资料的汇编，故多不受史学家重视。章学诚提出“志属信史”，将方志提升至国史一样的高度，从而大大提升了方志的地位。

章学诚认为，方志乃“封建时列国史官之遗”(《为张吉甫司马撰〈大名县志〉序》)。《〈永清县志·前志列传〉序例》：“志乘为一县之书，即古者一国之史也。”

章学诚认为自古以来，方志便属一国之史。《方志立三书议》：“余考之于《周官》，而知古人之于史事，未尝不至纤析也。外史掌四方之志，注谓：‘若晋《乘》、鲁《春秋》、楚《寿兀》之类。’是一国之全史也。”《为张吉甫司马撰〈大名县志〉序》：“《周官》外史掌四方之志。注谓若晋之《乘》，楚之《梼杌》，鲁之《春秋》，是一国之史，无所不载，乃可为一朝之史之所取裁。”

正因如此，方志当为地方信史。《为张吉甫司马撰〈大名县志〉序》：“夫家有谱，州县有志，国有史，其义一也。”《州县请立志科议》：“有天下之史，有一国之史，有一家之史，有一人之史。传状志述，一人之史也；家乘谱牒，一家之史也；部府县志，一国之史也；综纪一朝，天下之史也。”

在章学诚看来，国史与方志实为一也，只不过二者所记载的范围有广狭之异罢了，并无实质区别。

故章学诚对历代将方志列为地理书的做法作了深刻的批判。《报黄大俞先生》：

方志一家，宋、元仅有存者，率皆误为地理专门。明代文人见解，又多误作应酬文墨，近代渐务实学，凡修方志，往往侈为纂类家言……方志纂类诸家，多是不知著述之意，其所排次襞绩，仍是地理专门见解……故方志而为纂类，初非所忌，正忌纂类而以地理专门自画，不知方志之为史裁，又不知纂类所以备著述之资，而自以为极天下之能事。

章学诚非常重视史的经世之用，既然方志同于“国史”，故亦当有经世之用。《答甄秀才论修志第一书》：“史志之书，有裨风教者，原因传述忠孝节义，懔懔烈烈，有声有色，使百世而下，怯者勇生，贪者廉立……况天地间大节大义，纲常赖以扶持，世教赖以撑柱者乎！”

不仅如此，方志还承担着为修国史提供资料的任务。

方州虽小，其所承奉而施布者，吏、户、礼、兵、刑、工，无所不备，是则所谓具体而微矣。国史于是取裁，方将如《春秋》之藉资于百国宝书也，又何可忽与！（《方志立三书议》）

比人而后有家，比家而后有国，比国而后有天下，惟分者极其详，然后合者能择善而无憾也。谱牒散而难稽，传志私而多谀，朝廷修史，必将于方志取其裁；而方志之中，则统部取于诸府，诸府取于州县，亦自下而上之道也。然则州县志书，下为谱牒传志持平，上为部府征信，实朝史之要删也。（《州县请立志科议》）

图史所以为经国之典也。然而一代浩繁，史官之籍，有所不胜，独州县志书，方隅有限，可以条别诸目，琐屑无遗，庶以补国史之力之所不给也。（《〈和州志·田赋书〉序例》）

可见，章学诚视方志为地方版“国史”，其不仅要承担教化之用，亦要承担保存资料之用。

三　编纂理论

章学诚一生编撰方志多种，在深入思考和广泛实践的基础之上，其就方志编撰提出了不少富有创见的理论。

章学诚在方志学上杰出的贡献是，“创立了一套完整的修志义例”①。其最为重要的方志学理论便是“方志分立三书”说。《方志立三书议》：

> 凡欲经纪一方之文献，必立三家之学，而始可以通古人之遗意也。仿纪传正史之体而作志，仿律令典刑例之体而作掌故，仿《文选》《文苑》之体而作文征。三书相辅而行，阙一不可；合而为一，尤不可也。

三者之中，志是主体。

> 夫志者，志也，其事其文之外，盖有义焉。所谓操约之道者此也。（《〈亳州志·掌故〉例议下》）
>
> （志者）有典有法，可诵可识，乃能传世而行远。故曰：志者，志也，欲其经久而可记也。（《方志立三书议》）

方志之“志”，同于国史之“志”，故其不仅在体例方面有讲究，而且在语言文字上要“属辞比事”。《与石首王明府论志例》：“志为史裁，全书自有体例。志中文字，俱关史法，则全书中之命辞措字，亦必有规矩准绳，不可忽也。”

掌故，如同会要、会典，目的在于既使志书做到简洁明了，又使重要资料得以保存。也就是说，在志书之外，将当地机关的章程条例和重要文件按类编选，汇成专书。《〈亳州志·掌故〉例议下》：“治方志者，转从掌故而正方志；盖志义久亡，而掌故之守未坠，修其掌故，则志义转可明矣。”“不整齐掌故，别为专书，则志亦不能自见其意矣”。志与掌故相辅相依，乃百世不易之规。《〈亳州志·掌故〉例议中》：“故为史学计其长策，纪表志传，率由旧章；再推周典遗意，就其官司簿籍，删取名物器数，略有条贯，以存一时掌故，与史相辅而不相侵，虽为百世不易之规可也。”

文征，类似文鉴、文类，将反映民生、合于证史的诗文汇于一编。《方志

① 仓修良、叶建华：《章学诚评传》，南京大学出版社1996年版，第268页。

立三书议》："凡欲经世一方之文献，必立三家之学……三书（志、掌故、文征）相辅而行，阙一不可；合而为一，尤不可也。"

总而言之，三体之中，志是主体，是"词尚体要"的著作，掌故与文征则是原始资料的汇编，三者相辅相成，共同构成完整的方志。分立三书说的提出，"标志着他的方志理论的成熟、修志体例的完备和方志学的建立"①。

志是方志的主体。志的内容包括纪、传、图表等。纪，指按年编写的大事记，其要求是要把这个地区"古今理乱"之重大事件都"粗具于编年记"中。传，"邑志列传，全用史例"，补充本纪未尽之事。方志作传，章学诚提出了不少建议，如详今略古，排列有序，信而有征等。考，类于正史之志。

章学诚的方志理论在其所编撰的《湖北通志》一书中得到了运用。《为毕制府撰〈湖北通志〉序》：

> 今参取古今史志例义，剪裁浮辞，禀酌经要，分纪、表、图、考、略、传，以为《通志》七十三篇，所以备史裁也……今于《通志》之外，取官司见行章程，分吏、户、礼、兵、刑、工，以为《掌故》六门，凡六十六篇，所以昭典例也。臣又惟两汉而后，学少专家，而文人有集。集者，非经而有义解，非史而有传记，非子而有论说，无专门之长，而有偶至之诣，是以尚选辑焉……今取传记、论说、诗赋、箴铭之属，别次甲、乙、丙、丁，上下八集，以为《文征》，所以俟采风也。

《修志十议呈天门胡明府》一文中，章学诚对修志经验作了较好的总结，提出了二便、三长、五难等观点。

> 二便：地近则易核，时近则迹真。
>
> 三长：识足以断凡例，明足以决去取，公足以绝请托。
>
> 五难：清晰天度难，考衷古界难，调剂众议难，广征藏书难，预杜是非难。

① 仓修良、叶建华：《章学诚评传》，南京大学出版社1996年版，第268页。

八忌：忌条理混杂，忌详略失体，忌偏尚文辞，忌妆点名胜，忌擅翻旧案，忌浮记功绩，忌泥古不变，忌贪载传奇。

四体：皇恩庆典宜作纪，官师科甲宜作谱，典籍法制宜作考，名宦人物宜作传。

四要：要简，要严，要核，要雅。

总而言之，章学诚不愧为一代方志史学家，其大大提升了方志的地位，丰富了方志学的理论，使方志成为一门专业性很强的史学。但章学诚方志理论亦有明显的不足之处，如他将方志等同于地方史，混淆了志与史的区别；他过于强调方志的政治教化功用，使其中政治和说教成分过多、过重等。这些不过是白璧微瑕，无法掩其方志学之大功。

第五节　校雠学思想

除了方志学，校雠学理论也是章学诚的一重大贡献。在《文史通义》的众多篇章中，章学诚都论及校雠之学。更重要的是，章学诚著《校雠通义》一书，对校雠学理论作了更为系统全面的阐释，实现了“集古代校雠学之大成”①，对后世校雠学的发展产生了深刻的影响。

《校雠通义》成书于乾隆四十四年（1779），原书四卷。其去河南途中遇盗遭劫，书稿亡佚。幸前三卷有副本存于朋友家，第四卷不可得。后章学诚将各副本加以校订，形成今通行的三卷本，共收录文章18篇。王重民编撰的《校雠通义通解》是目前较好的整理本。

一　校雠的目的与任务

“校雠”二字连用，最早见于西汉刘向的《别录》。《别录》：“雠校，一

① 仓修良、叶建华：《章学诚评传》，南京大学出版社1996年版，第329页。

人读书，校其上下，得谬误为校；一人持本，一人读书，若怨家相对，故曰雠也。”①《别录》所言校雠指的是两种校书方法，一人独校其上下为校，二人对校称为雠。学者多认为，刘向所言校雠，并非仅限于文字校对工作，还包括收集版本、编次目录等，涉及版本、校勘、目录等诸多方面。也就是说，刘向所言校雠指的是广义的校雠，而非后世所谓的狭义校雠。

章学诚所言“校雠”指的也是广义的校雠。《校雠通义序》：

校雠之义，盖自刘向父子部次条别，将以辨章学术，考镜源流。非深明于道术精微、群言得失之故者，不足与此。后世部次甲乙，纪录经史者，代有其人，而求能推阐大义，条别学术异同，使人由委溯源，以想见于坟籍之初者，千百中不十一焉。

郑樵于千载而后，慨然有会于向、歆讨论之旨，因取历朝著录，略其鱼鲁豕亥之细，而特以部次条别，疏通伦类，考其得失之故而为之校雠，盖自石渠、天禄以还，学者所未尝窥见者也……今为折衷诸家，究其源委，作《校雠通义》，总若干篇，勒成一家，庶于学术渊源，有所釐别，知言君子，或有取于斯焉。②

校雠之学，自刘氏父子，渊源流别，最为推见古人大体，而校订字句，则其小焉者也。绝学不传，千载而后，郑樵始有窥见，特著校雠之略，而未尽其奥，人亦无由知之。世之论校雠者，惟争辨于行墨字句之间，不复知有渊源流别矣。③

鄙人所业，文史校雠，文史之争义例，校雠之辨源流。（《与孙渊如观察论学十规》）

可见，章学诚所谓校雠，不仅包括校订字句、部次条例等，更重要的是助于“辨章学术，考镜源流”，最终达到“推阐大义”的目的。正因如此，

① 严可均辑：《全汉文》，商务印书馆1999年标点本，第392页。

② 章学诚著，王重民通解，傅杰导读：《校雠通义通解》，上海古籍出版社2009年版，第1—2页。本书所引《校雠通义》皆据此本，为了节省篇幅，后不再一一作注。

③ 章学诚：《信摭》，《章学诚遗书·章氏遗书外编》，文物出版社1985年影印本，第367页中栏。

有学者认为章学诚的“校雠”已超出文献学的范围，“已接近于所谓的学术史研究”。①

章学诚作《校雠通义》的主旨很明确：“宗刘、补郑、正俗”，即宗法刘向、刘歆父子的《七略》，补充郑樵《通志·校雠略》，匡正世俗不正确的认知。

章学诚在《校雠通义》一书中多次强调校雠应为学术研究服务。

> 因集部之目录而推论其要旨，以见古人所谓言有物而行有恒者，编于著录之下，则一切无实之华言，牵率之文集，亦可因是而治之，庶几辨章学术之一端矣。(《校雠通义·宗刘》)
>
> 盖部次流别，申明大道，叙列九流百氏之学，使之绳贯珠联，无少缺逸，欲人即类求书，因书究学。(《校雠通义·互著》)

其在《原道》等文中，章学诚对刘歆、班固等人多加以赞颂。

> 刘歆《七略》，班固删其《辑略》而存其六。颜师古曰：“《辑略》谓诸书之总要。”盖刘氏讨论群书之旨也。此最为明道之要，惜乎其文不传……由刘氏之旨以博求古今之载籍，则著录部次，辨章流别，将以折衷六艺，宣明大道，不徒为甲乙纪数之需，亦已明矣。(《校雠通义·原道》)
>
> 《汉志》最重学术源流……此叙述著录所以有关于明道之要，而非后世仅计部目者之所及也。(《校雠通义·补校汉艺文志》)

章学诚强调校雠学为学术研究服务的观点，显然比一般目录学家高出一筹。

二　校雠学的起源与发展

在《校雠通义》开篇《原道》一文中，章学诚对古代校雠学的起源与发

---

① 傅杰：《校雠通义通解导读》，章学诚著，王重民通解，傅杰导读《校雠通义通解》，上海古籍出版社2009年版，第2页。

展作了论说。

古无文学，结绳之治，易之书契……理大物博，不可殚也，圣人为之立官分守，而文字亦从而纪焉……官守学业皆出于一，而天下以同文为治，故私门无著述文字。私门无著述文字，则官守之分职，即群书之部次，不复别有著录之法也。(《校雠通义·原道》)

上古时期，学术在官，无私人著述，故形成以官守为部类的自然分类法，不复有著录之法。

后世文字，必溯源于六艺。六艺非孔氏之书，乃《周官》之旧典也。《易》掌太卜，《书》藏外史，《礼》在宗伯，《乐》隶司乐，《诗》领于太师，《春秋》存乎国史。秦人……则犹官守学业合一之谓也……又安有私门之著述哉？(《校雠通义·原道》)

秦时，虽“以法为教，以吏为师”，但依然是官守学业合一。到了汉代，随着图书增多，出现了刘歆《七略》，校雠之学正式形成。

今可见者，唯总计部目之后，条辨流别数语耳。即此数语窥之，刘歆盖深明乎古人官师合一之道，而有以知乎私门初无著述之故也……由刘氏之旨以博求古今之载籍，则著录部次，辨章流别，将以折衷六艺，宣明大道，不徒为甲乙纪数之需，亦已明矣。(《校雠通义·原道》)

《七略》的出现乃是社会发展、图书日渐增多的必然结果。

书既散在天下，无所统宗，于是著录部次之法，出而治之，亦势之所不容已。(《〈和州志·艺文书〉序例》)

《七略》之流而为四部，如篆隶之流而为行揩，皆势之所不容已者也……凡一切古无今有、古有今无之书，其势判如霄壤，又安得执《七略》之成法以部次近日之文章乎……《七略》之古法终不可复，而四部

之体质又不可改，则四部之中，附以辨章流别之义，以见文字之必有源委，亦治书之要法。（《校雠通义·宗刘》）

总之，章学诚对校雠学发展演变的概说，大体合于历史事实，其主要目的在于说明书籍分类是随时代而变迁的，不可一味地追求返古或复古。

三　校雠学的理论和方法

在继承前人成果的基础之上，章学诚提出了一系列富有创见的校雠学理论。

在图书分类时，往往一书著录在一类。由于图书本身内容较为复杂，包括多方面的内容，以致分类时较为困难。对于这类问题，章学诚提出"互著"之法。《校雠通义·互著》：

至理有互通，书有两用者，未尝不兼收并裁，初不以重复为嫌，其于甲乙部次之下，但加互注，以便稽检而已。古人最重家学，叙列一家之书，凡有涉此一家之学者，无不穷源至委，竟其流别，所谓著作之标准，群言之折衷也。如避重复而不载，则一书本有两用而仅登一录，于本书之体既有所不全，一家本有是书而缺而不载，于一家之学亦有所不备矣。

具体而言，如果一部书内容涉及两个或多个类别时，该书可以同时在有关类别中都加以著录，这样兼收并载，以见其全备。《校雠通义·互著》："书之易混者，非重复互注之法，无以免后学之抵牾；书之相资者，非重复互注之法，无以究古人之源委。一隅三反，其类盖亦广矣。"

有时，一书的少许某类内容，不足以使整部书在别类中重立一目，互著于他类。这时，为了使读者准确了解这些不同性质的篇章，章学诚提出"别裁"之法。所谓"别裁"，即将一部书中的某些篇章或某些部分裁出，著录在相关的另一类或几类之中。《校雠通义·别裁》：

盖古人著书，有采取成说，袭用故事者，其所采之书，别有本旨，或历时已久，不知所出。又或所著之篇，于全书之内自为一类者，并得裁其篇章，补苴部次，别出门类，以辨著述源流。至其全书，篇次具存，无所更易，隶于本类，亦自两不相妨。盖权于宾主重轻之间，知其无庸互见者，而始有裁篇别出之法耳。

章学诚对此作了详细的说明。《校雠通义·焦竑误校汉志》：

充类而求，则欲明学术源委而使会通于大道，舍是莫由焉。且如叙天文之书，当取《周官·保章》《尔雅·释天》、邹衍言天、《淮南》天象诸篇，裁列天文部首，而后专门天文之书以次列为类焉，则求天文者无遗憾矣。叙时令之书，当取《大戴礼·夏小正篇》《小戴记·月令篇》《周书·时训解》诸篇，裁列时令部首，而后专门时令之书以次列为类焉。叙地理之书，当取《禹贡》《职方》《管子·地图》《淮南·地形》、诸史地志诸篇，裁列地理部首，而后专门地理之书以次列为类焉，则后人求其学术源流，皆可无遗憾矣。

虽然别裁有助于学术会通，但其主张谨慎使用，不可滥用。

有时一书有数名，使后世学者难于辨识，对此章学诚提出“嫌名著录法”。

校书著录，其一书数名者，必当历注互名于卷帙之下；一人而有多字号者，亦当历注其字号于姓名之下，庶乎无嫌名歧出之弊矣。(《校雠通义·辨嫌名》)

古人之书，或一书歧名，或异书同名者多矣。皆于标题之下，注明同异名目，以便稽检。(《论修史籍考要略》)

书有同名而异实者，必著其同异之故而辨别其疑似焉，则与重复互注裁篇别出之法，可以并行而不悖矣。(《校雠通义·汉志兵书》)

为使“嫌名著录法”准确无误，章学诚认为先应作长编。

欲免一书两入之弊，但须先作长编，取著书之人与书之标名，按韵编之，详注一书源委于其韵下，至分部别类之时，但须按韵稽之，虽百人共事，千卷雷同，可使疑似之书一无犯复矣。(《校雠通义·辨嫌名》)

取诸书名目，仿《佩文韵府》之例，依韵先编档簿，以俟检核，庶几编次之时，乃无遗漏复叠之患。(《论修史籍考要略》)

章学诚非常重视编制索引。《校雠通义·校雠条理》：

窃以典籍浩繁，闻见有限，在博雅者且不能悉究无遗，况其下乎？以谓校雠之先，宜尽取四库之藏，中外之籍，择其中之人名地号，官阶书目，凡一切有名可治，有数可稽者，略仿《佩文韵府》之例，悉编为韵，乃于本韵之下，注明原书出处及先后篇第，自一见再见以至数千百，皆详注之，藏之馆中，以为群书之总类。至校书之时，遇有疑似之处，即名而求其编韵，因韵而检其本书，参互错综，即可得其至是。此则渊博之儒穷毕生年力而不可究殚者，今即中才校勘可坐收于几席之间，非校雠之良法与？

章学诚亦重视资料的采辑补缀，认为“古逸宜存”“逸篇宜采”。《论修史籍考要略》：

今作《史考》，宜具原委，凡六经、《左》《国》，周、秦诸子，所引古史逸文……首标古逸一门以讨其原……若两汉以下，至于隋代，史氏家学，尚未尽泯，亡逸之史，载在传志，崖略尚可有考。其遗篇逸句，散见群书，称引亦可宝贵。自隋代以前，古书存者无多，耳目易于周遍……此于史学所补，实非浅解。

总之，章学诚通于校雠之学，对校雠学提出了许多建设性理论，为校雠学的发展作出了不可磨灭的贡献。

第六节　文学思想

《文史通义》是一部广泛论述文史理论的著作，其中涉及文学理论的篇章众多。《古文十弊》：“余论古文辞义例，自与知好诸君书凡数十通；笔为论著，又有《文德》《文理》《质性》《黠陋》《俗嫌》《俗忌》诸篇，亦详哉其言之矣。”实际上，章学诚论及文学的文章很多，除了上述作品之外，还有《古文公式》《古文十弊》《诗话》《文集》以及大量与友人论文之书，如《评沈梅村古文》《与邵二云论文书》《与史余村论文》《与胡洛君论文》《与周永清论文》等，另外其札记集中亦有大量论文之语。章学诚论文涉及文学理论的诸多方面。

一　经世致用

文学经世致用，是文学的重要传统和社会功能。孔子、董仲舒、王充等人皆倡导文学经世之功。入清之后，随着朴学的兴起，人们往往重于考据，而忽视了文学的经世之用。章学诚大力倡导文学的经世之用。

文章经世之业，立言以期有补于世，否则古人著述已厌其多，岂容更益简编，撑床叠架为哉！（《与史余村》）

学问所以经世，而文章期于明道，非为人士树名地也。（《说林》）

古之作者，不患文字之不工，而患文字之徒工而无益于世教；不患学问之不富，而患学问之徒富而无得于身心。（《评沈梅村古文》）

立言与功德相准，盖必有所需而后从而给之，有所郁而后从而宣之，有所弊而后从而救之，而非徒夸声音采色，以为一已之名也……不知其故而但溺文辞，其人不足道已。即为高论者，以谓文贵明道，何取声情色采以为愉悦，亦非知道之言也……而谓文章之用，必无咏叹抑扬之致哉！但溺于文辞之未，则害道已。（《原道下》）

文章具有明道之功。

道隐晦而难宣，胡须文辞以达之。(《与朱少白论文》)

因文见道，又复何害！孔、孟言道，亦未尝离于文也。(《与林秀才》)

文以明道，君子患夫于道有所未见，苟果有见于意之所谓诚然，则触处可以发挥，应酬人事，亦以吾道施之。(《答陈鉴亭》)

如果文章无经世之用，则完全失去其质。

文章之用，内不本于学问，外不关于世教，已失为文之质。(《俗嫌》)

文贵发明，亦期用世，斯可与进于道矣……有所发明而于世无用，是雕龙谈天之文也。(《答沈枫墀论学》)

章学诚大力倡导文章经世之用，倡导文以明道，其目的在于欲改变当时将文章视为学术的做法，使文章向传统功能回归。

二　以史为宗

历代学者多认为文章出于六经，文章必须宗经。《文心雕龙·宗经》："经也者，恒久之至道，不刊之鸿教也……极文章之骨髓者也……故文能尊经，体有六义。"《颜氏家训·文章》："夫文章者，原出五经。"与此不同，章学诚提出文章应以史为宗，并从多角度对此作了阐释。

从起源上看，章学诚认为"六经皆史"。《易教上》："六经皆史也。"《方志立三书议》："古无私门之著述，六经皆史也。后世袭用而莫之或废者，惟《春秋》《诗》《礼》三家之流别耳。"故主宗六经，其实便是宗史。《论修史籍考要略》：

史之部次后于经，而史之原起，实先于经。《周官》外史，掌三皇五帝之书，苍颉尝为黄帝之史，则经名未立，而先有史矣。后世著录，惟以《史》《汉》为首，则《尚书》《春秋》，尊为经训故也。

文章法度多源于史学。《评沈梅村古文》："传述文字，全是史裁，法度谨严，乃本《春秋》家学。"文章许多技巧亦出于史学。《上朱大司马论文》："古文必推叙事，叙事实出史学，其源本于《春秋》'比事属辞'。"《文德》："古文辞而不由史出，是饮食不本于稼穑也。"故文章应以史学为宗。

> 史文千变万化，岂止如四书命题之数，而记言记事，必欲适如其言其事而不可增损，恐左、马复生，不能无遗憾也。故六经以还，著述之才，不尽于经解、诸子、诗赋、文集，而尽于史学。凡百家之学，攻取而才见优者，入于史学而无不绌也。(《与陈观民工部论史学》)
>
> 昔曹子建薄词赋，而欲采庶官实录，成一家言；韩退之鄙鸿辞，而欲求国家遗事，作唐一经；似古人著述，必以史学为归。(《上朱大司马论文》)
>
> 辞章记诵，非古人所专重，而才识之士，必以史学为归。为古文辞而不深于史，即无由溯源六艺而得其宗，此非文士之所知也。(《报黄大俞先生》)

李长之："（章学诚）几几乎史学高于一切，几几乎史学是一切人应该的共同归宿，这都是他的史学观点使然。所以史学观点是他在文学批评上的第一个根本态度。"① 章学诚将史学置于一切之上，故文章由宗经而转向宗史。

三　文德

章学诚于三长（才、学、识）之外，提出史德一说。就文学而言，章学诚提出文德一说。文德一词出现甚早，最早见于《尚书·大禹谟》："帝乃诞敷文德"。《易·小畜·象传》："君子以懿文德"。《论语·季氏》："故远人不

① 李长之：《章学诚的文学批评》，（"国立"中央大学）《文史哲季刊》第2卷第2期（1945年3月）。第130页。

服，则修文德以来之。”《诗·大雅·江汉》：“矢其文德，洽此四国。”“文德”指“文教德化”，章学诚赋予文德以新的内涵。《文德》：

古人论文，惟论“文辞”而已矣……未见有论“文德”者，学者所宜深省也。夫子尝言“有德必有言”……皆言德也。今云未见论文德者，以古人所言，皆兼本末，犹合道德文章而一之，未尝就文辞之中言其有才、有学、有识，又有文之德也。

可见，章学诚所谓“文德”，并不是简单等同于文章中的道德，那何谓“文德”？

凡为古文辞者，必敬以恕。临文必敬，非修德之谓也；论古必恕，非宽容之谓也。敬非修德之谓者，气摄而不纵，纵必不能中节也；恕非宽容之谓者，能为古人设身而处地也。嗟乎！知德者鲜，知临文之不可无敬恕，则知文德矣。（《文德》）

人不幸而为古人，不能阅后世之穷变通久，而有未见之事与理，又不能一言一动处处自作注解，以使后人之不疑，又不能留其口舌以待后方掎摭之时出而与之质辨，惟有升天入地，一听后起之魏伯起尔。然百年之后，吾辈亦古人也，设身处地，又当何如……今请于辨正文字，但明其理而不必过责其人，且于称谓之间，稍存严敬，是亦足以平人之心，且我辈立言，道固当如是耳。（《与孙渊如观察论学十规》）

盖学者能读前人之书，不能设身处境，而论前人之得失，则其说未易得当也。（《〈刘忠介公年谱〉叙》）

叶瑛云：“实斋所谓文德，专指作者态度而不涉及修养，旨固殊乎前人；而阐发幽微，独参胜义，情尤异乎窃取。刘氏（刘咸炘）平反章说，颇为得之。”① 此言颇有道理。

---

① 章学诚著，叶瑛校注：《文史通义校注》，中华书局1985年版，第280页注释［一］。

章学诚认为，为文必敬、必恕。所谓恕，即知人论世、设身处地。

> 是则不知古人之世，不可妄论古人文辞也。知其世矣，不知古人之身处，亦不可以遽论其文也……圣人之论恕也，“己所不欲，勿施于人”，其道大矣。今则第为文人论古必先设身，以是为文德之恕而已尔。（《文德》）
>
> 要其大旨，则临文主敬，一言以蔽之矣。主敬则心平而气有所摄，自能变化从容以合度也……主敬者，随时检摄于心气之间，而谨防其一往不收之流弊也……今为临文检其心气，以是为文德之敬而已尔。（《文德》）

学者认为，“章学诚的‘心诚’主要是指创作时要心平气和，遵从自己内心的召唤，不要放纵自己为外在所牵的诱惑。”①

要做到心平气摄，必须注意养气。

> 读书广识，乃使义理充积于中，久之又久，使其胸中自有伦类，则心有主，心有主，则笔之于书，乃如火然泉达之不可已，此古人之所以为养气也。（《徐尚之古文跋》）
>
> 文者气之所形，古之能文者，必先养气，养气之功，在于集义，读书服古，时有会心，方臆测而未及为文，即札记所见，以存于录，日有积焉，月有汇焉，久之又久，充满流动，然后发为文辞，浩乎沛然，将有不自识其所以者矣。此则文章家之所谓集义而养气也。（《跋〈香泉读书记〉》）

章学诚仿其“史德”提出文德之说，融前贤之说为一体，对文章创作的态度、道德修养提出了一些要求。这些理论与其史学理论极其相似，可谓史学理论在文章中的运用。

---

① 唐爱明：《章学诚文论思想及文学批评研究》，上海古籍出版社 2013 年版，第 114 页。

四　文理

章学诚主张在文学创作和评论时应严守文德，不仅如此，他还对文章创作本身提出了一些规则。在《文理》及其他篇章之中，章学诚对文章创作规则作了不少精彩阐释。

章学诚首先对当时所谓秘笈五色订本以及归氏（归有光）文章进行批判，指出这些不过得古文之皮毛，而未见古人之深处。

> 夫立言之要，在于有物。古人著为文章，皆本于中之所见，初非好为炳炳烺烺，如锦工绣女之矜夸采色已也……此声之所以肖其心，而文之所以不能彼此相易，各自成家者也。今舍己之所求而摩古人之形似，是杞梁之妻善哭其夫，而西家偕老之妇亦学其悲号；屈子自沈汨罗，而同心一德之朝，其臣亦宜作楚怨也，不亦傎乎。(《文理》)
>
> 盖文固所以载理，文不备则理不明也。且文亦自有其理，妍媸好丑，人见之者，不约而有同然之情，又不关于所载之理者，即文之理也。(《辨似》)

章学诚认为文章首先要言之有物，要有自我之情，不可机械地效颦古人，亦步亦趋。《答沈枫墀论学》一文认为，为文之要，“学以求心得”。

要做到有物、有情，首先必须博学，再加以亲身实践。

> 学问为立言之主，犹之志也；文章为明道之具，犹之气也。求自得于学问，固为文之根本；求无病于文章，亦为学之发挥……但文字之佳胜，正贵读者之自得……如欲告人衣食之道，当指脍炙而令其自尝，可得旨甘，指狐貉而令其自被，可得轻暖，则有是道矣。必吐己之所尝而哺人以授之甘，搂人之身而置怀以授之暖，则无是理也。(《文理》)
>
> 学资博览，须兼阅历……夫博览而不兼阅历，是发策决科之学也。(《答沈枫墀论学》)
>
> 大抵身履其境，心知其意，方有真见解，不用功于实际，则见解虽

高，难恃也。(《又答朱少白书》)

夫传人者文如其人，述事者文如其事。(《古文十弊》)

博学之外，章学诚还强调养气，强调自己感悟。《文理》：

故古人论文，多言读书养气之功，博古通经之要，亲师近友之益，取材求助之方，则其道也……是以学文之事，可授受者规矩方圆，其不可授受者心营意造……只可用以自志，父不得而与子，师不能以传弟，盖恐以古人无穷之书，而拘于一时有限之心手也。

另外，熟知基本规则、法度是为文之基础。《文理》：

律诗当知平仄，古诗宜知音节……时文当知法度，古文亦当知有法度。时文法度显而易言，古文法度隐而难喻，能熟于古文，当自得之。

当然，最重要的是自悟与心得。

夫书之难以一端尽也……然使一己之见，不事穿凿过求，而偶然浏览，有会于心，笔而志之，以自省识，未尝不可资修辞之助也。乃因一己所见，而谓天下之人，皆当范我之心手焉，后人或我从矣，起古人而问之，乃曰："余之所命，不在是矣。"(《文理》)

诗人抑扬咏叹，则兴于物……要必有为而发，则指月可以示人，如其无病而呻，虽抽蒲何益亡子邪！每见文士效瞑，无端生慨……不免千篇一律，貌虽似于古人，义实流于浮泛，歌哭虽殷，悲喜何有哉！(《杂说中》)

求其物而不得也，探其志茫然也，然而皆曰吾以立言也，吾以赋诗也。无言而有言，无诗而有诗，即其所谓物与志也，然而自此引纷纷矣。(《质性》)

可见，章学诚主张在掌握为文的基本规则、法度之上，应多博学以养其气，多实践以增其阅历，将心得真悟注于文章，方可写出好篇章。

五　清真

为了针砭当代文风与历代文风，章学诚反复强调“清真”。《与邵二云》：

> 仆持文律，不外清真二字。清则气不杂也，真则理无支也，此二语知之甚易，能之甚难。君家念鲁先生，尝言“文贵谨严雄健”，夫谨严存乎法度，雄健存乎气势。

章学诚对“清真”作了大量解说。

> 论文以清真为训。清之为言不杂也，真之为言实有所得而著于言也。清则就文而论，真则未论文而先言学问也。①
>
> 余论文之要，必以清真为主。真则不求于文，求于为文之旨，所谓言之有物、非苟为文是也。清则主于文之气体，所谓读《易》如无《书》，读《书》如无《诗》，一例之言，不可有所夹杂是也。②

章学诚将“清真”分而论之，“清”主要指文辞，文辞要纯洁不杂；“真”主要指内容，内容要“言之有物”，要“实有所得”。

章学诚多次强调“清”，具体而言，包括体式纯和文辞文气纯洁两方面。

文体众多，创作时应该注意文体之别，严守文体之规。

> 文有一时体式，今古各不相袭，犹书法之真草篆隶不相混也。③
>
> 时代升降，文体亦有不同，用一代之体，不容杂入不类之语，亦求清之道也。④

---

① 章学诚：《信摭》，《章学诚遗书·章氏遗书外编》，文物出版社 1985 年影印本，第 369 页上栏。

② 章学诚：《乙卯札记》，《章学诚遗书·章氏遗书外编》，文物出版社 1985 年影印本，第 377 页中栏。

③ 章学诚：《信摭》，《章学诚遗书·章氏遗书外编》，文物出版社 1985 年影印本，第 369 页上栏。

④ 章学诚：《乙卯札记》，《章学诚遗书·章氏遗书外编》，文物出版社 1985 年影印本，第 377 页中栏。

大抵学人之诗，才人之诗，诗人之诗，文人之诗，各有所长，亦各有其流弊。但要酝酿于中，有其自得，而不袭于形貌，不矜于声名，即其所以不朽之质……性灵，诗之质也……音节，诗之文也。(《〈韩诗编年笺注〉书后》)

诗有别长妙悟，非关学识云云。(《陈东浦方伯诗序》)

体式纯之后，还要求文辞和文气纯洁。

至于古文之要，不外清真，清则气不杂也，真则理无支也，理附而辞以达之，辞不洁而气先受其病矣。辞何至于不洁？盖文各有体，六经亦莫不然，故《诗》语不可以入《书》，《易》言不可以附《礼》，虽以圣人之言，措非其所，即不洁矣，辞不洁则气不清矣。后世之文，则辞赋绮言，不可以入纪传，而受此弊者乃纷纷未有已也。(《评沈梅村古文》)

未有不洁而可以言史文者。文如何而为洁？选词欲其纯而不杂也。古人读《易》如无《书》，不杂之谓也。同为经典，同为圣人之言，倘以龙血鬼车之象，而参奥若稽古之文，取熊蛇鱼旐之梦，而系春王正月之次，则圣人之业荒，而六经之文且不洁矣。(《与石首王明府论志例》)

章学诚虽然强调文辞之“清”，但并非一味地固守此教条，同时认为可依据创作实情而作些变通。《与陈观民工部论史学》：

古语不可入今，则当疏以达之；俚言不可杂雅，则当温以润之。辞则必称其体，语则必肖其人。质野不可用文语，而猥鄙须删；急遽不可以为宛辞，而曲折乃见；文辞须从公式，而案牍又不宜徇，骈丽不入史裁，而诏表亦岂可废！此皆中有调剂，而人不知也。

章学诚对混杂不明的文风作了不少批判。《评沈梅村古文》：“词人绮语横入古文，背义害理者，盖不少矣。”

从以上分析可以看出，章学诚以史学为基础，以史学理论为指导，对文章之学作了不少阐释，其强调文章经世致用，强调文德、文理等，都明显带有其史学特征，其对“清”的强调与其淡泊的人生态度有关，亦与其史学多少有一定联系。一句话，以史统文是章学诚文章学的主要特征。

第十章　元明清时期信仰

元明清时期，越地民间信仰一方面继承前代传统，另一方面则表现出更为鲜明的地域性和多元性。

一　神鬼信仰

唐宋时期，越地各种宗教得到了很大的发展，民间宗教信仰也得到了较大的发展。到了元明清时期，民间宗教信仰进一步泛化。清人王廷扬《吴山草堂诗钞·斗牛歌》："越俗信鬼好佞佛。"袁桷《陈氏舍田记》："吴越旧俗，敬事鬼神。后千余年，争崇尚浮屠、老子学，栋甍遍郡县。"① 古称"越中多淫祀"，现在叫"滥祀"。② 绍兴地区神灵信仰极其泛滥，神灵极多。这些神灵往往集佛、道诸神及民间诸神为一体。

（一）五通神

如上所说，五通神最早是佛教神灵，至唐宋时传至民间，遂流行于民间。唐宋时期，越地便盛行五通神信仰。到了元明清时期，这一信仰有所式微，但依然流行不止。《聊斋志异·五通》："南有五通，犹北之有狐也。然北方狐祟，尚百计驱遣之；至于江浙五通，民家有美妇，辄被淫占，父母兄弟，皆莫敢息，为害尤烈。"③《聊斋志异》记载了越地五通神为害的故事。《聊斋志异·五通》：

---

① 袁桷：《清容居士集》，《文渊阁四库全书》，台湾商务印书馆 1986 年影印本，第 1203 册，第 254 页上栏。

② 李永鑫主编：《绍兴通史》（卷四），浙江人民出版社 2012 年版，第 481 页。

③ 蒲松龄撰，张友鹤辑校：《聊斋志异》上海古籍出版社 1983 年标点本，第 1417 页。

有会稽万生者，赵之表弟，刚猛善射。一日，过赵，时已暮，赵以客舍为家人所集，遂导客宿内院。万久不寐，闻庭中有人行声，伏窗窥之，见一男子入妇室。疑之，捉刀而潜视之，见男子与阎氏并肩坐，肴陈几上矣。忿火中腾，奔而入。男子惊起，急觅剑；刀已中颅，颅裂而踣。视之，则一小马，大如驴。愕问妇；妇具道之，且曰："诸神将至，为之奈何!"万摇手，禁勿声。灭烛取弓矢，伏暗中。未几，有四五人自空飞堕，万急发一矢，首者殪。三人吼怒，拔剑搜射者。万握刃依扉后，寂不少动。一人入，剁颈亦殪。仍倚扉后，久之无声，乃出，叩关告赵。赵大惊，共烛之，一马两豕死室中。举家相庆。犹恐二物复仇，留万于家，炰豕烹马而供之，味美异于常馐。万生之名，由是大噪。

居月余，其怪竟绝，乃辞欲去。有木商某苦要之。先是，某有女未嫁，忽五通昼降，是二十余美丈夫，言将聘作妇，委金百两，约吉期而去。计期已迫，合家惶惧。闻万生名，坚请过诸其家。恐万有难词，隐其情不以告。盛筵既罢，妆女出拜客，年十六七，是好女子。万错愕不解其故，离席伛偻，某捺坐而实告之。万初闻而惊，而生平意气自豪，故亦不辞。至日，某仍悬彩于门，使万坐室中。日昃不至，窃意新郎已在诛数。未几，见檐间忽如鸟坠，则一少年盛服入，见万，返身而奔。万追出，但见黑气欲飞，以刀跃挥之，断其一足，大嗥而去。俯视，则巨爪大如手，不知何物；寻其血迹，入于江中。某大喜，闻万无偶，是夕即以所备床寝，使与女合卺焉。

于是素患五通者，皆拜请一宿其家。居年余，始携妻而去。从此吴中止有一通，不敢公然为害矣。

异史氏曰："五通、青蛙，惑俗已久，遂至任其淫乱，无人敢私议一语。万生真天下之快人也!"①

① 蒲松龄撰，张友鹤辑校：《聊斋志异》上海古籍出版社 1983 年标点本，第 1418—1420 页。

五通神甚是凶煞，为民众所惧，但其好为祸害，故常为官家所禁。《夷坚志》虽有五通神为害的记载，但不甚详尽。《聊斋志异·五通》一方面表明五通神信仰在民间依然有一定的影响，另一方面表明人们对此恶神多较为反感，往往有除之而后快之感。这一信仰在越地一直流传不息。鲁迅《五猖会》中提到五猖庙、五猖五通神。东关五猖庙建于清雍正年间，每年五、六月份举行迎神赛会。

（二）梅姑

如上所说，唐宋时期，越地流传紫姑信仰。到了元明清时期，这一信仰依然流传，但人们更多的是重视扶箕、占卜等活动，神灵信仰反而淡化了。与此同时，越地出现了梅姑信仰。梅姑由一民间女子逐渐上升为一神灵，并得到民众信奉。《聊斋志异·金姑夫》：

> 会稽有梅姑祠。神故马姓，族居东莞，未嫁而夫早死，遂矢志不醮，三旬而卒。族人祠之，谓之梅姑。
>
> 丙申，上虞金生赴试经此，入庙徘徊，颇涉冥想。至夜，梦青衣来，传梅姑命招之。从去。入祠，梅姑立候檐下，笑曰："蒙君宠顾，实切依恋。不嫌陋拙，愿以身为姬侍。"金唯唯。梅姑送之曰："君且去。设座成，当相迓耳。"醒而恶之。是夜，居人梦梅姑曰："上虞金生，今为吾婿，宜塑其像。"诘旦，村人语梦悉同。族长恐玷其贞，以故不从。未几，一家俱病。大惧，为肖像于左。既成，金生告妻子曰："梅姑迎我矣。"衣冠而死。妻痛恨，诣祠指女像秽骂；又升座批颊数四，乃去。今马氏呼为金姑夫。
>
> 异史氏曰："未嫁而守，不可谓不贞矣。为鬼数百年，而始易其操，抑何其无耻也？大抵贞魂烈魄，未必即依于土偶；其庙貌有灵，惊世而骇俗者，皆鬼狐凭之耳。"①

① 蒲松龄撰，张友鹤辑校：《聊斋志异》上海古籍出版社1983年标点本，第942页。

梅姑本为贞节女子，故人们立祠祭之。不知何故，人们竟编造出其为恶害人的故事。虽则如此，这一信仰在越地流传较久远，鲁迅《五猖会》中便提到过梅姑庙。

（三）专职神

越地信奉的专职神很多，除了传统的山神、河神、社神之外，绍兴盛行请菩萨、请神灵等。

绍兴人请的菩萨种类繁多，其中最为重要的是年菩萨。绍兴地区一般自腊月二十五至二十八，家家都要请年菩萨。请年菩萨祭品用鸡、肉、鱼以及酒等。用八仙桌摆好各类祭品，然后按长幼次序，逐一拜祭，企求来年平安。① 除此之外，民间还请天地菩萨、火神菩萨、五圣菩萨、太岁菩萨等。正月初一，民间用年糕、汤圆等祭天地菩萨。火神传说由来已久，一般指火正，又名祝融。民间一般于六月二十四日用肉、水果等祭火神菩萨。绍兴地区的商家有每逢初一、月半祭五圣菩萨的习俗。所谓五圣菩萨，就是蛇，即青龙白虎。它不但看家，还会保佑商家生意兴隆及家人平安。② 古时用干支纪年，太岁则十二年一循环。太岁是凶神，故兴土木或迁徙，皆要祭太岁。这在王充《论衡》中已有所记载。清人顾张思《土风录》："术家以太岁为大将军"。这一习俗一直保存了下来，直至明清时期，民间依然流行祭太岁之习。

各类生活器具神，早在秦汉时期便已产生，如秦汉日书中便有不少祭祀灶神、路神、门神等的记载。灶神信仰产生很早，民间一直流传年底祭灶神的传统，绍兴地区依然如此。财神信仰由来已久，绍兴地区财神信仰极为盛行，过年时，往往家家户户祭财神。除此之外，绍兴地区还祭贼神等。为了防盗，人们多祭贼神。请贼神时，人们先做一个草人，将其四肢捆绑好，跪在神桌前，任人抽打。祭后，将草人推出"斩首"，以示警慑。可见，祭贼神并非"祭"，而是告诫贼神，不要来扰民。

---

① 这一习俗至今还在诸暨等地流传，笔者曾多次亲眼目睹民间请年菩萨活动，只是仪式较简，祭品较少。

② 参见姜彬主编《吴越民间信仰民俗》，上海文艺出版社 1992 年版，第 38 页。

（四）恶鬼信仰

除了以上提到的五通等恶神之外，绍兴还流传各种恶鬼信仰。其中最著名的是五伤鬼信仰。五伤鬼指的是佘煞鬼（又称河水鬼）、着煞鬼（又称火烧鬼）、杀头鬼（又称刀下鬼）、吊煞鬼、药煞鬼。周作人《鬼巫谈奇》一文中便提到河水鬼。另外还有吊死鬼，因性别不同有男吊和女吊。鲁迅《女吊》中对民间祭祀女吊活动作了生动的描述。如果说女吊还略有些“温柔”感，男吊则更为恐怖。另外还有花煞，是一种女性恶鬼，其一般于他人结婚时作祟害人。周作人《花煞》中对此有所描述。越地还盛行停葬习俗。明万历《新昌县志》：民间“溺于阴阳家，而惑于堪舆之说，每每停柩不葬，有二三十年者。”暝婚早在先秦时期便已产生，后来屡禁不止。到明清时期，越地依然流行暝婚。《诸暨县志》“丧礼”条：“俗有冥婚之事。男未娶而卒，女或抱主成亲；女未嫁而卒，男或迎柩归葬。”

二　人神信仰

如上所述，越地一直盛行人神信仰，许多为民造福的历史人物都被尊奉为神而加以祭祀。到了明清时期，越地民间人神信仰更为丰富驳杂，甚至有“泛滥”之感。

绍兴各类祠庙较多。自从唐宋以来，越地祭祀的人神众多。除了大禹、范蠡、西施、严助、曹娥、严子陵、虞翻等名贤外，还祭祀有功德的太守等。绍兴还修建五太守庙，祭祀绍兴历史上有功德的五位太守：马（臻）太守庙，严（助）司徒庙，朱（买臣）太守庙，汉代刘（宠）太守庙，明代汤（绍恩）太守庙。

除此之外，民间还祭祀一些生前地位不高，但为民而死的人。绍兴有“三江司闸正神庙”，受祭的是一名皂隶，他为建闸死难，人民为他立庙祭祀。

> 三江司闸正神庙，在西郭门外三江闸上，祀明莫隆。按隆系郡守汤公绍恩皂隶。公建三江闸，隆董夫役，悉心所事。一日在工所，方下探闸底，巨石猝下，被压以死。汤公震悼，为恤其母终身，闸成，祀为司

闸之神。①

绍兴的“邓公庙”祭的是个樵夫。

邓公庙，在山阴县紫洪村。康熙十五年，有客山行，宿山神祠。夜半有虎作人言，向神乞食，神以邓樵夫许之。明晨客伺于祠外，果见一樵夫过之，问其姓，则邓也，遂告以夜所闻见，戒勿往。邓以有母仰食于樵，不则饥死，遂去不顾。客随而觇之，樵甫采柴，虎突出丛薄中，邓手搏之，持其尾不释。虎震吼，一跃拔尾去。邓遂杀之，遂同客至庙大诟，以死虎示神曰，今竟何如？碎其土偶，跃坐神座，一笑而逝。乡人建祠祀之。②

绍兴的“张神庙”遍及城乡，仅城区就有江桥、府山、清道桥、南渡桥四处。张神也是一个漕运官，不过他主要的功绩在于捍海灭倭。岩将庙祭祀的是一位为民除害的英雄，此外，忠臣孝子亦成为祭祀对象，唐将军庙祭祀的是一位以身殉国的将军，周宣灵王庙祭祀的是一名孝子。

梁祝故事被誉为中国古代四大民间传说之一，祝英台被列为“绍兴五女”之一。③ 绍兴民间亦祭梁祝，有“梁山伯庙”。

绍兴地区还有众多祠堂以祭前代名贤，有名宦祠，祀六十二人；有乡贤祠，祀四百五十三人。④ 越地著名的历史名贤祠有越王祠、范大夫祠、严子祠、王右军祠、司马文正公祠（南宋）、王文成公祠（王阳明）、沈文肃公（沈绅）祠等。另有五贤祠（范蠡、文种、刘宠、汤绍恩、李铎）、六贤祠、白太守祠、钱王祠、刘公祠、章公祠、彭公祠、江公祠以及忠烈祠等。

三　巫术信仰

如上所述，早在古越国时，越地便盛行巫术，汉代越巫便以巫术而闻名

---

① 悔堂老人：《越中杂识》，浙江人民出版社 1983 年标点本，第 21 页。

② 同上。

③ 绍兴五女指的是美女西施、孝女曹娥、情女祝英台、才女唐婉、侠女秋瑾。

④ 悔堂老人：《越中杂识》，浙江人民出版社 1983 年标点本，第 24 页。

于世。之后，越地巫术渐衰，但一些巫术依然在民间流传不止。

绍兴地区民间信奉窆石卜子。清代绍兴陶星驰的《香炉峰竹枝词》："窆石亭前女伴招，都携石子向空抛。小姑未识人家意，也栩抛来中两遭。"在绍兴地区的嵊县一带，小孩生病，要"遣夜头"，念的也是敕令式的咒语，它的词近乎歌谣，目的是驱邪迎吉："闲神野鬼听我言，穷苦人家不可来，盘缠银子相送你，大户人家快去哉！去，去，去，莫停留，你若此地留一留，除非儿孙封王侯。去，去，去，莫再来，你若此地来一来，除非金银像山堆。"①在诸暨一带，则有在元宵夜爆糯谷的习俗，妇女在锅里炒着糯谷，称为"孛罗花"，如果锅里糯谷翻白的比较多，就预兆今年蚕事顺利，俗称"脱蚕壳"。②

从以上分析可以看出，元明清时期，绍兴地区神灵信仰最为盛行，一方面是一些传统神灵，如五通神、梅姑、专职神和恶鬼等，另一方面是人神信仰，大量历史人物以及近世有功、有德的民间人物等，都广泛成为民间祭祀对象，民间往往立庙拜祭。

---

① 参见姜彬主编：《吴越民间信仰民俗》，上海文艺出版社 1992 年版，第 85 页。

② 同上书，第 103 页。

结　语

几千年来，在绍兴这块古老的土地上先后涌现了王充、王阳明、王畿、刘宗周、黄宗羲、章学诚等众多思想大师，他们以自己极富创新性的思想构建了辉煌的绍兴思想史。纵观两千余年绍兴思想史，便可发现绍兴思想发展具有以下特征。

其一是本土性。纵览前文便可发现，绍兴思想家都扎根于绍兴本土，是绍兴博大精深的文化孕育和培养了他们，故他们的思想多具有浓郁的本土性。越王勾践长于水战、长于出奇制胜，范蠡天道循环论，文种伐吴九术，计然农产品价格体系等，无不带有浓郁的越地气息。越人信鬼神、好巫术，王充广批鬼神巫术、民间信仰以及各类民间禁忌等，这些都是越地大众文化在其思想中的折射。《越绝书》和《吴越春秋》更是越人生活习俗、思想文化，和兴衰历史的真实再现。王阳明修道于阳明洞天，越地宗教对王阳明学说的形成有着重大的影响。张岱和黄宗羲的博学多才，章学诚的离俗好辩，显然带有前贤王充的影子。可见，绍兴丰富的本土文化为思想家的成长提供了良好的学术氛围和学术环境，这使得绍兴思想家多带有浓郁的本土文化气息。

其二是融合性。绍兴思想家往往对前贤与同时代学者的精华广加采纳、融化，以形成自己的思想体系。一方面范蠡天道观、天道循环论等思想多受老子影响，文种伐吴九术、计然商情预测等，皆是对先贤学说继承与融合的结果。王充思想是对先贤思想批判性继承的结果，其博学颇似刘歆与桓谭等，其好辩颇似孟子，其对老子、孔子、孟子、荀子、扬雄等人学说继承颇多；

另一方面他又问孔、刺孟，广批诸子。魏伯阳《周易参同契》便是融周易、黄老与炼丹术于一体。慧皎《高僧传》体例当所出有源。虞世南《北堂书钞》多受前代类书影响。王阳明早年先好程朱理学，后转向陆九渊心学，其融禅学入心学，认为“圣人之道，吾性自足”，与禅宗“人人皆有佛性”何等相似。王畿以禅悟说良知，使良知说禅化，使致良知觉悟化。刘宗周有感于阳明后学的空疏，遂以诚意、慎独挽救阳明学良知说空疏之弊。黄宗羲的“学案体”便源于佛教的僧传与灯录。章学诚的“六经皆史”源于王阳明等人，其史学理学多受刘知幾影响，其校雠学多受刘向、郑樵等人影响。可见，善于融汇前人之长，是绍兴思想家的另一重要特征。

其三是创新性。继承是基础，创新是关键。绍兴思想家不仅长于继承、融汇，更长于开拓、创新。范蠡道术论、文种伐吴九术等，都是在继承的基础之上超越前人。王充批判精神和实践认知论，无不闪烁着现代科学的光辉，其对雷电等的考辨，无不具有很强的科学性。慧皎借鉴正史与早期僧传体例而创立僧传体。王阳明良知说、知行合一等理论，无不充满着创造性。刘宗周对慎独理论的发展，黄宗羲“学案体”的创立，以及章学诚方志学、校雠学等理论，无不具有强烈的创新性。开拓创新是绍兴思想的又一重要特征。

其四是学派性。秦汉时期，越地学术较为落后，除了偶然出现的零星的杰出学者之外，并没有形成家学或学派传统。到了魏晋南朝时期，越地出现了一系列学术世家，如孔氏、虞氏、贺氏等，这一时期的越地学术往往表现于家学之中。贺氏长于礼学，世代以礼学而闻名于世。到了明代，王阳明学识卓越，学徒众多，后形成众多学派。越地生徒形成浙中学派，钱德洪、王畿便是其中杰出代表。明末刘宗周讲学授徒，形成蕺山学派，祁彪佳等便是其中杰出代表人物。到了清代，浙东史学在绍兴地区蓬勃发展，黄宗羲是清初史学一代宗师，章学诚则为浙东史学殿军。从零星学者，到家学传统，再到学派传承，表明绍兴文化越发繁荣，绍兴地区的思想家越来越多，并以学派的形式产生更大的影响。

简而言之，绍兴思想扎根于本土文化，具有浓郁的本土性；绍兴思想家在广泛继承的基础之上，提出新见，构建新体系；随着时代变迁，绍兴思想愈加兴盛，由独体一变为世传家学，再变为颇有影响的学术流派。

主要参考文献

一　古代典籍（包括今人辑校、注释、今译等）

阮元校刻：《十三经注疏》，中华书局1980年影印本。

李学勤主编：《十三经注疏》，北京大学出版社1999年版。

苏舆：《春秋繁露义证》，中华书局1992年标点本。

陈立：《白虎通疏证》，中华书局1994年标点本。

朱熹：《四书章句集注》，中华书局1983年标点本。

虞翻：《虞翻易注》，黄奭辑《黄氏逸书考》，《续修四库全书》，上海古籍出版社2002年影印本，第1206册。

贺循：《贺氏丧服要记》，马国翰辑《玉函山房辑佚书》，《续修四库全书》，上海古籍出版社2002年影印本，第1201册。

贺玚：《礼记新义疏》，马国翰辑《玉函山房辑佚书》，《续修四库全书》，上海古籍出版社2002年影印本，第1202册。

贺琛：《谥法》，王谟辑《汉魏遗书钞》，《续修四库全书》，上海古籍出版社2002年影印本，第1999册。

黄怀信等：《逸周书汇校集注》，上海古籍出版社2007年版。

杨伯峻：《春秋左传注》，中华书局1982年版。

徐元诰：《国语集解》，中华书局2002年标点本。

缪文远：《战国策新校注》，巴蜀书社1987年版。

周生春：《吴越春秋辑校汇考》，上海古籍出版社1997年版。

乐祖谋点校:《越绝书》，上海古籍出版社 1985 年版。

李步嘉:《越绝书校释》，中华书局 2014 年版。

司马迁:《史记》，中华书局 1959 年标点本。

范晔:《后汉书》，中华书局 1965 年标点本。

陈寿撰，裴松之注:《三国志》，中华书局 1959 年标点本。

房玄龄等:《晋书》，中华书局 1974 年标点本。

魏征等:《隋书》，中华书局 1973 年标点本。

刘昫:《旧唐书》，中华书局 1986 年标点本。

欧阳修、宋祁:《新唐书》，中华书局 1975 年标点本。

张廷玉等:《明史》，中华书局 1974 年标点本。

赵尔巽等:《清史稿》，中华书局 1976 年标点本。

虞世南著，陈虎译注:《帝王略论》，中华书局 2008 年版。

杜佑撰，王文锦等点校:《通典》，中华书局 1988 年版。

郑樵:《通志》，中华书局 1987 年影印本。

施宿等:《嘉泰会稽志》，《文渊阁四库全书》，台湾商务印书馆 1986 年影印本，第 486 册。

张淏:《宝庆会稽志》，《文渊阁四库全书》，台湾商务印书馆 1986 年影印本，第 486 册。

张岱:《石匮书》《石匮书后集》，《续修四库全书》，上海古籍出版社 2002 年影印本，第 318—320 册。

沈翼机等:《浙江通志》，《文渊阁四库全书》，台湾商务印书馆 1986 年影印本，第 519—526 册。

章学诚著，叶瑛校注:《文史通义校注》，中华书局 1985 年版。

章学诚著，仓修良编注:《文史通义新编新注》，浙江古籍出版社 2005 年。

章学诚著，王重民通解:《校雠通义通解》，上海古籍出版社 2009 年版。

虞世南:《北堂书钞》，学苑出版社 1998 年影印本。

李昉等:《太平御览》，中华书局 1960 年影印本。

李昉等：《太平广记》，中华书局 1961 年排印本。

晁公武：《郡斋读书志》，《文渊阁四库全书》，台湾商务印书馆 1986 年影印本，第 674 册。

王谟：《汉魏遗书钞》，《续修四库全书》，上海古籍出版社 2002 年影印本，第 1999—1200 册。

马国翰辑：《玉函山房辑佚书》，《续修四库全书》，上海古籍出版社 2002 年影印本，第 1200—1205 册。

黄奭：《黄氏逸书考》，《续修四库全书》，上海古籍出版社 2002 年影印本，第 1206—1211 册。

王充著，黄晖校释：《论衡校释》，中华书局 1990 年版。

僧佑：《弘明集》，中华书局 2011 年标点本。

慧皎著，汤用彤校注：《高僧传》，上海古籍出版社 1992 年版。

道宣著，郭绍林点校：《续高僧传》，中华书局 2014 年版。

吉藏著，韩廷杰校释：《三论玄义校释》，中华书局 1987 年版。

静、筠二禅师编，张华点校：《祖堂集》，中州古籍出版社 2001 年版。

普济著，苏渊雷点校：《五灯会元》，中华书局 1984 年版。

赞宁著，范祥雍点校：《宋高僧传》，中华书局 1987 年版。

郭凝之：《瑞州洞山良价禅师语录》，《禅宗语录辑要》，上海古籍出版社 1992 影印本。

石峻等编：《中国佛教思想资料选编》第二卷（第一、二册），中华书局 1983 年标点本。

魏伯阳著，朱熹等注：《周易参同契集释》，中央编译出版社 2015 年标点本。

任法融：《周易参同契释义》，西北大学出版社 1993 年版。

上海古籍出版社编：《汉魏六朝笔记小说大观》，上海古籍出版社 1999 年标点本。

上海古籍出版社编：《唐五代笔记小说大观》，上海古籍出版社 2000 年标点本。

上海古籍出版社编：《宋元笔记小说大观》，上海古籍出版社 2001 年标点本。

洪迈著，何卓点校：《夷坚志》，中华书局 1981 年版。

蒲松龄撰，张友鹤辑校：《聊斋志异》，上海古籍出版社 1983 年版。

悔堂老人：《越中杂识》，浙江人民出版社 1983 年标点本。

金明全：《绍兴风俗志》，学苑出版社 2017 年影印本。

胡洪军、胡遐校注：《虞世南诗文集》，浙江古籍出版社 2012 年版。

陆九渊：《陆九渊集》，中华书局 1980 年标点本。

吴光等编校：《王阳明全集》，上海古籍出版社 2015 年标点本。

钱明编：《徐爱、钱德洪、董沄集》，凤凰出版社 2007 年标点本。

吴震编：《王畿集》，凤凰出版社 2007 年标点本。

吴光主编：《刘宗周全集》，浙江古籍出版社 2007 年标点本。

祁彪佳：《祁彪佳集》，中华书局 1960 年排印本。

张岱著，夏咸淳校点：《张岱诗文集》，上海古籍出版社 1991 年版。

黄宗羲：《黄梨洲诗集》，中华书局 1959 年排印本。

黄宗羲：《黄梨洲文集》，中华书局 1959 年排印本。

沈善洪主编：《黄宗羲全集》，浙江古籍出版社 2005 年标点本。

全祖望著，朱铸禹校注：《全祖望集汇校集注》，上海古籍出版社 2000 年版。

章学诚：《章学诚遗书》，文物出版社 1985 年影印本。

《文渊阁四库全书》，台湾商务印书馆 1986 年影印本。

《续修四库全书》，上海古籍出版社 2002 年影印本。

《中华大藏经》，中华书局 1987 年影印本。

二 今人研究论著（按姓氏拼音排列）

鲍永军：《史学大师：章学诚传》，浙江人民出版社 2007 年版。

仓修良、叶建华：《章学诚评传》，南京大学出版社 1996 年版。

陈畅：《自然与政教：刘宗周慎独哲学研究》，上海人民出版社 2016 年版。

陈德来主编：《浙江民俗大观》，当代中国出版社 1998 年版。

陈来：《有无之境——王阳明哲学的精神》，生活·读书·新知三联书店 2009 年版。

陈荣富：《浙江佛教史》，华夏出版社 2001 年版。

陈华文等：《浙江民俗史》，杭州出版社 2008 年版。

陈永革：《儒学名臣——刘宗周传》，浙江人民出版社 2005 年版。

陈垣：《中国佛教史籍概论》，中华书局 1962 年版。

邓红：《王充新八论》，中国社会科学出版社 2003 年版。

丁世良、赵放主编：《中国地方志民俗资料汇编》（华东卷），书目文献出版社 1995 年版。

东方朔：《刘宗周评传》，南京大学出版社 1998 年版。

董楚平：《吴越文化新探》，浙江人民出版社 1988 年版。

董平：《浙江思想学术史——从王充到王国维》，中国社会科学出版社 2005 年版。

董平：《王阳明的生活世界》，中国人民大学出版社 2009 年版。

董群：《中国三论宗通史》，凤凰出版社 2008 年版

方杰主编：《越国文化》，上海社会科学院出版社 1998 年版。

方立天：《中国佛教哲学要义》，中国人民大学出版社 2002 年版。

方祖猷：《王畿评传》，南京大学出版社 2001 年版。

傅振照：《绍兴史纲》（越国部分），百家出版社 2002 年版。

傅振照：《绍兴思想史》，中华书局 2004 年版。

高海波：《慎独与诚意——刘蕺山哲学思想研究》，生活·读书·新知三联书店 2016 年版。

龚鹏程：《汉代思潮》，商务印书馆 2005 年版。

郭朋：《中国佛教思想史》（中），福建人民出版社 1994 年版。

何俊、尹晓宁：《刘宗周与蕺山学派》，中国人民大学出版社 2009 年版。

刘延苗：《章学诚史学哲学研究》，中国社会科学出版社 2012 年版。

侯外庐等：《宋明理学史》，人民出版社 1987 年版。

胡栋材：《钱德洪》，陕西师范大学出版社 2017 年版。

胡益民：《张岱评传》，南京大学出版社 2002 年版。

黄敏浩：《刘宗周及其慎独哲学》，学生书局 2001 年版。

贾二强：《唐宋民间信仰》，福建人民出版社 2002 年版。

姜彬主编：《吴越民间信仰民俗》，上海文艺出版社 1992 年版。

姜广辉主编：《中国经学思想史》（第二卷），中国社会科学出版社 2003 年版。

焦桂美：《南北朝经学史》，上海古籍出版社 2009 年版。

金春峰：《汉代思想史》，中国社会科学出版社 1997 年版。

李丕洋：《心学巨擘——王龙溪哲学思想研究》，中国社会科学出版社 2016 年版。

李明友：《一本万殊——黄宗羲的哲学与哲学史观》，人民出版社 1994 年版。

李维武：《王充与中国文化》，贵州人民出版社 2000 年版。

李勇：《三论宗佛学思想研究》，宗教文化出版社 2007 年版。

李永鑫主编：《绍兴通史》，浙江人民出版社 2012 年版。

李振纲：《证人之境：刘宗周哲学的宗旨》，人民出版社 2000 年版。

刘雄伟：《章学诚“六经皆史”研究》，吉林大学出版社 2017 年版。

罗思美：《章实斋文学理论研究》，学生书局 1976 年版。

马宗军：《〈周易参同契〉研究》，齐鲁书社 2013 年版。

孟文镛：《越国史稿》，中国社会科学出版社 2010 年版。

牟宗三：《从陆象山到刘蕺山》，学生书局 1979 年版。

倪德卫著，杨立华译：《章学诚的生平及其思想》，江苏人民出版社 2007

年版。

彭国翔：《良知学的展开——王龙溪与中晚明的阳明学》，生活·读书·新知三联书店2005年版。

钱明：《阳明学的形成与发展》，江苏古籍出版社2002年版。

钱明：《儒学正脉——王守仁传》，浙江人民出版社2006年版。

钱明：《王阳明及其学派论考》，人民出版社2009年版。

钱明：《浙中王学研究》，中国人民大学出版社2009年版。

瞿林东：《唐代史学论稿》，北京师范大学出版社1989年版。

阮春晖：《阳明后学现成良知思想研究》，广西师范大学出版社2017年版。

阮庆祥等编：《绍兴风俗简志》，绍兴市、县文联编印1985年。

孙宝山：《明清儒学比较研究：黄宗羲与阳明学》，宗教文化出版社2014年版。

汤用彤：《隋唐佛教史稿》，中华书局1982年版。

汤用彤：《汉魏两晋南北朝佛教史》，北京大学出版社1997年版。

唐爱明：《章学诚文论思想及文学批评研究》，上海古籍出版社2013年版。

汪受宽：《谥法研究》，上海古籍出版社1995年版。

魏道儒：《中国华严宗通史》，江苏古籍出版社2001年版。

文平：《虞翻易学思想研究》，光明日报出版社2013年版。

吴从祥：《王充经学思想研究》，中国社会科学出版社2012年版。

吴从祥：《六朝会稽贺氏家族研究》，中国社会科学出版社2015年版。

吴光主编：《黄宗羲论——国际黄宗羲学术讨论会论文集》，浙江古籍出版社1987年版。

吴可为：《华严哲学研究》，社会科学文献出版社2014年版。

吴光：《天下为主——黄宗羲传》，浙江人民出版社2008年版。

吴震：《阳明后学研究》，上海人民出版社2003年版。

萧汉明、郭东升：《〈周易参同契〉研究》，上海文化出版社2001年版。

徐定宝:《黄宗羲评传》,南京大学出版社 2002 年版。

徐复观:《两汉思想史》,华东师范大学出版社 2003 年版。

徐冰若、阮庆祥、杨乃浚编著:《绍兴民俗文化》,中华书局 2004 年版。

杨国荣:《王学通论——从王阳明到熊十力》,华东师范大学 2003 年版。

杨国荣:《心学之思——王阳明哲学的阐释》,中国人民大学出版社 2009 年版。

叶大兵编:《浙江民俗》,甘肃人民出版社 2003 年版。

余英时:《戴震与章学诚》,生活·读书·新知三联出版社 2005 年版。

张高评:《黄梨洲及其史学》,文津出版社 1989 年版。

张祥浩:《王守仁评传》,南京大学出版社 1997 年版。

周桂钿:《虚实之辨——王充哲学的宗旨》,人民出版社 1994 年版。

周桂钿:《王充评传》(与钟肇鹏《桓谭评传》合刊),南京大学出版社 1993 年版。

朱海滨:《祭祀政策与民间信仰变迁——近世浙江民间信仰研究》,复旦大学出版社 2008 年版。

朱敬武:《章学诚的文化哲学》,文津出版社 1996 年版。

庄大均:《王充经学观论略》,《孔子研究》1998 年第 1 期。

后　记

我已出版过好几本书，却少有写后记的冲动，故有的书有后记，有的书则没有。对于这本非常不成熟的小书，我心里有说不完的苦楚，道不尽的无奈，只得借助后记诉以忧心，祈以同情。

从事越文化研究已有十余年了，前后出版过两本相关专著，也先后完成了多个相关课题，但这本书却写得非常吃力，结果也让我非常不放心。

我的专业是中国古代文学。由于谋生越地、同道引导等原因，我很早便涉足越文化研究。隔行如隔山。虽然涉足越文化研究多年，但依然感觉自己尚未登堂，更惶言入室了。越文化博大精深，绍兴历代名贤辈出，像王充、王阳明、刘宗周、王畿、章学诚等大家，就算尽毕生之力，也难以穷尽其涯际，更何言数年之功呢？

读书往往是性情所至，而做课题则往往是责任负担。外在的形势，使许多学者放下自己性情，背上一个个责任负担。我好脱俗，但最终也不能免俗。自立项以来，对于本课题，我虽说未能做到“全力以赴”，却也常念念不忘。不仅自购了许多相关书籍，还阅读了大量的相关文献。两年下来，感觉自己对绍兴思想有不少了解了。可是一动笔时，立即发现自己对越文化依然知之甚少，面对一个个时代俊杰、学术宗师，常常不知如何去展现他们博大精深的思想，如何去再现他们心系天下的情怀，如何……美好的设想、清晰的影像，在自己生涩的笔下变得平淡无奇，甚至杂乱无章。于是一次次修改，一次次怀疑自己，一次次责问自己：这样执着，到底是为了什么？

负担总想早早放下，任务却总是迟迟完成。小书对前贤研究成果借鉴颇多，对钱明、董平等阳明学大家的研究成果采纳尤多。在此予以感谢，如有不妥，定当致歉。

感谢越文化研究院潘承玉院长多年来的关照与提携。是他将我带入越文化这一广阔的学术天地，是他引领我在越文化研究领域越走越远，是他帮助我完成一个又一个越文化研究课题，是他……希望这只言迟到的感谢，能够略表我不尽之情。

感谢本书责编郭晓鸿老师为本书的编辑与出版工作付出了大量的心血。

最后，祈望这一句句牢骚，一声声致谢，一点点忧伤，一丝丝慰藉，化作前进的活力与动力，化作更美好的明天！

吴从祥

二〇一八年国庆草于合肥